현대 스포츠 외교사

올림픽을 중심으로

현대 스포츠 외교사

올림픽을 중심으로

유호근 지음

인간사랑

이 저서는 2010년 정부(교육부)의 재원으로 한국연구재단의 지원을 받아 수행된 연구임(NRF-2010-812-B00010)

차례

서문   11

제1장 스포츠 외교의 이해   17

제1절 스포츠와 외교의 연계   19
    1. 스포츠와 국가   19
    2. 스포츠와 외교   24
    3. 스포츠와 국가이미지   32

제2절 올림픽과 정치   41
    1. 올림픽과 정치의 관계에 대한 시각   41
    2. 현대 올림픽의 정치화   45

제3절 올림픽과 스포츠 외교   48
    1. IOC의 정치적 속성   48
    2. IOC의 구조   50
    3. 올림픽 개최지 결정의 정치성   54

제2장 현대 올림픽의 시작과 스포츠 외교(1896-1936)   65

제1절 현대 올림픽의 시작과 국제관계   67

제2절 아테네 올림픽(1896) – 스톡홀름 올림픽(1912)   71
    1. 아테네 올림픽(1896)   73
    2. 파리 올림픽(1900)   76

3. 세인트루이스 올림픽(1904)   **78**

4. 런던 올림픽(1908)   **80**

5. 스톡홀름 올림픽(1912)   **82**

제3절 안트베르펜 올림픽(1920) – 베를린 올림픽(1936)   **84**

1. 안트베르펜 올림픽(1920)   **84**

2. 파리 올림픽(1924)   **86**

3. 암스테르담 올림픽(1928)   **88**

4. 로스앤젤레스 올림픽(1932)   **90**

5. 베를린 올림픽(1936)   **92**

제3장 냉전기 올림픽과 스포츠 외교   **99**

제1절 냉전기 올림픽과 국제관계   **101**

제2절 런던 올림픽(1948) – 멜버른 올림픽(1956)   **108**

1. 런던 올림픽(1948)   **108**

2. 헬싱키 올림픽(1952)   **112**

3. 멜버른 올림픽(1956)   **114**

제3절 로마 올림픽(1960) – 멕시코 올림픽(1968)   **117**

1. 로마 올림픽(1960)   **117**

2. 도쿄 올림픽(1964)   **120**

3. 멕시코 올림픽(1968)   **124**

제4장 이완된 냉전기 올림픽과 스포츠 외교   **127**

제1절 이완된 냉전기 올림픽과 국제관계   **129**

제2절 뮌헨 올림픽(1972) – 모스크바 올림픽(1980)   **133**

1. 뮌헨 올림픽(1972)   **133**

   2. 몬트리올 올림픽(1976)   136

   3. 모스크바 올림픽(1980)   138

제3절 LA 올림픽(1984) – 서울 올림픽(1988)   142

   1. 로스앤젤레스 올림픽(1984)   142

   2. 서울 올림픽(1988)   147

제5장 냉전기 한국의 스포츠 외교   153

제1절 이승만 정부   158

   1. 국내외 환경   158

   2. 이승만 정부와 스포츠 외교   159

제2절 박정희 정부   163

   1. 국내외 환경   163

   2. 박정희 정부와 스포츠 외교   165

제3절 전두환 정부   169

   1. 국내외 환경   169

   2. 전두환 정부와 스포츠 외교   171

제6장 탈 냉전기 올림픽과 스포츠 외교   177

제1절 탈 냉전기 올림픽과 국제관계   179

제2절 바르셀로나 올림픽(1992) – 시드니 올림픽(2000)   181

   1. 바르셀로나 올림픽(1992)   181

   2. 애틀랜타 올림픽(1996)   185

   3. 시드니 올림픽(2000)   190

제3절 아테네 올림픽(2004) – 베이징 올림픽(2008)   193

   1. 아테네 올림픽(2004)   195

2. 베이징 올림픽(2008)   197

제7장 탈 냉전기 한국의 스포츠 외교   203

제1절 노태우 정부   205

1. 국내외 환경   205
2. 노태우 정부와 스포츠 외교   206

제2절 김영삼 정부   208

1. 국내외 환경   208
2. 김영삼 정부와 스포츠 외교   209

제3절 김대중 정부   213

1. 국내외 환경   213
2. 김대중 정부와 스포츠 외교   214

제4절 노무현 정부   215

1. 국내외 환경   215
2. 노무현 정부와 스포츠 외교   217

제8장 올림픽과 스포츠 외교의 변화와 전망   221

제1절 국제관계의 변화와 올림픽   223

1. 올림픽과 스포츠 외교   223
2. 국제관계의 변화와 스포츠   227

제2절 스포츠 외교와 기능주의적 함의   231

1. 소프트파워와 스포츠   231
2. 스포츠 외교의 기능주의적 함의   234

제3절 스포츠 외교의 전망과 과제   241

1. 스포츠와 국가이미지의 연계   241

2. 스포츠 외교의 공공외교적 함의   244
3. 스포츠 외교의 지향성: 전망과 과제   249

부록 1. 올림픽과 국제정세   256
부록 2. 현대 올림픽 연혁   258
참고문헌   261

서문

스포츠는 언제 어디서나 행해지고 있으며, 그에 열광하는 사람들도 시·공간을 불문하고 항상 접할 수 있다. 특히 오늘날 스포츠는 문화적 속성을 가지면서 국가의 안과 밖을 넘나드는 사회적 현상으로 부각되었다. 세계화 시대에 스포츠만큼 세계화의 진전이 빠르게 그리고 광범위하게 이루어진 분야도 없을 것이다. 스포츠를 통한 국제적 경쟁의 심화 현상은 스포츠 영역을 각 국가들의 실질적 혹은 상징적 경쟁을 위한 각축의 무대로 만들었다.

또한 올림픽 보이코트 혹은 올림픽 외교의 역사적 사례를 보면 스포츠가 외교의 또 다른 수단임을 극명하게 보여준다. 외교는 국가 목표와 국익을 달성하기 위한 수단이고, 스포츠 외교는 그 하위 개념으로서 외교 수행에 스포츠를 이용함으로써 국가 이익을 극대화하려는 정책 선택 및 집행이라고 이해할 수 있다. 말하자면 공존, 번영 그리고 국가 위신 등 국가 이익을 스포츠 부문을 통해 달성하려는 것이라고 볼 수 있다.

스포츠의 발전이나 변화 과정에서 국가의 역할이 중요하게 부각되면서 스포츠와 관련된 국가의 대외적 행위의 맥락이 강조되고 있다.

최근 들어 국제관계의 변화 현상 가운데 하나로, 국가의 주권을 위임받은 특정한 대표에 의해서 수행되는 전통적 외교 수행 방식에서 벗어난 이른바 공공외교 방식이 일상화되고 있다. 스포츠 외교는 전통적 외교의 맥락과는 구별되면서 공공외교와는 친화성을 갖는 독특성이 함축되어 있다. 기존의 정치, 군사 외교 등 전통적 국제관계의 차원과는 차별성을 보이면서 공공외교적 함의를 담고 있다

세계적인 차원의 스포츠 대제전이라고 볼 수 있는 올림픽 경기는 단순한 스포츠 경기를 넘어서서 정치적, 경제적, 문화적 영향력을 발휘하는 공공의 장으로 읽혀진다. 올림픽에서는 집단적 동화의식과 감정이 분출되면서 일시에 수많은 사람들의 시선이 집중되는 국제적 무대가 펼쳐진다. 많은 국가들은 종종 올림픽 경기의 개최 및 참여와 경기 결과 등을 자국에 대한 외부의 인식을 변화시키기 위한 중요한 경로로 활용해 왔다.

올림픽은 복합적 함의를 담고 있다. 올림픽 유치 신청, 개최지 선정 투표 과정과 결과, 올림픽 개최, 올림픽의 참가와 불참 등은 한 국가의 외교정책 형성 과정 및 결과와 연관된다. 따라서 올림픽은 국제정치 현상으로서 외교를 통해 발현되는 국가행위의 한 형태로 인식될 수 있다. 그러나 올림픽은 그 현실적인 속성과 구조가 국가 내부적 차원의 접근만으로는 이해되기 어렵다. 예컨대 올림픽의 참가 혹은 불참은 자국의 자

율적인 외교를 넘어서는 측면이 있다. 세력의 분배에 따른 국제체제의 구조적 성격, 국가 간의 이합집산하는 영향력 관계 등에 의해 올림픽의 개최여부 혹은 참여 등의 국가적 선택행위가 관리되고 반응한다. 따라서 국내적 요인과 더불어 국외적 변수에 따른 규칙적, 특징적 속성들을 탐색하는 것이 필요하다고 볼 수 있다.

이러한 문제의식을 가지고 이 책은 올림픽을 대상으로 스포츠 외교의 다양한 양상과 사례를 역사적으로 탐구하였다. 또한 국제적 정치지형의 변화 속에서 각 시기별로 전개된 한국 스포츠 외교의 역사적 흐름을 관찰하면서 특징적 양상이나 변화 등에 천착하면서 한국적 함의와 시사점을 탐색하였다. 우선 국가주의에 기초한 스포츠 현상이 국가 간 경쟁의 형태로 나타나기 시작한 19세기말 근대 올림픽을 기점으로 하였다. 국가주의의 사조 속에서 소위 스포츠 외교가 발현되기 시작하여 세계대전이라는 질곡의 시기를 겪으면서 올림픽 속에서 나타난 스포츠 현상의 굴곡과 훼절의 전개과정을 탐색하였다.

또한 1945년 이후 냉전기와 탈 냉전기를 거치면서 새로운 변화의 과정과 모습을 보여주고 있는 스포츠와 국제관계의 양상들을 고찰하였다. 냉전기는 미국과 소련을 축으로 하여 전개된 국제질서에 따라 70년대를 분기점으로 하여 냉전기와 이완된 냉전기로 구분하여 스포츠 외교 양상의 차별성에 주목하였다. 이 시기에는 냉전적 국제질서의 영향에 따라 정치적 반목과 올림픽 참가 거부로 점철되었다. 80년대 후반 이후 소련의 붕괴에 따른 탈 냉전기 속에서 올림픽 대회는 대립적 국제지형의 굴레로부터 해방되면서 올림픽 정신은 냉전의 그림자에서 벗어날 수 있게 되었다. 올림픽에 대한 정치적 개입의 여지가 줄어들었지만 국가 이미지의 제고, 국격의 고양, 경제적 효용성 등 올림픽의 정치·경제·사회적 효과가 부각되면서 올림픽 개최지에 대한 국가 간 경합이 증대되었다. 따라서 국가가 주도하는 스포츠 외교의 치열한 경쟁이라는 또 다른 양상이 나타났다. 올림픽과 같은 이른바 메가 스포츠 이벤트의 개최지를 둘러싼 각국의 유치 경쟁도 국제사회에서 스포츠를 통한 개최국의 정치적, 경제적, 문화적 위상의 강화를 통해 소프트파워의 획득이나 보존을 위한 각축의 측면으로 발현된다.

올림픽 운동은 스포츠를 통한 국가 간 교류와 협력의 확장, 국제평화와 친선의 증진 등 목적론적 이상 속에서 국가 간 화합에 일정한 공헌을 한 것은 사실이다. 그럼에도 국익에 따른 국제정치의 본질적 속성이 작용하는 현실 정치의 장벽이라는 내재적 한계가 있다. 이 때문에 올림픽을 정치적으로 이용해 온 세력들 간의 갈등에 따른 합종연횡 혹은 세력 대립이라는 이중적 의미를 노정해 왔다. 국익을 바탕으로 한 국가 중심적인 국제체제의 근본적 속성이 변화하지 않는 한 이러한 구조적 특성을 타파하기는 어렵겠지만, 올림픽과 같은 통합의 장을 통한 국가 간 교류와 협력의 확장 메커니즘으로서 스포츠 외교의 기능적 의미는 더욱 강조되어야 할 것이다. 특히 지구촌에서 유일한 냉전의 고도(孤島)로 남아 있는 한반도의 남북관계에서는 그 함의를 새롭게 인식하여야 할 것이다.

이처럼 스포츠를 통한 국가 간 외교의 중요성은 더욱 강조되고 있다. 따라서 스포츠 현상의 연구는 인문사회과학의 통합적 전망을 필요로 한다. 이는 스포츠 현상이 지니는 복합적 성격에 기인하고 있다. 따라서 본 저술은 스포츠 외교에 대한 통사적 접근을 통해 올림픽이라는 스포츠 현상과 국제관계를 접목시키기 위한 이론적 토대구축의 바탕을 마련하는 데 주목하였다. 또한 역사적 맥락에서 스포츠와 정치사회의 관련성이라는 다양한 내포적 주제를 포함하여 올림픽과 관련된 국제관계 등 외연적 테마에 대한 연계적 탐색이라는 측면에 집중하였다. 이 연구를 계기로 소프트파워의 주요한 원천으로서 공공외교적 확장성을 담고 있는 스포츠 외교에 대한 자기 정립을 이루고, 한국의 상황에 적절한 스포츠 외교 방안의 대안적 성찰에 대한 이론적 실천적 고민이 담긴 지속적 연구를 기대한다.

이 결과물은 기획과 준비 및 집필과정에서 여러 선생님들의 진심어린 관심과 배려가 그 밑바탕이 되었다. 때로는 아이디어의 원천자로서, 때로는 긴장감을 높이는 관리자로서, 때로는 편안한 이야기를 나누면서 식사를 같이 할 수 있는 친구로서의 역할도 맡아주셨던 주위 선생님들께 마음 깊은 감사의 뜻을 표하고 싶다. 또한 출판시장이 한계에 다다를 정도로 척박한 환경 속에서도 지식의 축적과 공유를 위한 외길을 오랫동안 걸어오시면서 저자와의 신뢰의 교분으로 이 단행본의 출간에 흔쾌히 도움을 주신 인간사랑 여국동 사장님, 이국재 부장님 그리고 편집과 교정의 어려운 작업들을 정갈하게 매듭지어주신 권재우 편집장님 및 편집진분들께도 깊은 고마움의 뜻을 전해드린다.

제

1

장

스포츠 외교의 이해

제1절 스포츠와 외교의 연계

1. 스포츠와 국가

스포츠는 대중들에게 대결과 승리의 대리만족을 제공한다. 동시에 스포츠는 헤게모니 문화 속에서의 정치 사회화의 수단으로 활용되기도 한다(Hargreaves 1985, 219). 그러나 이 논리는 자본주의 틀 내에서 불평등한 권력 및 경제적 자원에 따라 파생되는 스포츠의 문제에 주로 관심을 기울이면서 스포츠의 부정적 요소만을 내세우는 측면이 있다. 스포츠 속성의 내재적 논의는 가치 지향성의 문제에 함몰된다. 이와 같은 이념적 가치 지향성의 문제에서 벗어나 스포츠의 대외적 행위자로서의 국가를 등장시켜 스포츠와 국가와의 관계를 조망해본다.

스포츠에 관한 국가의 역할에 관해서 일반화를 시도하는 것은 쉽지 않은 작업이다. 우선 국가는 어떤 사회의 성원들의 여러 가치와 이해관계를 정치적으로 구현하고 있는 제도들의 복합체라고 규정할 수 있다(Parsons 1971). 국가는 그 자체의 목적과 목표를 수립하고 규정한다. 또한 국가는 그 자체의 집단이익(community interests)을 가지고 인식하며 그에 따라 행동한다. 국가의 이해는 일반적인 사회의 요구나 특정집단의 요구를 초월하며 국내적으로는 국가가 경쟁하는 이해집단의 관계에 따라 제한되지 않는다는 것이다. 또한 국외적으로는 국가이익으로 인식되고 규정된 것을 대표하여 행동한다(Krasner 1979). 국가에 의해서 만들어지고 결과로서 산출된 공공정책의 유사성 혹은 차별성은 국가의 성격과는 크게 상관관계가 없다. 즉, 권위주의 국가나 민주주의 국가나, 경제적으로 풍요한 국가나 그렇지 못한 국가나, 그리고 정치적으로 안정되거나 그렇지 못한 국가나 특별한 정책적 친화성이 존재하지는 않는다.

대다수 국가에게 스포츠와 관련된 공공정책은 전후(postwar) 현상으로 부각되었다. 스포츠를 통한 정책적 해결을 도모할 수 있는 기회가 비교적 넓어지면서 국가에 의한 스포츠 정책이 구체화되었다. 이에 따라 국가의 영향력이 입법과정이나 정책의 수립, 집행 등을 통하여 스포츠의 영역에 폭넓게 작용하게 되었다. 따라서 스포츠의 발전이나 변화 과정에서 국가의 역할이 중요하게 부각된다.

스포츠에 대한 정책적 개입의 초기단계에서는 특정 스포츠를 금지하거나 통제한다. 과거 스웨덴에서는 프로권투를 불법화 하였다. 그러나 일반적으로 특정 스포츠를 금지하거나 혹은 장려하는 것을 법률로 명시하는 방식의 국가 개입은 예외적인 경우이다. 그렇지만 정부는, 약물 남용, 팀 간에 스포츠 선수들의 자유로운 이동, 독점적 리그의 구성 및 운영 그리고 젊은 선수들의 대우 등과 같은 스포츠의 다양한 부문에 관한 지원이나 통제와 관련하여 국내적 요구에 직면하거나 국제 스포츠단체나 국제기구 등으로부터 점증하는 압력을 받는다(Wilson 1994). 또한, 국제올림픽위원회(IOC: International Olympic Committee)는 반도핑(Anti Doping)[1] 캠페인의 성공을 위해서는 각국 정부들에게 반도핑 테스트 등의 도움을 요청한다.

정부개입을 촉진하는 두 번째 요인은, 스포츠를 통해 사회통합을 달성할 수 있다는 믿음에 근거하고 있다. 사회통합은 단순한 사회적 안정을 넘어서며 현대스포츠의 규정이나 관리조직을 통해서 자본주의 경제와의 통합을 염두에 둔다(Hoberman 1984; Mandell 1984). 프랑스와 같은 나라에서 스포츠는 사회적 훈육에 공헌하고, 젊은이들의 도덕 재교육의 수단으로 활용된다(Holt, 1981, 58). 중국의 경우에도 유사한 국가개입의 동기를 볼 수 있다. 스포츠 정책을 통해서 집단적 명예 의식, 통합의 미덕 그리고 상부상조 정신을 함양시킨다(Xie 1990).

세 번째, 국가는 스포츠를 국가적 단합과 민족주의를 고양시키는 수단으로 활용하였다. 국제대회에서 국가 단위의 스포츠 경쟁에서 자국 선수들의 승리는 국가적 단합과 우월성을 나타내는 상징으로 기능하였고, 국민적 열정을 한데 묶는 감정적 기폭제가 되었다. 예를 들어 2002년

---

1 반도핑은 스테로이드제와 같은 근육 강화제 등의 약물을 이용해 인위적인 방법으로 운동 능력을 극대화시키는 도핑에 반대하는 운동을 의미한다. 국제올림픽위원회는 1999년 2월에 스포츠 영역에서 도핑문제를 이슈화하고, 이에 관하여 각국의 의견을 수렴하여 국제회의를 개최하였다. 그 때 채택된 로잔선언에 따라 1999년 11월에 세계 반도핑기구(WADA: World Anti-Doping Agency)를 설립하였고, 동 기구는 각국에서 인정한 33개의 검사기관에 위탁해 도핑검사를 실시하고 있다.

월드컵에서의 붉은악마 현상(홍성태 2006, 107)이 있었고, 전 세계를 대상으로 하는 대중매체의 발전에 따라 스포츠의 영향력이 더욱 커지면서 국가의 개입은 더욱 폭넓게 확산되었다(Macintosh and Whitson 1990).

국가와 스포츠의 관계 즉, 스포츠에 대한 국가의 역할을 다음과 같이 유형화 할 수 있다(오연풍 외 2004, 342-345). 우선, 국가주도형은 정부가 엘리트체육과 생활체육의 정책적 집행을 주도적으로 이끌어 가는 것으로 정부가 스포츠 행정의 주도권 행사를 통해 스포츠를 진흥, 발전시키는 유형이다. 정권의 정당성을 강화하거나 정치적 목적을 위해 스포츠를 활용하기도 하는 등 스포츠가 정치의 영향을 많이 받는다고 할 수 있다. 특히 중국의 경우, 국가체육위원회를 개편하여 1998년에 국무원에 국가체육총국(General Administration of Sport)[2]을 설치하여 스포츠 관련 정책을 총괄하여 정책을 수립하고 집행하는 역할을 수행하고 있다.

둘째로 혼합형은 스포츠클럽이 활성화되어 있고, 스포츠의 진흥과 발전이 오랜 기간 동안 민간 부문에서 독자적으로 활발하게 이루어지고 있으면서 이와 더불어 정부에서 거시적인 틀을 가지고 스포츠에 관

---

2 국가체육총국의 조직으로는 청(廳) 1개, 사(司) 9개, 국(局) 2개, 상임위원회 1개가 있다. 그리고 국가체육총국 소속기관으로는 경기 종목별 센터가 22개, 국 1개, 대학 1개, 체육학교 3개, 올림픽스포츠센터 1개, 연구소 2개, 신문사 1개, 기지 1개, 부설센터 11개가 있다. 지방정부조직으로는 직할시(直轄市), 성(省), 자치구(自治區) 정부 내에 체육국을 두어 전국에 총 37개의 체육국이 있다. 중국올림픽위원회(COC, Chinese Olympic Committee)는 IOC의 승인을 받은 조직이며, 올림픽 관련 사무를 관장한다. 그리고 국가체육총국 공무원이 중국올림픽위원회의 주요 임직원을 겸직한다(http://www.mofa.go.kr/countries/asiapacific/countries/20110804/1_22623.jsp?menu=m_40_10_20).

한 정책을 제시하고, 지원해주는 형태이다. 오스트레일리아의 경우, 정부 산하의 독립법인체로서 오스트레일리아 체육위원회(Australian Sports Commission)가 실질적인 체육정책을 관장하고 있다. 체육위원회는 스포츠 활동과 연관된 조성 예산을 분배하고, 거시적인 가이드라인을 만들어 이끌어 나가는 역할을 수행한다.

셋째로 민간주도형은 민간 부문 조직이 근간이 되어 스포츠를 진흥시키는 형태이다. 국가의 역할은 스포츠 활동을 위한 인프라 구축을 통해 스포츠, 레크리에이션과 관련된 제반 여건을 조성한다. 정부는 법 제정 등을 통해 스포츠의 거시적 발전 방향 설정을 담당한다. 민간 스포츠단체의 재정과 운영은 정부로부터 독립하여 독자적으로 집행 운영된다. 국가수준에서 다양한 행정기관들이 스포츠 부문 등에 부분적으로 관여하고 있으나, 실제로 명확한 실천적 의무가 있는 행정기관은 없다고 볼 수 있다. 예컨대 미국은 스포츠 행정조직이 민간 차원에서 운영되고 있다. 미국올림픽위원회(United States Olympic Committee), 대학체육협회(National Collegiate Athletic Association), 그리고 미국아마추어 체육연맹(Amateur Athletic Union of the United States) 등은 미국스포츠 민간 행정조직의 중추적 역할을 수행하고 있다.

2. 스포츠와 외교

외교는 독립적 행위자들 사이의 의사소통 체계이고, 주권 국가가 다른 국가들과 대외 관계를 통하여 수행하는 공식적인 과업의 총체이다. 즉, 한 나라가 다른 나라와 교섭하는 경우의 기술 또는 활동을 말한다. 자국이 지향하는 목적과 이익을 달성하기 위하여 선택된 정책에 따라서 자국을 대표하는 인사가 외국의 특정한 대표자와 회담하고 여러 가지 수단을 사용해 활동하는 것이다. 말하자면 국제관계의 독립적 행위자인 국가에 의해서 수행되는 공식적인 대외관계(external relations)의 총합이라고 할 수 있다. 즉, 외교는 교섭에 의한 국제관계의 관리이다(Krieger 1993, 244-246). 여기에서 말하는 국제관계는, 국가의 영토적 경계를 넘어서서 국가의 구성원인 집단, 개인 등에 의해서 수행되는 초국가적 행위의 연결망으로 이해할 수 있다. 또한 대외 관계는 이러한 국가 구성원들이 자신의 사회 밖에서 다른 행위자들과 상호교섭 하는 것과 같은 행위이다.

대부분, 이러한 행위들은 힘의 배분(distribution of power)이나 사회적 가치의 확정 등과 같은 기본적인 쟁점과 관련되어 있다. 또한 그러한 관계는 외교적 임무 수행의 자격이 부여된 공식적 인사들에 의해서 이루어진다. 나아가서 대외 관계의 총합이라는 의미도 중요하다. 즉, 외부 세계에 대해 취해지는 일련의 행동이나 태도의 전체적인 내용을 망라한다. 이처럼 국민국가(nation-state)에서 대외행위 표출의 외연적 확장이라 할 수 있는 외교는 근대국가의 수립과 맥락을 같이한다. 근대국가의 틀이 갖춰진 것은 30년 전쟁을 마감하고 독일이 맺은 1648년 웨스트팔리아 조약(Treaty of Westphalia) 이후였다. 이 조약을 통해서 유럽 각국은 주권을 가진 동등한 집합체로서, 영토 내의 주민들에 대한 신앙의 자유를 허용하는 내용을 담고 있다. 또한 제국에 속한 각 공국들에 대해 완전한 영토적 주권을 인정해 주었다. 각 공국들에게 다른 국가와 조약을 체결할 수 있는 권한이 주어진 것이다. 이렇게 보면 외교라고 부르는 것은 웨스트팔리아 체제 이후의 주권평등에 기초한 국제관계를 의미한다.

주권국가의 등장과 함께 각국에서는 외부 세계 혹은 대외 관계를 수행하는 일련의 조직체에 의해 외교행위가 이루어졌다. 이후 근대화와 함께 산업혁명을 겪고 국가의 내부적 틀이 제도적으로 정립되면서 체계화, 관료화의 변화를 거치게 되었다. 또한 국제관계의 변화가 외교를 수행하는 국가의 외부 환경으로 작용하면서 외교 내용이나 실천과정에 또 다른 변화 요인이 되었다.

통상적으로 국가이익이란 정부가 국제환경을 자국에게 이롭게 조성하거나 이에 잘 적응해 국가의 목표를 실현, 증진하는 것을 말한다. 넓은 의미에서 국가이익은 자기보존−국가의 존립, 국가의 번영과 발전, 국민의 보호와 국위선양, 자국에 유리한 국제질서의 마련 등의 측면이 포함된다(구영록 1996). 외교는 국가 목표와 국익을 달성하기 위한 수단이고, 스포츠 외교는 그 하위 개념으로서 외교의 수행에 스포츠를 활용함으로써 국가의 이익을 극대화하기 위한 정책의 선택 및 그 집행이라고 이해할 수 있다. 이를테면 생존, 번영 그리고 국가 위신 등 국가의 이익을 스포츠 부문을 통해 달성하려는 것이다.

　이처럼 스포츠 외교는 외교의 맥락에서 이해할 수 있지만, 전통적인 의미의 정치, 군사 외교와는 구별되는 측면이 있다. 전통적인 외교는 불안정한 국제정치현실 속에서 개별국가들이 자국의 안전보장과 이익추구를 외교정책의 지침으로 삼는다. 또한 국가가 거의 절대적인 단위로 간주되고 있는 만큼 국가이익의 핵심이라고 할 수 있는 국가의 생존문제가 일반윤리에 크게 구애받지 않고 있는 것이 현실이다(구영록 1996). 그러나 스포츠 외교의 경우는 배타적인 국익을 기반으로 한 자국중심주의의 국익 관념과는 다른 측면이 있다. 첫째로 스포츠 외교는 국제 스포츠 행사 개최, 스포츠 선수들의 교류, 주요 스포츠 관련 인사들의 방문 같은 기능적 분야에서 수행된다. 둘째로 시민사회와의 연계성의 측면이다. 전통적인 외교의 경우는, 일반적으로 시민사회와의 연관성보다는 정책 결정 및 집행자들을 중심으로 이루어지고, 또 그렇게 함으로써 효율적으로 입안되고 수행될 수 있다. 그렇지만 스포츠 부문은 시민들의 관심사와 직결되어 있다. 올림픽이나 월드컵의 개최, 국가대표팀 간의 국제경기, 국내선수들의 해외진출 등은 국민들의 주요 관심사라 할 수 있다. 따라서 스포츠 외교의 입안과 집행은 시민들을 대상으로 하고, 시민들의 선호와 기대를 수렴해서 진행되어야 한다. 셋째로 스포츠 외교에는 초국가적 행위자, 비정부 행위자들의 개입과 역할이 중요하게 작용한다. 국제적인 차원에서 스포츠 외교 활동의 장이 되고 외교의 또 다른 주체로서 기능하는 IOC나 FIFA와 같은 국제 스포츠 기구는 올림픽이나 월드컵 등과 관련하여 지배적 힘을 발휘하고 있다. 다른 스포츠 종목을 관할하는 국제 스포츠 기구들 역시 초국가적 차원에서 기능을 수행하고 있다.

국제정치에서 스포츠는 교류를 통하여 타 국가와 외교적 관계 설정의 기능적 역할을 수행한다. 국가에 의해 수행되는 스포츠의 외교적 기능을 스트랭크(Strenk 1977)는 다음과 같이 설명한다. 첫째는 외교적 승인을 구하거나 거부하는데 스포츠를 활용한다. 둘째는 국가의 위상을 높이는 방안으로서 스포츠가 기능한다. 셋째는 국제이해와 평화의 촉진자로서 역할을 한다. 넷째는 정치적 가치를 확산시키는데 활용된다. 그 이외에도 국제적 차원의 저항 수단 등으로 활용된다.

특정 국가를 상대로 국제경기에 참여하거나 거부함으로써, 그 국가에 대한 외교적 승인 혹은 불승인에 준하는 의미를 부여하기도 한다. 예를 들면 과거에 인종분리정책(apartheid)[3]을 실시했던 남아프리카 공화국에 대하여 각국은 국제경기 공동 참여를 거부함으로써 스포츠를 통한 외교적 제재를 가하였다. 그 반면에 공식적인 국교 수립을 위한 전단계로 스포츠 교류를 외교적으로 활용하였다. 냉전 시기에 미국과 중국은 외교관계가 없는 상태에서 탁구팀의 상호 방문을 통한 이른바 '핑퐁

---

3   남아프리카공화국에서 제2차 세계대전 이후 실행되었던 백인 우월의 인종차별정책이다. 1948년 네덜란드계 백인을 기반으로 하는 국민당의 단독정부 수립 후 더욱 확충·강화된 백인우월주의에 근거한 인종차별 정책으로 소위 아파르트헤이트로 불리게 되었다. 1977년에는 UN이 만장일치로 남아프리카공화국의 인종차별을 규탄하는 선언문을 채택하였고, 1994년 만델라(N. R. Mandela)에 의한 민주정부가 수립되면서 아파르트헤이트는 종식되었다.

외교'는 대표적인 사례로 지적된다. 핑퐁외교는 1971년 4월 중국이 미국 탁구대표팀을 초청하고 미국이 이를 수용하면서 시작되었다. 뒤이어 미국도 중국팀을 초청해 미국 주요 도시를 돌며 친선대회를 열었고, 언론에서는 이를 '핑퐁외교'라고 부르기 시작했다. 당시 미·중 간에는 외교관계가 존재하지 않았기 때문에, '지리적으로' 태평양을 넘나들은 핑퐁외교는 냉전 시대 최대의 '지정학적' 사건 가운데 하나로 기록되었다. 이러한 화해 무드에 힘입어 1972년 2월 리처드 닉슨(Richard Nixon) 대통령은 중국을 방문했고, 1979년에 이르러 공식적인 외교 관계를 수립했다. 2.5g의 가볍고 작은 탁구공이 "지구를 뒤흔든 것"이다.[4]

한반도에서의 남북관계도 스포츠 교류의 퇴보 혹은 진전은 양측의 정치 외교적 관계의 수위를 가늠하는 척도의 기능을 수행했다고 볼 수 있다. 다시 말해 남북관계의 상태를 유추해볼 수 있는 리트머스 시험지의 역할이었다고 볼 수 있다. 올림픽 경기는 대회 참가 자체만으로 국제 사회에서 국가의 존재를 부각시킬 수 있는 수단이 될 뿐만 아니라, 올림픽 경기에서의 성과는 스포츠 강국으로서의 평가를 받게 되고 이는 곧 국제사회에서 자국의 외교적 위상과 연결되는 계기가 된다. 1976년의 몬트리올 올림픽 참가 여부를 둘러싸고 중국과 대만 사이에서 갈등이 표출되었다. 그 결과 중국은 몬트리올 대회에 참가했으나, 대만은 참가가 저지되면서 중국의 국제적 위상이 새삼 부각되었다. 실제로 많은 국가들은 메가 이벤트(mega-event)로 지칭되는 올림픽 경기를 국위 선양의 장

---

4   정욱식, "미국-중국간 핑퐁외교와 남아공 월드컵," http://www.sportnest.kr/336.

으로 활용한다. 이러한 메가 이벤트는 국제협력과 이해를 증진시킨다는 의미도 있지만, 대회 개최를 통한 경제발전의 수단이라는 의미가 부각되고 있다. 또한 올림픽이나 월드컵을 개최할 때 관련 스포츠 시설을 조성해 사회적 인프라가 구축되고, 스포츠 경기를 통해 벌어들이는 입장료, 광고료 등의 각종 수입의 재원을 마련할 수 있다.

스포츠 외교가 펼쳐지는 장으로서 혹은 스포츠 외교의 행위자로서 다음 사례들을 꼽을 수 있다. 첫 번째는 국제 스포츠 대회 개최이다. 국제 스포츠 경기 대회의 개최는 다자간 협력과 공존의 틀로서 이해할 수 있는 요소가 있다. 올림픽과 같은 대규모 스포츠 행사를 개최하는 것은 스포츠 외교 부문에서 교류 형식의 외교에 못지않게 중요한 의미를 갖는다. 또한 올림픽이나 월드컵과 같은 대규모 스포츠 행사를 개최하려면 정치적 안정과 더불어 경제적 능력도 갖추어야 한다. 이러한 국제 스포츠 행사와 관련된 경제 효과를 '수십억 달러짜리 게임'이라고 부르기도 한다. LA 올림픽 때에는 MLB(Major League Baseball) 사무국의 커미셔너 출신인 위버로스(Peter V. Ueberroth)를 대회 조직위원장으로 영입하여 미국이라는 거대시장을 배경으로 마케팅을 전개하였다. 그 결과 올림픽 사상 최초로 2억2천5백만 달러라는 사상 최대의 흑자를 기록하였다. 여기에는 34개의 공식후원업체(Official sponsors), 64개의 공식공급업체(Official Suppliers), 65개의 상품화권자(Licences)가 참여하였다. 또한 TV중계권은 150개국에 판매되어 2억8천7백만 달러의 수입을 올린 것으로 알려졌다. 이처럼 올림픽과 같은 국제 스포츠 행사는 비즈니스가 동반된 거대한 사업[5]으로 알려졌다(Seslfart, 1984).

그 결과에 따라 국가 경제에 미치는 파급효과는 상당히 크다. 올림픽이나 월드컵 같은 국제경기의 규모가 확대됨에 따라 이들 행사를 주최하는 국가에서는 많은 관중을 수용하고 각종 편의시설을 제공하기 위해 스포츠 시설의 규모가 점점 대형화 되는 추세에 있다. 따라서 스포츠와 관련된 건설 산업은 국가의 주요한 기간산업의 하나로 그 비중이 점차 증대되고 있다. 이러한 건설 산업은 대규모 공사로 인한 막대한 자본의 투자와 함께 도로나 숙박시설 등의 부대시설 구비, 건설 노동력 창출, 경기회복의 밑거름, 그리고 차후 관광산업의 기반 조성 등과 같은 다목적 경제활동으로 이어질 수 있다.[5]

또한 부가가치 효과가 높은 관광산업의 활성화는 해당 지역의 경기 활성화에 많은 기여를 하고 있다. 따라서 세계 주요 도시나 국가에서는 관광객을 유치하여 수익을 증대시키기 위해 올림픽이나 월드컵 등과 같은 국제 스포츠 경기대회를 개최하려는 치열한 스포츠 외교전을 전개하고 있다.

국가 간의 친선과 협력을 도모하여 세계평화의 이상을 추구한다는 올림픽 개최를 통하여 국제적으로 국가의 이미지 제고 차원에서 상당한 효과를 거둘 수 있다. 특히 기존의 부정적인 국제 이미지를 우호적으로 개선하는데 적지 않은 영향을 끼친다. 국제정치에서 국가 간 협력

---

5   1984년 LA 올림픽의 상업적인 성공에 고무된 IOC는 재정확보를 위해 보다 전문적인 마케팅의 필요성을 느껴 4년 주기의 TOP(The Olympic Partner) 프로그램을 제도화하였다. 또 TV 중계권료는 매 대회마다 50%이상의 증가율을 보였다.

을 증진시키기 위해서는 일차적으로 이미지의 개선이 필요하다(김종표, 1998). 이와 같은 이미지 개선뿐만 아니라 우호적인 국제환경이 조성되면서 외국과의 경제교류도 증대된다. 한국의 올림픽 및 월드컵 개최의 경우[6]에도 이러한 긍정적 파급효과를 가져왔다.

두 번째는 스포츠 교류이다. 국가 간의 스포츠 교류는 외교적 맥락에서 함축적 의미를 갖는다. 즉 대결보다는 협력, 갈등보다는 선린의 관계를 지향한다. 물론 스포츠 경기 자체는 경쟁적인 속성을 가지고 있지만, 이러한 경쟁을 위한 만남의 장 속에서 상호 간의 이해와 친선을 도모할 수 있다. 국가 간 스포츠 교류는 상대국과의 친선과 우호 관계를 증진시킨다.

1971년 미국과 중국의 탁구교류를 비롯하여 동독과 서독의 통합과정에 있어서 스포츠 교류는 상호 불신을 해소하고 협력 기반을 다지는 데 중요한 역할을 수행하였다. 남북한 간의 스포츠 교류도 이러한 맥락에서 살펴볼 수 있다. 국가 간의 스포츠 교류가 원활히 이루어지는 것은 서로 갈등적인 요소가 적다는 의미로 이해할 수 있고, 갈등 요인들이 존재한다고 하더라도 협력적 방법을 통해 해소하고자 하는 의지를 표명한 것으로 해석할 수 있다.

---

6 또한 스포츠는 우리나라를 세계 속에 홍보하는 역할을 하였다. 특히 우리가 유치하고 성공적으로 개최한 여러 국제대회는 한국의 존재를 알리고, 한국의 역동적 이미지를 세계에 확산시키는 데 중요한 역할을 담당했다. 일례로 1988년 서울 올림픽을 통해 대한민국이 세계에 알려지기 시작하였고, 2002년 월드컵을 통해 우리 국민의 열정과 질서의식을 전 세계에 보여줄 수 있었다.

세 번째는 국제 스포츠 기구에서의 활동이다. 국제사회의 하위부문으로서 국제 스포츠계는 국제 스포츠 기구에서의 외교활동으로 나타난다. 이러한 외교활동은 국제 스포츠 행사 유치를 위한 외교를 비롯하여 국제 스포츠 회의에서의 발언권 확대, 자국에 유리한 올림픽 종목의 채택, 국제경기 결과 재심을 위한 이의 제기와 같은 스포츠 외교형태를 꼽을 수 있다. 이러한 대외적인 스포츠 외교의 역량을 강화하기 위해서는 국제 스포츠 기구에 자국민이 많이 진출해야 할 것이다. 이를 위한 스포츠 외교 전문 인력의 양성 및 충원은 스포츠 외교력 향상에 필수적인 요소이다.

3. 스포츠와 국가이미지

(1) 국가이미지

이미지(image)란 말은 여러 분야에서 광범위하게 사용되고 있으나 포괄적이고 추상적인 개념이어서 명확한 개념화가 쉽지 않다. 이미지의 사전적 정의는 라틴어 이마고(imago)에서 유래하였고, 모방한다는 뜻의 이미타리(imitari)에서 파생한 것이다. 이미지는 대상에 대해 갖는 마음속의 그림이나 대상에 대해 자신이 믿는 모든 것으로 형상화된다고 볼 수 있다. 신념, 태도, 인지와 같은 개념들은 인간의 행동에 직접적으로 관계가 있는 것으로 대중, 공중, 여론에 의해서도 결정된다(Moffitt 1994).

국가이미지는 이미지의 개념을 국가 차원에 적용한 것이라 할 수 있다. 즉, 국가이미지는 특정 국가에 대한 인식의 총체로 그 나라의 역사, 정치, 문화, 외교, 경제, 사회 및 문화, 예술, 스포츠 요소가 복합적으로 작용하여 각 분야에 대한 내·외국인들의 평가로 형성된다. 국가이미지란 어떤 국가나 국민들에 대해서 사람들이 가지는 인지적 묘사 혹은 특정 국가나 국민들에 대하여 사람들이 일반적으로 사실이라고 믿는 것이라 정의하였고(Hall 1986), 또는 특정 국가에 대해서 사람들이 가지는 기술적, 추론적, 정보적 차원의 신념들의 총합으로 규정하고 있다(Pappu, Quester and Cooksey 2007).

이러한 국가이미지를 구성하는 요인은 정치 안정, 민주화 정도, 경제발전 수준, 범죄 상황, 공공질서, 역사와 전통, 문화 및 예술, 국민성, 교육수준, 자연과 기후, 국가호감도, 외국과의 교류정도, 대상국가와의 접촉도 등으로 나타난다(김용상 1999; 염성원 2003). 국가이미지의 중심적 속성은 대상이 되는 국가에 따라서 표출된다. 예컨대 프랑스는 문화라는 속성으로 알려져 있고 일본은 경제적인 측면에서 주로 인식된다. 그러므로 이미지 대상국가의 속성이 변하거나 이미지 형성자가 변하면 역시 속성의 종류와 수도 변화하게 된다(정인정 1999). 특정 국가에 대한 호의적인 이미지는 경제·정치의 발전이나 문화나 스포츠에서 두각을 나타낼 때 호의적 이미지가 강화될 수 있다. 전지구화, 세계화로 각국은 국제사회에서 자국에 대한 정보의 소유권을 확보하여 새로운 국가이미지를 형성하려는 목적으로 다양한 홍보 및 선전활동 등의 방법들을 개발해 나가고 있다. 국가이미지의 문제는 국제관계 차원에서 매우 중요한 역할을 수행한다. 오랜 시기에 걸쳐서 형성된 국가이미지는 각 나라에 대한 이미지의 총합일 수도 있으며 역사적 소산으로도 평가될 수 있다.

특정 국가에 대한 이미지에 따라 국가 간의 관계도 영향을 받을 수 있다. 긍정적 이미지는 국가 상호 간의 호혜적 관계수립에 영향을 줄 수 있고, 부정적 이미지는 갈등 관계로 쉽게 빠져드는 변수로 작용할 수도 있을 것이다. 국가이미지는 외국과의 누적된 교류뿐만 아니라 역사적 관계나 국민들에 대한 평가까지도 포함한다는 면에서 포괄적인 것이다. 특정 국가에 대해 호의적인 이미지를 갖고 있으면 그 국가가 수행하는 일반적인 외교정책뿐만 아니라 구체적 외교행위에 대해서도 긍정적 지지와 평가를 하는 경향이 있다(Houlihen 1994). 일반대중이 갖는 국가이미지를 통해 형성된 여론이 그 국가에 대한 외교정책에 지지나 반대 의사결정에 영향을 준다면 국가이미지는 국제체제의 질서화나 새로운 관계 설정에도 영향을 미칠 수 있다.

그런데 국제적으로 알려진 국가이미지는 고정적 관념으로 특정 국가의 현재 모습과는 크게 상관이 없는 경우도 많다는 것이다. 그 국가에 대한 이미지는 해당 국가의 상품을 판단하고 정치, 경제, 무역, 문화 관계를 맺으며 그 국가를 상대하는데 큰 영향을 미친다. 이러한 국가에 대한 형상화된 관념은 오해와 편견, 혹은 어떤 사건이나 행사에 따라 정해지기도 한다(Anhholt 2003, 202-203).

한 나라에 대한 세계의 시각이 형성되고 변화되는 것은 빠른 시간

안에 쉽게 이루어지지 않는다. 말하자면 국가이미지는 오랜 시간에 걸쳐 서서히 변화되어 왔다. 전쟁, 외교, 스포츠 경기에서의 우승, 명예로운 인물들 그리고 그 국가 제품들에 의해서 국가이미지가 형성된다. 국가 이미지는 마치 초대형 유조선과 같다는 것이다. 유조선은 진행중인 진로를 변경하는데 8km가 소요되며 정지에는 13km가 필요하다는 것이다 (Anhholt 2003, 184-185). 국가브랜드는 일조일석에 만들어지고 사라지는 것이 아니며, 일단 만들어지면 그 형상을 바꾸는데 오랜 시간이 걸린다. 예컨대 월드컵 축구 대회에서 어떤 국가가 좋은 성적을 내면 그 순간에는 유명세를 타겠지만, 그 유명세를 바탕으로 좀 더 지속적인 발전의 모습을 보여주지 못한다면 4년 후에 열리는 다음 대회까지 그 명성은 유지되지 못한다. 브라질 축구팀의 경우에는 특정 대회에서 성적이 부진해도 이미 많은 대회에서 좋은 성적을 거뒀기 때문에 긍정적인 인식이 유지될 수 있다.

국가와 기업은 높은 인지도를 가짐으로써 그 영향력을 한층 드높일 수 있다. 이미지는 다양한 방식으로 사람들의 생각과 사고에 영향을 미치며, 특정 제품으로 소비자의 눈길을 돌리게 할뿐만 아니라 생산자에 대한 믿음을 이끌어 내고, 국가와 산업에 좋은 인상을 부여하고 지속시킨다. 품질이 좋은 제품에 매력적이고 강한 브랜드 이미지를 더하면 세계 시장은 이 제품들을 환영하고 제품 생산국의 성장을 위해 다양한 방법으로 지원을 하게 된다.

이러한 측면에서 이미지는 성공의 원인인 동시에 결과이며 모든 것을 원활하게 움직이는 힘이 된다. 국가의 경우도 일단 특정 국가가 어떤 분야에서 질 좋은 이미지 제품 수출국으로 알려지면 해외소비자들은 제품 생산국으로서의 그 국가에 대해 높은 기대치를 갖게 되고, 그 국가의 새로운 수출품에 대해서도 큰 관심을 보이게 된다(Anhholt 2003, 60-62).

국가의 이미지를 통해 형성된 브랜드 파워가 다른 나라로 투사됨으로써 해당 국가에 대한 재조명 작업이 이루어지기도 한다. 예를 들면 과거의 한국은 전쟁, 가난 등이 한국을 상징하는 주요 키워드였다고 해도 과언이 아니다. 1960년, 1970년대 한국의 모습은 과거 미국 TV 드라마 '메쉬'(MASH: Mobile Army Surgical Hospital)를 통해 소개된 한국의 모습으로 비쳐져 있다. 즉 한국 전쟁 이후 열악한 환경의 미국 원조 대상국이자 경제적 여건이 최빈국 수준의 분단국 이미지 그 자체였다. 그런데 2010년 미국 지상파 방송에서 스포츠를 통해 한국을 다시 알리는 프로그램이 방송되었다. 즉 한국 스포츠의 우수성을 알리는 1시간짜리 다큐멘터리 프로그램에서 '한국 스포츠의 탁월함(South Korea: Focused on Excellence)'이 미국 지상파 방송에서 방영되었다. 한국 스포츠를 주제로 한 다큐멘터리가 미 전역에 방송되는 것은 처음 있는 일이다.[7]

---

7 이 프로그램은 1936년 일장기를 가슴에 달고 베를린 올림픽 금메달을 딴 뒤 시상식 장에서 끝내 얼굴을 들지 않았던 마라토너 손기정부터 2010년 밴쿠버 동계 올림픽의 피겨 여왕 김연아로 마무리된다. 축구스타 박지성과 이청용, 골프의 박세리, 양용은, 신지애, 빙상의 이승훈, 야구의 박찬호, 추신수 등 10여 명의 정상급 선수가 등장한다. 이 다큐멘터리의 감독을 맡은 제이 잘버트 JPI 부사장은 3일 "미 뉴저지주 크

국가이미지란 용어와 함께 국가브랜드라는 용어도 중요하게 사용되고 있다. 그러나 국가브랜드는 그것을 알리고자 하는 마케팅 주체, 즉 해당 국가의 치밀한 기획과 집행노력을 수반하고 모든 목표 대상들에게 지속적으로 노출된다는 점에서 비의도적이고 비정형적인 속성을 갖는 국가이미지와 구별되어야 한다(조삼섭 외 2007).[8] 국가브랜드 개념은, 이제 국가도 일반 기업이나 회사처럼 일종의 브랜드 대상으로 이해하고 체계적으로 관리해야 한다는 전제를 담고 있다. 국가브랜드는 한 국가의 자연환경, 국민, 역사, 문화, 전통, 정치 체계, 경제수준, 사회 안정, 제품, 서비스, 문화 등의 유형 또는 무형의 정보와 경험을 활용하여 국내외에 의도적으로 심어주고자 기획된 상징체계라 할 수 있다. 즉 국가브랜드는 사람들로 하여금 특정 국가 또는 특정 국가의 집단, 제품, 서비스를 식별하고 다른 국가와 구별하도록 의도된 이름, 용어, 기호, 심벌, 디자인 또는 이것들의 조합이라고 할 수 있다(조동성 2003).

기의 한국의 몇 십 년에 걸친 위대한 스포츠 혁명과 그 혁명을 이끈 선구자들, 이들이 한국에 어떤 영향을 줬는지에 대한 이야기를 다뤘다"고 했다. 이 다큐멘터리는 8~9월 뉴욕·로스앤젤레스 등 미 전역 120여 개 도시에서 ABC, CBS, NBC, Fox 등 4대 지상파 방송을 통해 방영될 예정이다. 제작사 측은 미 전체 1억1000만 TV 시청가구의 90%가 가시청권이라고 밝혔다(『중앙일보』 2010. 8. 4.).

8   김유경(2011)은 국가이미지란 국가 혹은 국민에 대해 사람들이 갖고 있는 다양한 정보를 바탕으로 형성되는 일반적 인식 또는 믿음을 말하며, 국가브랜드 이미지는 국가이미지를 마케팅 관점에서 재활성화 하는 과정에서 다양한 분야에 걸쳐 형성되는 인식 태도의 총합이라고 규정한다.

(2) 국가이미지와 스포츠

스포츠가 국가이미지 형성의 중요한 축인 이유는 스포츠 부문이 지속적으로 성장하고 글로벌화 되면서 스포츠 경제라는 새로운 패러다임이 등장하는데 기인하는 측면이 크다. 또한 주요 국제 스포츠 행사에는 예외 없이 주최국의 스포츠 외적 특성을 소개하는 광범위한 언론 보도와, 다른 사회·경제 혹은 문화 자원들에서는 유발되지 않는 전 지구적 차원의 열광과 정열, 강인함이 혼재된 감동적 열기가 동반된다(Rein & Shields 2007, 74). 그렇기 때문에 올림픽 등과 같은 대규모 국제 스포츠 행사는 특히 전 세계인들을 대상으로 국가이미지를 더욱 증진시킬 수 있는 좋은 기회가 된다.

중국의 경우도, 베이징 올림픽을 통해 중국의 경제성장, 국가능력 그리고 잠재적 미래를 홍보하는 기회로 삼을 수 있었다. 이는 중국식 경제발전 모델이 서구식 자본주의 경제 모델의 위기에 대한 대안으로서 아시아 개발도상국을 중심으로 부각되는 시점에서 전 세계에 중국의 성공을 생중계하면서 큰 홍보효과를 발휘했다고 볼 수 있고, 이는 중국에 대한 지속적인 투자로 이어질 수 있다(이기현 2008, 76-77). 단시간에 자국의 국가이미지를 증진시키는데 이만큼 기여한 경우는 거의 없었을 것이다.

스포츠가 국가이미지에 미치는 영향으로 볼 때 국제관계에서 정치·경제적으로 주변국에 머물러 있던 약소국들의 경우에는 그 효과가 더 크게 나타난다. 즉, 정치·경제적으로 큰 영향력을 가지고 국제적 활동이 왕성한 국가들보다는 국제관계에서 주변국이라는 지위에 머물러 있는 국가에서 개최되는 국제 스포츠 행사는 세계인들에게 새로운 국가 이미지를 심어줄 수 있다. 이를테면 올림픽 역사상 처음으로 개발도상국인 멕시코의 수도 멕시코시티에서 개최되었던 1958년의 제19회 올림픽이나, 비약적인 경제성장으로 '한강의 기적'이라는 평가를 받았던 한국에서의 제24회 서울 올림픽은 그러한 사례로 꼽을 수 있다.

비즈니스 관련 격주간 시사지인 《포브스(Forbes)》는 세계에서 가장 경제 가치가 높은 브랜드를 가진 스포츠 팀 1위와 2위로 각각 뉴욕 양키스와 맨체스터 유나이티드를 선정하였다(Schwartz, 2010). 프로 스포츠팀이 제공하는 국가이미지 형성 효과 역시 무시할 수 없는 부분이다. 프로팀들은 비록 대부분의 국제경기에 국가대표 자격으로 참가하지는 않지만 그들에 의해 이루어지는 업적과 성과는 때때로 민간 영역의 브랜드를 뛰어넘는다.

예를 들어 110년 가까운 역사를 가지고 있는 미국 메이저리그 야구팀인 뉴욕 양키스(New York Yankees)는 월드 시리즈에서 최다 우승 기록을 갖고 있는 야구 명문으로서 강력한 스포츠 브랜드를 갖고 있다. 베이브 루스(Babe Ruth), 루 개릭(Henry Louis Gehrig), 조 디마지오(Joe DiMaggio)와 같은 메이저리그 역사상 가장 걸출한 선수들을 배출한 것으로도 유명한 이 팀은 이러한 역사성과 성적 때문에 전 세계적으로 광범위한 대중성과 팬을 확보하고 있으며, 미국이 프로야구의 메카와 같은 강한 이미지를 형성하게 하는데 결정적 역할을 하였다.

또한 130년 역사에 한국의 박지성 선수가 뛰었던 영국 프로축구

클럽 맨체스터 유나이티드(Manchester United)는 세계에서 가장 많은 사람들이 시청하는 잉글랜드 축구 리그인 프리미어리그(Premier League) 최다 우승과 FA컵(The Football Association Challenge Cup), 리그컵(League Cup), 유러피안컵(European Cup) 등에서 다수 우승, 그리고 최근에는 FIFA 클럽 월드컵(FIFA Club World Cup) 우승에 이르기까지 현격한 기록을 세우는 등 강력한 글로벌 브랜드를 갖고 있다. 이러한 팀 브랜드는 주요 경기 리그들과 융합되어 영국을 축구의 본고장이라는 이미지를 창출하고 유지하게 만들었다(설규상 2010, 41).

스포츠 분야에서 국가가 이미지를 만들고 유지시키는 기반이 되는 명성은 일시적 성적이나 흥행보다는 규칙적이고 지속적인 성적과 성취 아래서 가능해진다. 즉, 스포츠 대회에서의 탁월한 성적이나 성과가 다른 나라 국민들의 인식에 영향을 미침으로써 국가이미지를 개선시킬 수 있다는 점은 분명하나 그 바탕에는 장기적으로 누적된 성과와 업적이 있어야 한다.

제2절 올림픽과 정치

1. 올림픽과 정치의 관계에 대한 시각

올림픽과 정치의 관계를 보는 시각에는 두 가지 이론적 맥락이 자리하고 있다. 첫 번째 이론적 시각은 올림픽의 비정치화이다. 즉 올림픽은 정치적 개입으로부터 중립적이고 자유로워야 한다는 입장이다. 이와 다른 두 번째 시각은 올림픽의 정치화를 자연스러운 현상으로 바라보는 입장이다. 두 가지의 서로 다른 패러다임은 비정치적 올림픽(Apolitical Olympic)이라는 패러다임의 관점과 올림픽의 정치화(Politicization of Olympic)라는 패러다임의 입장이라고 볼 수 있다. 올림픽의 비정치성을 강조하는 시각은 이상적이고 당위적인 측면을 강조한다고 볼 수 있다. 반면에 올림픽의 정치성에 주목하는 관점은 정치화라는 것이 좋은 의도이든 그렇지 않은 의도이든 올림픽은 정치의 관여에서 자유로울 수 없다는 현실주의 입장을 반영하고 있다.

(1) 올림픽의 비정치성

이러한 두 가지의 서로 다른 관점은 올림픽 운동을 이끌어 온 대표적인 역사적 인물들을 통해서도 대비되고 있다. 1952년에서 1972년까지

IOC 위원장이었던 브런디지(A. Brundage)는 올림픽의 비정치성이라는 관점을 강력하게 피력하였다. 올림픽과 관련된 사항에 대한 그의 주요 관심사는 전통주의로의 회귀라고 볼 수 있다. 브런디지는 스포츠 경기의 순수한 경쟁성 자체를 위하여 아마추어리즘 원칙을 강조하였다. 말하자면 상업성이나 정치성의 개입으로부터 스포츠가 왜곡될 수 있기 때문에 스포츠의 순수성을 지킨다는 입장을 견지하였다.

물론 올림픽 운동의 순수성을 강조했던 올림픽 운동의 선구자 쿠베르탱(Pierre de Coubertin)도 현대 올림픽을 언급하면서 경기에 참여하는 선수들은 자신의 조국을 대표한다고 여겼고, 경기에서 경쟁하는 것은 선수 개인들이지만 그들이 대표하는 국가로 인하여 경기에 국가들 간의 경쟁양상이 펼쳐진다고 지적하였다. 그러나 이러한 측면이 모든 경기가 민족주의에 기초한 국가 간 대결로 이어진다고 볼 수는 없다는 것이다. 브런디지는 올림픽이 국가 간 경쟁이라는 생각에 강력한 반대 의견을 표출하면서, 과도한 민족주의의 강조는 국제 사회에 커다란 위험성을 초래할 수 있다는 점을 올림픽 운동과정에서 분명히 인식해야만 한다고 강조하였다.

아울러 올림픽 경기는 개인 혹은 팀 간의 경쟁이지 국가 간의 경쟁이 아니라고 강조하였다. 브런디지는 민족주의를 끌어들이는 수단으로서의 올림픽 경기 진행 양상을 피하기 위하여 메달 집계의 공표 등을 하지 말자고 주장하였다. IOC의 수장으로 재임하면서 그는 올림픽의 가치는 정치적 개입이나 관여를 배제하는 것이라고 강조하였다. 예컨대 1968년 멕시코 올림픽에서 미국의 육상 선수인 스미스(Tommie Smith)와 카

를로스(John Carlos)는 메달 수여식에서 흑인인권운동을 지원하는 제
스처를 취했다. 브런디지는 이 두 선수를 올림픽 선수촌에서 추방시키
고, 미국 올림픽 팀에서 제외하였다.

특히, 신생국들이 올림픽에 참가하고 새로운 스포츠 종목 단체들
이 올림픽 경기의 일부가 되면서 올림픽은 급속하게 팽창하였다. 또한 사
회주의 진영의 국가들은 올림픽 경기를 체제 선전을 위한 좋은 기회로
활용하였고, 이러한 움직임들은 브런디지가 정치적 요인의 개입을 막으
려는 또 다른 이유가 되었다. 브런디지는 IOC와 올림픽에서 냉전기 국
제사회에서 작용하고 있는 동·서간의 진영 대립이라는 정치적 영향력
을 배제하기 위해 지속적인 노력을 기울였다. 올림픽의 비정치화를 주창
한 또 다른 인물로 1968년부터 1972년까지 IOC 위원장을 역임한 킬러
닌 위원장(Michael M. Killanin)을 꼽을 수 있다. 그는 올림픽이 순수한
아마추어리즘을 견지해야 하고, 국제정치의 변동에 영향을 받아서는 안
된다고 강조했다.

(2) 올림픽의 정치성

IOC와 올림픽 경기 자체가 어떻게 진행되는지 살펴보면 선수들의
국가적 대표성은 합리적인 현상이다. 엡시(R. Epsy)는 올림픽 경기들이
조직화되는 것을 보면 정치가 외부에서 개입한 것이 아니라 정치 자체가
경기나 스포츠의 일부가 될 수밖에 없다고 주장한다. 이에 덧붙여 국제
스포츠 경기에서 정치를 분리하는 유일한 방법은 스포츠의 조직적 구조

를 변경시키는 것 밖에 없다. 많은 스포츠팬들이 정치를 올림픽에 초대하지 않은 간섭자로 여기고 있음에도 불구하고 정치는 게임에 통합된 일부라는 것이다.

1980-2001년까지 20여 년 동안 IOC 위원장이었던 사마란치(Juan Antonio Samaranch)는 현안이 되는 주요 국제문제에 대하여 매우 적극적이고 신속한 대응을 모색했다. 그는 남아프리카 공화국에서의 인종차별 문제가 국제적 이슈로 제기되자 이에 대한 IOC의 입장을 정리하였다. 즉 1955년의 IOC 집행위원회에서 남아공의 인종차별 문제가 최초로 다루어졌다. 그 결과 1964년의 올림픽 경기에 남아프리카 공화국의 올림픽 출전이 거부되었다. 그 이후 남아공에서의 인종차별이 종식된 후 1992년의 바르셀로나 올림픽에 비로소 남아프리카 공화국은 올림픽 참가가 허용되었다. 스포츠의 정치화는 매우 일상적이고 어떤 의미에서는 정기적으로 나타난다. 올림픽 경기에 자발적으로 불참하거나, 참가를 거부당하는 경우들이 올림픽 역사에서 나타났다. 그 외에도 정치적 문제로 야기된 매우 극단적인 사건들이 올림픽에 대한 정치의 침투현상으로 나타났다. 대표적인 경우는 1972년 9명의 테러리스트들이 이스라엘 팀의 숙소를 공격한 검은 구월단(Black September)에 의한 뮌헨 올림픽의 참극이다. 이 사건으로 11명의 이스라엘인들과 5명의 테러리스트들 그리고 1명의 서독 경찰이 사망하였다.

한편 올림픽에 대한 정치 개입이라는 차원에서 보면, 갈등을 벌이고 있는 국가들에게는 올림픽 대회가 아주 좋은 기회가 된다. 또한 국제사회에 국가 인지도를 제고하려는 국가들에게도 올림픽은 호기로 비쳐진다.

올림픽의 정치화에 대한 평가는 양면성을 지니고 있다. 이른바 올림픽 정치라는 것이 국제관계에 긍정적인 영향을 미치는지 아니면 부정적인 영향을 미치는지에 대한 평가는 일률적으로 말할 수는 없고 각 사례에 따라 다르게 나타난다. 스포츠가 펼쳐지는 경기장이 정치적 분열이나 갈등을 제공하는 무대일 수 있다면, 마찬가지로 그것은 협력과 이해의 공간을 제공한다고도 볼 수 있다.

2. 현대 올림픽의 정치화

올림픽이 함축하고 있는 정치적 의미는 다차원적인 측면이 있다. 첫째는 국내정치적 요구와 관련된 측면이다. 하나의 사례로 1960년의 로마 올림픽과 1964년의 도쿄 올림픽의 개최는 중요한 정치적 함의를 담고 있다. 이태리와 일본에서의 올림픽 개최는 제2차 세계대전의 전범국이자 패전국으로서 자신들의 국제정치적 위상을 새롭게 자리매김하려는 의도가 강하게 작용하였다. 즉, 미국을 중심으로 한 서방진영 내에서 주변국이 아닌 중심국으로의 이행이라는 정치적 판단이 내재되어 있을 뿐만 아니라, 올림픽 개최가 갖는 국제사회에서의 위상 재정립과 과거의 전범국이라는 국제적 인식에서 벗어나려는 국제정치적 함의를 포함하고 있다.

둘째로 국제정치적 요인이 올림픽 개최과정에 투사되는 경우를 꼽아 볼 수 있다. 1976년 캐나다 몬트리올에서 열린 제21회 올림픽 개최과정은 미국과 소련을 중심으로 한 양극체제의 내재적 한계가 그대로 표출되었다. 제21회 올림픽 개최 유치 신청을 낸 국가는 캐나다를 포함하여 미국, 소련 등 3개국이었다. 미국과 소련이 개최지 선정을 놓고 직접 대결하는 형국이 되었다. 미국은 이미, 1904년과 1932년 두 차례에 걸쳐 올림픽을 유치하였다. 그러나 제2차 세계대전 이후 서방 진영의 구심점이며 초강대국으로서 올림픽을 개최한다는 의미를 담고 있었다.

1980년의 제22회 올림픽 개최지 선정은 미국과 소련의 유치 경쟁과 대결로 나타났다. 소련은 이전 올림픽 개최지 선정 때 미국의 지원을 받은 캐나다에 밀려 차점으로 낙선되어 미국보다는 다소 유리한 상황이었다. 또한 올림픽 역사상 최초로 사회주의 국가에서 개최된다는 상징성도 지니고 있었다. 한편, 미국의 경우는 개최지 선정 투표와 관련된 이러한 객관적인 평가에서 소련보다는 다소 열세에 놓여 있었다. 당시 미국은 소련에서 개최되었던 유니버시아드 대회에서 발생한 유대인 차별행위 등에 항의하며 제22회 올림픽 대회의 모스크바 개최를 적극적으로 반대하였다.

올림픽 개최를 둘러싸고 미국과 소련의 갈등과정이 펼쳐졌지만, IOC 총회에서의 투표결과는 소련의 승리로 귀결되었다. 이러한 투표결과는 미국과 소련의 대결구도 속에서 진행되었지만, 상대적으로 소련은 아프리카를 중심으로 한 제3세계 국가들과의 적극적인 협력을 진행한 반면, 미국의 미흡한 대응으로 이러한 결과를 낳게 되었다.

셋째로 올림픽이 정치적 의사 표명의 무대로 전락하는 경우도 비일비재하게 등장하였다. 1896년 아테네 경기에 독일의 참가를 저지하려고 했던 쿠베르탱의 시도, 1908년 런던 올림픽 개회식 때 에드워드 7세에 대한 미국 팀의 경례 거부, 1968년의 멕시코 올림픽 경기 때 스미스와 카를로스가 벌인 시상대에서의 인종차별 시위사건 등이 그것이다.

넷째로 올림픽이 민족주의와 밀접하게 결합되어 정치적 편향성이 증폭되었던 경우를 들 수 있다. 올림픽을 정치적으로 이용하려는 움직임은 민족주의와 결합함으로써 더욱 강화된다. 올림픽에서 민족주의의 문제가 분명하게 표출된 계기는 1936년의 베를린 올림픽이라고 할 수 있다. 올림픽이 갖는 정치성과 민족주의 두 성향 모두 베를린 올림픽을 통해 여실히 세상에 모습을 드러내었다. 또한 국가 간의 경쟁이 경기 팀을 매개로 이루어지고, 경기 순위와 점수에 대한 국가와 매스컴의 관심이 집중되고, 그 결과를 국가와 일체화 시키는 경향이 나타났다. 특히 냉전 시기에는 올림픽 경기 우승에 대한 집착과 우승을 정치 이데올로기적 승리와 동일시하는 경향은 민족주의 감정을 더욱 자극하였다.

그러나 올림픽 운동은 최소한 겉으로는 전통적으로 비정치적 태도를 견지해 왔고, 올림픽 경기의 상업주의적 혹은 맹목적 애국주의에 의한 남용을 줄여보려는 다양한 시도가 IOC에 의해 이루어져 온 것이 사실이다. 그럼에도 불구하고, 올림픽 경기는 태생적으로 정치적이라는 논란으로부터 결코 자유롭지 못하며, 회를 거듭할수록 정치, 민족주의, 상업주의 등과 관련된 논쟁이 첨예하게 나타나고 있다.

제3절 올림픽과 스포츠 외교

1. IOC의 정치적 속성

오늘날 올림픽이 직면하고 있는 정치적 문제들의 씨앗은 근대 올림픽을 부활시키기 위한 작업이 한창 진행되던 1890년에 이미 뿌려졌다고 볼 수 있다. 근대 올림픽 경기의 근본 원칙들을 확정했던 1894년 소르본 회의는 올림픽이 성공하기 위해서는 정부의 지원이 꼭 필요하다고 결의함으로써 정부 참여의 문호를 개방하였다. 또한 올림픽 경기 참가 선수의 선발을 위해 모든 국가들이 예선 시합을 치르도록 요구하였다. 이것은 명백히 모든 참가 선수는 자기 조국을 대표한다는 사실을 의미하며, 더구나 1896년에서 1914년까지의 올림픽 규정은 각국의 선수가 획득한 메달수로 국가의 순위를 매기도록 하였다.

물론 근대 올림픽의 탄생이 정치적 목적을 표방하면서 이루어졌던 것은 아니며, 오히려 그 반대라고 할 수 있다. 올림픽 운동을 전개하면서 쿠베르탱은 IOC가 어떤 형태의 정치적 영향도 받지 않게 하기 위해서 올림픽 위원 선발에 주의를 기울였다. 그는 IOC 위원이 되기 위한 자격에서 특정 국가나 스포츠 대표를 제외시켰다. 그는 스포츠와 올림픽 경기에만 헌신하기를 원하는 사람들만 선발한다면 어떤 특정한 이익 단체의 압력에서 자유로울 수 있을 것이라고 생각했다. 그는 IOC 위원이란

IOC에서 조국이나 자기가 속한 스포츠 집단을 대표하는 것이 아니라, 자기 조국이나 스포츠 집단에서 IOC를 대표한다는 사실을 강조했다.

이러한 노력의 결과, 초기 올림픽 운동은 그 내부에 특정 집단을 대표하는 이들이 존재하지 않았기 때문에 신망을 얻을 수 있었다. 대부분의 IOC 위원들은 무엇보다 올림픽 경기의 발전을 생각하는 것처럼 비쳐졌다. 그러나 1894년 소르본 회의에서 이미 가능성을 열어두었던 정부의 지원이라는 정치적 영향력의 씨앗은 제2차 세계대전 후 IOC 위원들이 그들의 지위와 재정을 각국 정부에 의존하면서 활짝 꽃피게 되었다. 정부에 지위와 재정을 의존하는 상태에서 각국의 IOC 위원들은 정치적 영향력으로부터 자유로울 수 없었고, 다양한 종목에서 국제 스포츠 대회가 열리면서 각종 국제 스포츠 연맹들의 세력이 증대되었다.

점점 더 많은 IOC 위원들이 각종 스포츠 연맹과 밀접한 관련을 맺게 되었고, IOC 내에서 배경이 같은 회원들이 단합하여 투표해 IOC의 정책방향을 결정하면서 권력의 블록화 현상이 나타나게 되었다. 사회주의 블록, 흑인 블록, 아프리카 블록, 스페인 블록 등 여러 블록으로 나뉜 IOC 위원들의 집단 투표현상과 각종 스포츠 연맹 및 경기단체와의 밀착 관계는 올림픽을 통해 정치적 목적을 달성하고자 하는 국가들에게는 강력한 유혹으로서, 손쉬운 접촉의 대상이 되었다. 올림픽을 주최하려는 국가는 이들에 대해 관심을 기울이지 않을 수 없게 되었고, 오늘날 이런 영향력으로부터 자유로운 IOC 위원은 거의 없다고 해도 과언이 아닐 것이다.

IOC의 정치화 현상이 노정되면서 IOC의 권한은 점점 더 커져만

갔고, 그를 둘러싼 여러 가지 잡음들이 불거졌다. 이는 경기규모의 거대화, 상업주의 및 프로화와 결합하면서 더욱 강화되었다. TV를 비롯한 기술의 진보와 정보통신의 발달은 올림픽 스포츠를 더욱 매력적인 소비상품으로 만들었고, 스포츠와 자본의 결합은 거대한 시장을 창출하였다. 결과적으로 IOC로 대표되는 국제 스포츠 기구는 이와 같은 거대 자본의 움직임에 한 축을 담당하는 가장 강력한 행위자들 중 하나로서 기능하게 된 것이다. 동시에 이는 스포츠에 대한 정치 개입을 더욱 촉진시키는 요소가 되었다

2. IOC의 구조

세계적인 차원에서 각종 경기대회를 주관하는 IOC의 구조와 조직은 외부의 영향을 받지 않고 존재한다. 국제 스포츠기구로서 IOC는 자신의 존재에 대하여 여러 가지 평가를 받고 있다. 첫째는 배후에서 지원하는 국제 스포츠기구와는 상반되는 경기 주관 국제 스포츠기구라는 점이다. 둘째는 올림픽 조직(Olympic family)으로서의 존재의의이다. 올림픽에 대하여 막강한 권한을 가지고 있으며, 스포츠 부문의 안팎에서 관찰할 때 올림픽에 정당성을 부여한다. 셋째로 다른 국제조직과 가장 중요한 차이점으로 두드러지는 것은, IOC는 각국 올림픽위원회의 요구에 기초하여 존재하는 것이 아니라, 오히려 반대의 경우가 실제 상황에

적합하다.[9] 각국은 회원국으로서 IOC에 속해 있는 것이다.

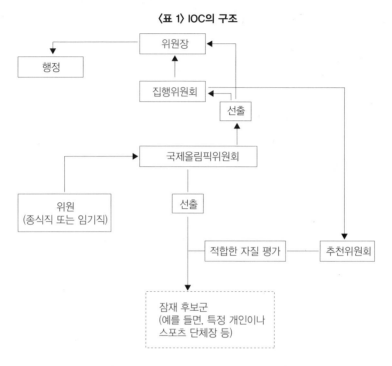

〈표 1〉 IOC의 구조

(출처: http://www.olympic.org)

IOC의 구조는 〈표 1〉과 같다. 회원국들은 매년 회기 중에 올림픽

---

9   익히 알려져 있듯이 IOC 위원이 출신국을를 대표하는 것은 아니다. 다만, 자국에 대하여 IOC를 대표하는 것임에도 불구하고 IOC의 정책과 현안 문제에 대한 투표는 대개 자국 정책을 추종하는 성향을 보인다. 그러므로 올림픽 운동에 새로 가입한 국가들이 자국 출신의 IOC 위원을 갖기 위해 치열하게 보이지 않는 노력을 펴는 것은 어떤 의미에서는 내셔널리즘의 구현으로 비쳐진다.

활동의 최고기관으로서 회합을 갖는다. 그러나 실질적인 권한은 집행위원회, 특히 IOC 집행위원장에게 부여되어 있다. 대부분의 다른 국제 스포츠기구와 달리, IOC 위원들은 각국 스포츠 협회의 직위에 따라 후보 추천이 이루어지지는 않는다. 재임하고 있는 IOC 위원들에 의해서 투표로 선출된다. 이와 관련하여 IOC는 다음과 같은 입장을 표명하고 있다.[10]

"IOC의 구성원들인 IOC 위원은 각 해당국의 대표로 IOC에 파견된 것이 아니라, 각 해당국에서 IOC의 대표로 활동하는 인사들이다."

IOC는 자율적이고 항구적인 조직이다. 회기 중 IOC는 집행위원을 선출하며, 집행위원들의 임기는 4년이다. 15명으로 구성된 집행위원회는 10인의 위원들과, 4인의 부위원장, 1인의 위원장을 두고 있다. 위원들은 4년 임기로 한 차례 중임할 수 있는 위원장을 선출한다.

국제 스포츠계에서 올림픽 활동의 헤게모니는 올림픽 조직을 형성하는 일련의 구조에 의해서 확보된다. 올림픽 게임은 30여개 이상의 종목에서 400여개 이상의 경기가 개최된다. 그렇지만, IOC는 올림픽 게임에 속하지 않는 스포츠에 관해서도 기준이나 규칙 등을 통해 영향력을 미친다. 또한 IOC는 스포츠와 연관된 다른 행위 기준도 설정한다. 예를 들면 올림픽 종목에 포함되려고 하는 댄스 스포츠의 경우, IOC에서 인정해줄 수 있는 올림픽 조직을 갖추어야 한다. 즉, 올림픽 스포츠로 선정

---

10 http://www.olympic.org/organisation/ioc/index uk.asp.

되려면, 세계적 차원에서 해당 스포츠를 관할하고, 그 스포츠의 장려와 발전 등을 담당할 수 있는 국제적 차원의 조직이 있어야 한다.[11]

올림픽 프로그램에 포함될 수 있는 국제 조직은 국제스포츠연합이 되어야 한다. IOC의 공인을 받은 국제 스포츠연합은 그 위상과 활동 등이 올림픽 헌장에 부합해야 한다. 이에 따라 이들의 국제조직인 국제 스포츠기구의 또 다른 형태가 있다. 즉, 하계올림픽종목협의회(ASOIF: Association of Summer Olympic International Federation), 동계올림픽 종목협의협의회(AIOWF: Association of International Olympic Winter Sports Federations), 올림픽공인종목협의회(ARISF: Association of IOC Recognised International Sports Federations), 국제경기연맹총연합회(GAISF: General Association of International Sports Federations) 등으로 이 조직들은 다른 스포츠 연합들을 포괄한다. GAISF 는 1967년 창설되었고, 다른 조직들은 1980년대 초에 발족하였다. 이 단체들은 명분상으로 표명된 목적이 있지만, 국제 스포츠 '조직의 조직'인 이 단체들은 자체 관할 스포츠의 상업 부문을 보호하는 카르텔로 운영된다.

IOC 위원회의 구조는 복잡성을 띠고 있다. 올림픽 프로그램을 다루는 기초 평의회에서부터 IOC 박물관이나 기념우표 등과 같은 사소한 문제를 다루는 위원회에 이르기까지 내부조직의 업무가 분장되어 있다. 말하자면 IOC는 스포츠 부문에서는 범세계적인 차원에서 기능하는 가

---

11 http://www.olympic.org/organisation/ioc/index uk.asp.

장 중요한 특별 조직체로서의 국제 스포츠기구라고 볼 수 있다.

3. 올림픽 개최지 결정의 정치성

올림픽 유치 경쟁의 과정과 절차는 IOC에 의해서 올림픽 헌장 특별규정 37조에 따라 진행된다. 솔트 레이크 시티(Salt Lake City)에서의 불미스러운 부패 스캔들이 불거진 이후, 1999년 제110차 IOC 총회에서는 올림픽 게임 개최 도시 선정과 관련된 절차에 근본적인 변화가 이루어졌다. IOC 집행위원회의 관할로 수행되는 첫 번째 사전 단계라 할 수 있는 검증단계가 도입되었다. 신중한 검토 후에, 집행위원회는 어떤 도시를 올림픽 개최 후보 도시(candidate city)로 할 것인지 결정한다.

이 단계까지 모든 도시들은 신청 도시(applicant city)이며, 여기서 선정이 이루어지면 후보 도시가 된다. 이렇게 후보 도시로 선정되면 다음 단계로서 후보 도시들은 IOC의 질문 문항에 대해 답변 자료를 제출해야 한다. 2010년 동계 올림픽 개최지 선정과정에서의 질문 문항은 동기, 개념, 여론, 정치적 지원, 일반적 인프라, 스포츠 재판 관할지, 논리, 경험, 재정적 지원 등으로 구성되었다. 후보 수용 절차 후에 후보 도시들은 평가 위원단(evaluation commission)의 검증을 받는다. IOC는 평가위원단에게 각 후보도시를 방문하고, 평가 보고서를 작성토록 한다. 이러한 과정은 최종 투표 결정 한 달 전에 마무리 된다. 마지막으로 IOC 총회에서의 결정을 통해 최종적으로 올림픽 개최지가 결정된다.

후보 도시 수가 늘고 각국의 유치 경쟁이 격화되면서 올림픽 개최지 결정은 1984년 이후 더욱 복잡해졌다. IOC에서 정책 결정과 연관된 각종 변수 요인들을 밝혀내는 것은 매우 어렵다. IOC는 올림픽 게임 개최를 희망하는 각 도시들의 적합성, 관련 인프라, 준비 능력에 대한 공정한 평가를 하기 위하여 유치 경쟁 도시들에 대한 데이터를 취합하고, 이에 대한 평가단을 구성하였다.

IOC 위원들의 투표행위에 영향을 미치려는 위원들에 대한 뇌물 스캔들과 같은 불행한 사건 이후로, 투명하고 객관적인 기준과 척도에 대한 관심이 높아지면서 개최 도시 결정에서 중요한 요소가 무엇인지에 관해 관심을 기울이기 시작하였다. 특히, 프레우스(Holger Preuess)는 올림픽 개최 도시 결정에 관한 IOC 위원들의 투표에 영향을 미치는 다차원적인 요인들에 관하여 다루고 있다. IOC의 결정에 영향을 미치는 몇 가지의 중요한 변수들을 살펴보면 다음과 같다.[12]

첫 번째 요인은 선호의 우선순위(hierarchy of preferences)이다. 즉, 유치 경쟁의 질(quality of bid)과 과거 개최지에 대한 평가들이다. 변수의 양과 정보 유형이 투표에 영향을 미친다. 유치 경쟁의 질에서는 다른 IOC 위원들과 같은 다양한 인물, 도시와 유치 위원회 대표 혹은 유명 인사들이 로비 등을 통하여 후보도시에서 승리 가능성을 증진시키기 위

---

12 올림픽 개최지 결정의 요인분석은 프레우스(Preuss 2000)의 올림픽 개최지 결정에
   관한 분석을 중심으로 논의된다.

한 노력을 한다. 선물 증정, 리셉션, 공짜 이동 혹은 각종 게임에서의 편의 제공과 같은 부가적인 서비스 제공을 약속함으로써 유치의 질에 대한 평가에 영향을 준다.

이에 따르면, 과거 올림픽 게임에 대한 평가는 다음 올림픽 게임의 후보 도시 선정에서 IOC 위원들의 투표 성향에 영향을 미친다. 2000년 시드니 올림픽 개최지 결정의 경우가 이러한 사례에 속한다고 볼 수 있다. 1992년 프랑스 알베르빌의 유치과정에서 나타났던 객관성보다는 로비의 영향력에 따른 결정에 대한 여론의 부정적 평가가 시드니의 올림픽 개최지 선정 투표에 영향을 미쳤다. 그 당시 가장 치열한 경쟁을 벌였던 도시인 베이징에 대한 투표는 시드니를 선택하는 것에 비해 IOC 위원들이 훨씬 큰 정치적 부담을 가질 수밖에 없었다.

물론, 다양하고 복잡한 변수들이 늘면서 로비는 더욱 중요하게 되었다. 다른 IOC 위원들, 유치위원회 대표들과의 토론 등을 통해서 IOC 위원들에게 새로운 정보 혹은, 도덕적 윤리적 태도로 호소하면서 선택에 영향을 주려한다. 로비의 힘은 1992년 팔룬 대신에 알베르빌, 2000년 베이징 대신에 시드니, 2006년 시온 대신에 투린의 투표에서 나타났다 (Wamsley 2002). 로비 과정에서도 세계 여론이나 긍정적 느낌 등이 제도화된 공개적 장을 통해 표출되는 것이 중요하다. 이러한 사항들은 미디어의 영향력을 통해 수행될 수 있다.

둘째로 제도적·사회적 제한, 외부적 제약, 그리고 과거 개최 지역, 선정투표 규정 등은 IOC 위원들의 결정에 또 다른 변수가 된다(Preuss 2000). 특정한 정치 체제 혹은 문화와 종교적 동질성의 공감대를 가지고 있는 IOC 위원들은 자신들의 정치·사회·문화적 경계와 정체성을 공유하는 개최 후보도시를 지원하거나 다른 체제에 속한 유치 경쟁 도시를 지원하지 말라는 외부의 압력을 받을 수 있다. 또한 미디어들은 여러 가지 제한 요인들을 여론화시키고 축적한다. 이를테면 2000년에 베이징이 유치 경쟁을 벌일 때, 중국의 인권에 관한 비판적 보고서 등이 미디어에서 이슈로 부각되면서 유치에 부정적 영향을 미쳤다.

올림픽 개최지 결정의 역사를 보면, 올림픽 유치의 순환 개최 요인은 오랫동안 지속되어 왔고, 이러한 요구는 중요한 변수가 되고 있다. 미디어들은 올림픽의 이상이 존중되어야 한다고 주장하면서 남아메리카나 아프리카에 개최 도시를 최대한 배정하라고 요구하면서 IOC에 압력을 가한다. 1993년 이래 올림픽 유치과정에 참여해 개최 신청을 하는 아프리카나 남아메리카 도시들이 꾸준히 늘었고, 이러한 측면은 개최지 결정에 있어서 강력한 외부적 제한 요소로 작용한다고 볼 수 있다.

2010년 동계 올림픽 게임 개최를 위한 2003년 유치 경쟁의 경우, 유럽이 잘츠부르크 대신에 밴쿠버를 지원한다는 소문이 돌았다. 왜냐하면, 잘츠부르크가 승리함으로써 2012년 하계 올림픽 유치전에서 유럽의 승리 기회가 감소될 수 있기 때문이라는 것이다. 다른 3개 후보도시들 중 상대적으로 낮은 국제적 인지도 때문에 평창은 잘츠부르크의 탈락 후에 이루어지는 2차 투표에서 불리하게 작용하였다. 유럽이 밴쿠버 대신에 아시아의 평창을 지원하지 않은 이유가 이러한 지역적 요인 때문이었다는 분석이 설득력을 얻었다. 따라서 올림픽 유치 신청을 하려는 도시들의 경우에는 이러한 지역적 안배 요인들을 고려해서 전략적으로 유치 신청을 해야 할 것이다.

프레우스(Preuss 2000)는 선정 투표 규칙(election rule) 자체가 개최 도시의 마지막 결정에 가장 강력한 영향을 미치는 요소가 될 수 있다고 주장한다. 유치 능력에 대한 평가, 과거 개최지에 대한 평가, 로비, 외부적 제약요인 등이 독립변수로 작용하면서 각 도시의 개별 순위가 매겨진다. 그러나 전략적 투표는 이러한 순위를 뒤집을 수 있다. 헤어 규칙(Hare rule)에 따른 현재의 투표 시스템은, 전략적 투표 행태 이전에 만들어졌다. 1990년까지 IOC에서 사용되었던 이러한 규칙은, 소규모 집단의 전략에 의해서 어떤 도시가 배제될 수 있는 위험을 가지고 있다. 따라서 전략적 투표를 감소시키기 위하여, 아직까지 사용되고 있는 헤어 규칙의 이점을 활용하면서 IOC는 헤어 규칙에 추가적인 변화를 주고 있다. 1990년까지 IOC 위원들은 각 회차의 투표수를 알 수 있었다. 그러나 1993년 이후에는 규칙을 개정하여 오직 탈락하는 도시만 공표된다. 비록 전략적 투표 행위를 더욱 어렵게 하였지만, IOC 위원들이 다른 모든 IOC 위원들의 선호도에 대하여 어느 정도 인지하고 있다면, 전략적 행태와 전술적 투표가 가능할 것이다.

마지막으로, 프레우스는 감정적 요소가 비합리적 행위의 결과를 낳게 할 수도 있다고 보았다. 그러므로 후보도시를 위해 경쟁도시에 대한 지원 서비스를 수행하는 에이전트나 자신들 스스로가 IOC 위원들의 선택에 영향을 줄 수 있는 최대한 많은 정보를 수집하는 것은 당연한 일이다.

프레우스가 지적한 이와 같은 요인들 이외에 투표에 영향을 미치

는 더 실제적인 요인이 또한 제기되었다(Persson 2000, 157-158). 첫째
는 투표에 영향을 주는 합리적 요소로서 환경 이슈와 관련된 요인이다.
1992년 동계 올림픽의 1986년 유치 경쟁에서 알베르빌은 환경을 보존·
보호할 수 있는 여러 가지 프로그램을 제안하였다. 즉, 수질 정화나 녹화
사업과 같은 프로젝트는 오늘날 세계에 널리 알려진 중요한 주제가 되었
다. 이것은 올림픽 유치의 적용에 관한 IOC의 중요한 기준 가운데 하나
가 되었다.

둘째로 1981년부터 2003년까지 응모한 국가들의 행태에서 나타나
는 것은, 말하자면 국가의 인내력이다. 동계 올림픽 게임에는 36개 응모
도시가 19개국으로 채워졌다. 그 가운데 12개국의 19개 도시는 한 번 이
상 지원하였다. 이중에서 4개 도시들만이 올림픽 개최지로 실제 선정되
었다. 하계 올림픽 게임의 결과를 볼 때, 그 답은 눈에 보이게 확연히 드
러난다. 35곳의 하계 개최지 응모 국가들이 22개국으로 채워지고, 12개
국은 한 번 이상 지원하였다. 이 중 2개 도시만이 게임 개최지로 선정되
었다. 좀 더 자세히 보면 10개국이 두 번 이상 지원하였다.

다시 말해, 올림픽 개최에 지원을 여러 번 할수록, IOC에 의해서
선택될 가능성이 커진다는 것이다.[13] 호주는 1992년 올림픽에서는 브리
스번, 1996년 올림픽에서는 멜버른 등 IOC에 여러 차례 유치 신청을 하
였다. 결국, 이러한 유치 신청의 누적은 지나간 유치 신청에 대한 시의 적

---

13 1984년 LA 올림픽의 성공적인 개최 이후 개최 지원비율은 급격히 상승하였고, 투표
   에 영향을 끼치는 요인들도 증가하였다.

절한 보상처럼 2000년 시드니의 성공적인 유치 결정으로 이어졌다는 평가를 받았다. 특정 도시와 국가의 유치 신청은 몇 차례의 시행착오 끝에 성공하게 되었다. 지속적인 개최 신청이 IOC의 결정에 영향을 미친 것으로 비쳐졌다.

셋째는 주 시간대(prime time) 요소이다. 이 요소는 지역안배 요소와 상관관계가 있다. 올림픽 경기의 개최는 지역적 차원에서 순환적 측면을 잘 보여주고 있다. 그런데 이러한 순환개최가 이루어진다 하더라도 순환의 중요한 기준은, 미디어 방송의 주 시간대 요소와 밀접한 관련을 맺는다. 따라서 주 시간대에 따라 세계를 3개의 지역으로 분할한다. 그것은 아시아/오세아니아, 유럽/아프리카, 그리고 남/북 아메리카이다.

미디어는 올림픽의 가장 주요한 경제 지원의 원천 가운데 하나이다. 만약 가장 인기 있는 스포츠가 주 시간대에 방영될 수 있다면, TV 방송국을 통하여 올림픽 운동에 대하여 가장 좋은 조건으로 재정비용을 충당할 수 있다. 그러므로 IOC가 TV 방송국의 요구를 충족시키도록 관리하는 것이 중요하다. 2010년과 2012년 올림픽에서 NBC 스포츠는 2010년 동계 올림픽에 8억2천만 달러의 지불 계약을 하였고, 2012년 하계 올림픽에 120억 달러의 계약을 체결하였다. NBC 스포츠는 2010년 동계 올림픽 게임의 개최지로 밴쿠버의 선정에 매우 만족하였다. 왜냐하면, 경기가 북아메리카에서 개최되므로, 미국에 대부분의 게임을 실황중계 할 수 있었기 때문이다. 따라서 유럽이나 아시아에서 열릴 때보다 높은 시청률을 보장받을 수 있게 되었다[14]는 것이다.

올림픽에 대한 국가의 역할에 관해서 일반화를 시도할 수는 없겠지만, 몇 가지 국가가 관여하려는 이유들을 추출해볼 수 있다. 그러한 요인들을 꼽아보면, 우선 올림픽을 통해 정치 사회적 통합의 계기를 마련할 수 있다는 믿음에 근거하고 있다. 사회통합은 단순한 사회적 안정을 넘어서서 현대 스포츠의 규정이나 스포츠에의 참여 및 운영, 관리 등을 통해서 경제, 사회, 문화 등 확장된 통합을 상정한다. 이와 같은 유사한 동기가 중국의 경우에서도 나타났다. 올림픽 개최를 통해서 중국은 사회·경제적 확산, 집단적 명예 의식, 통합의 미덕 그리고 상부상조 정신을 함양시키려 했다.

두 번째 요인은 올림픽을 통한 국가 정체성 확립과 관련된다. 과거 소련 올림픽을 통해 광범위한 인종집단들을 소비에트의 정체성으로 통합하는 노력을 하였다. 캐나다 정부는 올림픽을 통해 프랑스어 사용지역과 영어 사용지역을 아우르는 캐나다의 국가적 정체성의 상징을 발전시키기 위해 올림픽에 대규모 투자를 하였다.

세 번째 요인은 국가건설(nation building) 과정에 올림픽 개최를 활용하는 것과 관련된다. 현대 국가는 국가 통합과 차별성뿐만 아니라 그러한 정체성을 확장하는 국제무대를 필요로 한다. 올림픽에서의 성공, 특히 세계적 규모의 스포츠 행사 유치는 국가 성취에 공헌한다. 최근에 영국, 캐나다, 오스트레일리아가 엘리트 스포츠나 스포츠 특별 교육기관에 집중적인 투자를 하는 것은 올림픽과 같은 국제 스포츠 대회에서의

---

14 NBC가 올림픽 개최지로 미국과 시간대가 비슷한 캐나다의 밴쿠버 선정에 상당한 영향력을 행사했다는 그럴듯한 소문이 나돌았다.

성공적 결과 산출과 관련된다.

네 번째로, 국가는 올림픽을 국가 통합과 민족주의를 증진시키는 수단으로 활용하였다. 국제 경쟁에서 자국 선수들의 승리는 국가의 단합과 우월성을 나타내는 상징으로 기능하였고, 국민적 열정에 감정적 기폭제가 되었다. 전 세계를 대상으로 하는 대중매체의 발전에 따라 스포츠의 영향력이 더욱 확대되면서 국가 개입이 더욱 폭넓게 확산되었다. 다섯 번째는 경제발전과 관련된 것이다. 멕시코, 일본, 한국은 과거 올림픽개최를 통해 국가전략의 차원에서 현대 기술의 접목을 통한 인프라 건설과 발전된 사회경제적 이미지를 확산하는 기회로 활용하였다.

올림픽과 같은 대규모 스포츠 행사를 개최하려면 정치 안정과 함께 경제 능력도 갖추어야 한다. 이러한 국제 스포츠 행사와 관련된 경제효과는 새로운 산업 성장의 동력으로 부를 수 있을 만큼 거대한 프로젝트라고 할 수 있다. 그런데 범세계적 스포츠 행사로서 올림픽의 개최장소 선정 등의 권한은 IOC의 독자적·자율적 권한 영역에 속한다.

올림픽 대회와 같은 세계적 스포츠 대회의 개최지 결정 과정은 국제 스포츠계의 현실 정치 수준을 반영한다. 동시에 올림픽과 같은 대규모 스포츠 행사의 개최는 다자간 협력과 공존의 틀로서 스포츠 외교 부문에서 국가 간 공식 외교에 못지않게 중요한 의미를 갖고 있다. 올림픽 개최지 결정 과정에 작용하는 다양한 요인들로서 지역 안배, 선호도, 주시간대, 로비, 환경에 대한 고려, 국가의 유치 신청횟수 등을 꼽을 수 있을 것이다. 물론 IOC의 결정까지는 제반 요인들이 복합적·중층적으로 영향을 미칠 것이다. 또한 요인들 간의 상대적 중요성을 계량화하기도 용이하지 않다.

후보 도시에 대한 IOC 실사단의 평가결과가 실제 투표과정에 제대로 반영되지 못한 부분에 관해서는 제도 개선 등을 위한 스포츠 외교 차원의 노력이 필요할 것이다. 더불어 IOC 위원들에 대한 로비와 서방 중심의 스포츠 외교 접근전략도 제고할 필요성이 대두된다. 그리고 대내외 홍보 및 설득 등 대중을 대상으로 한 스포츠 외교 및 국내외 여론지지 확산도 스포츠 외교의 중요한 내적 터전이다.

제

2

장

현대 올림픽의 시작과
스포츠 외교(1896-1936)

제1절 현대 올림픽의 시작과 국제관계

올림픽은 단순한 스포츠 경기일까? 아니면 정치적, 경제적, 문화적 의미를 담고 있을 뿐만 아니라 대외적 파급효과를 낳을 수 있는 게임일까? 올림픽 경기는 출범 이후 정치·사회의 변화양상, 과학 기술의 발전 정도, 그리고 이데올로기적 가치 지향과 긴밀한 연관 관계를 맺고 있다. 특히 국제적 주목을 받는 대규모 행사를 통해 국가의 목표와 정치적 아젠더를 표출하는 도구로서 활용되었다. 게다가 올림픽의 경제적 가치도 시간이 지날수록 괄목할 만큼 증가했다. 그 이유는 통신혁명과 올림픽 중계권료가 날로 상승했기 때문이다. <표 2>는 역대 올림픽의 참가국 수와 중계권료 수입의 추이를 보여주고 있다. 이러한 중계권료의 비약적인 증가로 올림픽의 상업화 경향이 더욱 가속화되었다. 이미 IOC는 올림픽 브랜드와 올림픽과 연관된 총체적 자원을 관리하는 초국가적인 조직체로 등장하였다. 올림픽이 단순한 국제 스포츠 행사로서의 의미 이상의 올림픽을 통한 국가와 도시 이미지의 증대 효과가 두드러지게 부각되면서 올림픽 개최지 경쟁은 더욱 치열하게 전개되었다.

<표 2> 역대 올림픽 참가국 및 참가인원, 중계권료 수입 추이

(출처: 이안재 2004)

　　현대 올림픽 경기의 역사를 살펴보면 경기 자체나 관련 기관 조직 등이 국제관계나 세계적인 문제의 현재화된 상황에 계속 영향을 받았음을 알 수 있다. 올림픽 경기에서 정치적 개입을 배제하려는 끊임없는 노력에도 불구하고, 올림픽의 정치화는 오히려 자연스러운 현상이 되었다. 올림픽은 국제 스포츠 외교의 장이며, 국제정치의 맥락에서 수행되는 문화교류 이상의 무대로 부각되고 있다. 즉, 올림픽은 국제정치에서 중요한 의미를 담고 있다고 볼 수 있다.

　　이러한 올림픽의 측면을 상세하게 보면, 첫째로 올림픽은 국가행위의 유형이며 국가행위의 범주에 속하는 측면이 있다. 올림픽 유치 신청, 개최지 선정 투표 과정과 결과, 올림픽 개최, 올림픽 참가와 불참 등은 한 국가의 대외적 문제에 관한 정책결정 과정을 통해 표출된 결과물이다.

따라서 올림픽은 국제정치 현상으로서 외교정책 결과를 통한 국가행위의 형태로 인식될 수 있을 것이다.

둘째로는 올림픽의 개최 혹은 참가 여부 등의 결정에 대해 국가 내부 차원의 접근을 통해서는 현실적인 구조와 성격을 이해하기 어려운 요소가 있다. 예컨대 올림픽의 참가 혹은 불참은 자국의 자율적인 정책결정 과정에 의해 이루어지는 차원을 넘어서는 측면이 있다. 올림픽은, 세력 분배에 따른 국제체제의 구조적 성격, 국가 간의 이합집산, 합종연횡하는 영향력 관계 등으로 올림픽 참가, 개최 등의 국가행위가 관리되고 반응하게 되는 구조적 특성을 포함하고 있다. 말하자면 국제체제라는 환경적 요인에 의해서 그 규칙적, 특징적 속성들이 영향을 받는다고 할 수 있다.

현대 올림픽의 역사를 몇 가지 단계로 나눌 수 있을 것이다. 첫 번째 단계는 1896년부터 1936년까지의 기간이다. 이 시기는 현대 올림픽 경기의 초창기라고 지칭할 수 있다. 40년 기간 동안 10차례의 하계 올림픽과 3차례의 동계 올림픽이 개최되었다. 1916년 올림픽은, 1914년에 발발하여 1918년에 종전된 제1차 세계대전으로 인하여 개최가 불가능했다. 1920년에야 재개된 올림픽의 개최지로 벨기에의 안트베르펜(Antwerpen)이 선정되었다. 안트베르펜 올림픽은 전쟁기간 동안 고통을 당한 사람들을 기리면서 개최되었는데, 독일, 오스트리아, 헝가리, 불가리아, 터키 등은 제1차 세계대전의 침략국으로 낙인이 찍혀 참가하지 못하였다.

1930년대는 정치적 이데올로기에 따른 급격한 체제 변혁들의 소용

돌이가 전개되었다. 올림픽의 순수한 이상은 민족주의나 체제 옹호의 선전(propaganda)에 입각한 정치적 이슈에 밀려나게 되었다. 이러한 정치의 개입은 1936년의 베를린 올림픽에서부터 시작되었다. 지역적, 국내적, 국제적 차원에서 발생한 정치적 문제들로 인하여 올림픽의 이상은 순수한 스포츠 경기의 경쟁이라는 차원에서 정치적 선전이나 이데올로기를 전파하는 수단으로 변질되었다. 히틀러가 올림픽을 나치와 게르만족의 우월성을 과시하려는 발판으로 활용하면서 올림픽의 성격이 변하게 되었다. 특히 1936년 베를린 올림픽은 '나치의 올림픽'으로 잘 알려져 있다.

베를린 올림픽 이후 1948년 런던 올림픽까지 올림픽 경기가 두 차례 연기되었다. 제2차 세계대전의 격랑에 휩싸이면서 올림픽 경기의 지속적 개최를 위한 노력이 있었지만, 1940년과 1944년의 올림픽은 개최되지 못하였다.

1948년부터 1988년까지의 기간 동안은 미·소의 냉전 시대가 국제질서로 구축되고 작동되고 정치적 독립 변수로 작용하면서 올림픽에 중요한 영향을 미쳤다. 이 시기는 소위 냉전 시대 올림픽으로서 현대 올림픽의 두 번째 단계로 구분할 수 있다. 이 시기 동안 올림픽 게임에 대한 정치 개입이 최고조에 달했다고 평가할 수 있다. 제2차 세계대전 이후에 전개된 냉전의 영향에 따라 올림픽은 미국과 소련의 체제선전과 진영의 논리를 강화하기 위한 정치 수단으로 활용되었다. 1950년대의 한국전쟁과 1960년대 베트남 전쟁의 여파로 냉전구조는 더욱 강화되었다. 그러나 1980년대 중반에 들어서면서 소련에서 고르바초프(Mikhail Gorbachev) 공산당 서기장이 등장하면서 이른바 페레스토로이카(perestroyka)[15]로 지칭되는 정치·경제·사회 등 모든 영역에서의 개혁과 글라스노스트(glasnost)[16]로 불리는 적극적인 개방정책이 추진되었다. 소련 공산주의체제의 개혁·개방이 가속화된 이후 소련이 붕괴되는 1980년대 말까지 냉전체제는 지속되었다.

제2절 아테네 올림픽(1896) – 스톡홀름 올림픽(1912)

393년 막을 내린 올림픽을 부활시키려는 운동은 쿠베르탱(Pierre de Coubertin, 1863-1937) 이전에 이미 유럽 각지에서 나타났다. 르네상스에서 시작된 인문주의 운동의 전개는 고대 그리스를 재현하려는 운동으로 나타났고, 이런 사상적 배경은 급기야 올림피아 유적지 발굴로 이어졌다. 근대 그리스는 1829년 터키의 지배로부터 벗어나 독립국이 되

---

15 소련은 1970년대부터 80년대 초반까지 경제가 심각하게 낙후되자 법 제도와 관리 체계를 근본적으로 재검토하고 개혁하려 하였다. 이 시기는 사기업·자유 시장·임금 격차·기업 책임제 및 외국과의 합작 유치 등 사회주의의 기본 체제를 벗어난 자본주의적 요소의 대거 도입이 큰 특징이다.

16 '개방' 또는 '공개'의 의미를 가지는 러시아어로, 공산당 기관지 '프라우다', 관영 '이즈베스티야', 국영 '타스' 통신 등을 통해 관리들의 부정부패, 사회의 부조리 또는 정책의 과오 등을 공개 보도했다. 페레스트로이카와 함께 소련체제의 붕괴와 민주화를 촉진시킨 요인으로 평가받고 있다.

었고, 그리스는 자체적으로 올림피아 축제를 되살려서 1859년에 일부 경기대회를 부활시키기도 하였다.

또한 근대올림픽의 태동기에는 민족주의 운동과 더불어 유럽에서는 산업화가 확산되면서 1851년 런던에서 처음으로 만국박람회가 열렸다. 이 박람회는 근대올림픽 초기에 올림픽과 밀접한 관련을 맺었다. 근대 올림픽 운동이 발아되기 시작한 것은, 독일의 쿠르티우스(Ernst Curtius)가 1881년 고대 올림피아(Olympia) 유적지 발굴에 성공하면서부터였다. 그는 그리스 문화의 근원을 고대 올림피아 제전에서 찾으면서 유럽에 올림픽 운동의 새로운 전기가 마련되었다. 이 시기를 전후해서 유럽의 곳곳에서는 이미 올림픽이라는 이름의 경기가 행해지고 있었다.

공식적으로 범 세계성을 지향하려는 근대 올림픽 대회의 부활 이전에 고대 그리스의 올림픽 제전을 부활시키고자 하는 노력들이 있었지만 인류의 공존과 공영에 이바지 할 수 있는 실천적 장(場)을 제공하지는 못하였다. 이러한 흐름을 결집시켜 근대 올림픽으로 부활시킨 인물이 쿠베르탱[17]이다. 역사적 전통과 현실을 잘 조화시킨 근대 올림픽 대회는

---

17 쿠베르탱은 군인이 되려고 육군사관학교에 입학하였으나 중퇴하고 교육학을 전공하면서 프랑스 청년의 나약해진 심신을 강화시켜야 할 필요성을 느꼈다. 영국에 유학하여 '워털루에서 영국군이 승리한 것은 이튼 교정에서 꽃핀 스포츠 정신'이라는 사실을 인식하고 스포츠가 청소년의 교육에 필수적인 요소라고 여기게 되었다(http://search.naver.com/search.naver?sm). 또한 스포츠야말로 프랑스뿐만 아니라 전 세계 청년들에 대한 교육의 요체라는 기대와 희망을 가지고 1889년 프랑스 스포츠연맹을 조직하였다. 이와 더불어 올림픽이라는 스포츠 제전을 통해 세계의 청년을 한자리에 모이게 하여 우정을 나누게 한다면 이는 곧 세계평화의 지름길이 될 수 있다는 신념을 가지게 되었다.

쿠베르탱의 주창에 따라, 고대 그리스시대의 인간교육을 본받아 신체 단련을 통해 인간성을 고양시키려는 사회개혁 운동의 맥락이었다. 말하자면 올림픽 운동(Olympic Movement)은 세계적인 차원에서 지속적으로 수행되어야 하는 사회개혁 운동으로 자리매김해야 한다는 것이었다.

이후 여러 차례 올림픽 경기의 부활을 제창해 오다가 마침내 1894년 6월 16일 23일에 열린 국제 스포츠회의에서 쿠베르탱의 올림픽 제의는 유럽 각국 대표들로부터 만장일치의 찬성을 얻었고, 이를 이끄는 조직으로 국제올림픽위원회(IOC: International Olympic Committee)가 창설되었다. 쿠베르탱의 제의에 따라 그리스의 비켈라스(Dimitrios Bikelas)가 초대 IOC 위원장이 되었고 쿠베르탱은 사무총장에 되어, 제1회 대회를 1896년 그리스의 아테네(Athenae)에서 개최하기로 결정하였다.

1. 아테네(Athens) 올림픽(1896)

고대 올림픽 경기 이후 근대 올림픽은 1896년 그리스의 아테네에서 근대 올림픽 경기(Modern Olympic Games)라는 명칭으로 다시 시작되었다. 최초의 근대 올림픽 대회인 아테네 올림픽은 올림픽 운동의 부활로서 상징적인 의미를 가지고 있지만, 당시 올림픽 운동에 있어서 '국가를 대표한다는 것' 즉 국가대표는 중요한 부분이 아니었다.[18] 아테네에서 개최된 제1회 대회에 참가한 선수는 14개국 311명으로 '인류평화의 제전'이라는 거창한 구호에 걸맞지 않은 소규모 대회였다. 올림픽이 국제대회로서 면모를 갖춘 것은 1908년 제4회 런던 대회[19]때 부터였다. 근대올림픽의 창시자인 쿠베르탱은 이 대회가 지속적으로 성공을 거두어서 아름다운 스포츠정신이 세계 어느 곳에나 파급되어 온 세계의 청년들이 진실로 평화를 사랑하며 인간에 대한 존엄성을 지켜나가야 한다고 강조하였다.

그러나 근대 올림픽의 부활도 19세기말에 잉태한 정치, 외교적 배경과 상황에서 자유로울 수는 없었다. 1890년대에 새롭게 준비되기 시작한 초국가적인 스포츠경기에도 국제정치의 속성이 투영되었다. 쿠베르탱이 1894년 파리에서 조직한 IOC[20]의 창립회의에서는 국가 단위의 차원

---

18 참가국수의 집계는 명확하지 않다. IOC의 공식자료는 14개 나라라고 하지만 그것들을 목록으로 만들지 않았다. 어떤 자료에서는 칠레와 불가리아를 제외하고 12개국이 참가했다고 하며 또 다른 자료에서는 두 국가를 포함시키고 이탈리아를 빼서 13개국이 참가했다고 한다.

19 이 대회에는 22개국 1,999명이 20개 종목에 참가함으로써 대회규모가 획기적으로 확대되었는데, 각국이 처음으로 국기를 앞세우고 참가하였으며 경기규칙 제정, 본격적인 여자경기종목 채택, 마라톤 코스의 확정 등 조직과 관리 면에서 체계가 갖추어졌다.

20 1894년 파리 회의에서는 근대 올림픽 대회의 발전과 조정을 IOC에 위임했고, 그 본부를 스위스에 두기로 결정했다. IOC는 정기적으로 올림픽 대회를 개최할 수 있도록 하며, 올림픽 대회가 그 부활을 고무시켰던 올림픽 정신에 따라 치러지는지 감독하고, 전 세계 아마추어 스포츠의 발전을 촉진시키는 역할을 맡기로 했다. 1894년에 구성된 최초의 위원회는 쿠베르탱과 14명의 위원들로 구성되었으며, 위원의 자격은 종신으로 정해졌다. 쿠베르탱은 고대 올림픽 대회가 올림픽 정신의 쇠퇴와 함께 쇠락했다는 믿고 있었다. 또 그는 아마추어 스포츠 정신의 유지에 관심을 두고 있으며, 어떤

에서 참여의 문호가 개방되었다. 또한 올림픽의 의미를 재구성하였다. 올림픽 경기에 참가하는 모든 선수들은 자기 조국의 대표가 되어 참가한다는 것이고, 올림픽 헌장에는 올림픽 운동의 목적이 명시적으로 표현되어 있다. 그 목적은 첫째, 아마추어 스포츠의 기본 이념인 신체적, 도덕적 자질의 발달을 도모한다. 둘째, 스포츠를 통하여 젊은이를 교육하고 상호 이해와 우정을 바탕으로 보다 평화스러운 세계를 구현한다. 셋째, 전세계에 올림픽 정신을 전파하고 국제 친선을 증진한다. 넷째, 4년마다 열리는 스포츠 대제전에 온 세계의 선수를 결집시킨다. 말하자면 근대 올림픽 경기는, 스포츠를 통하여 온 세계의 젊은이들이 상호이해와 우의를 다짐으로써 국제적인 선린과 친선을 증대시키고 보다 평화로운 세계의 건설을 도모하는 것을 목표로 지향한다고 할 수 있다.

올림픽 운동은 범 세계주의를 지향했기 때문에 올림픽 경기 자체가 표면적으로는 민족주의적 편향을 지양해온 것처럼 비쳐졌고, 근대 올림픽의 창설자인 쿠베르탱도 그러한 입장을 견지하였다. 스스로 국제주의자임을 자처한 쿠베르탱은 올림픽 경기가 국제 친선을 이룩하는 지름길이라고 생각했으나, 그는 열렬한 민족주의자였고, 따라서 심신의 조화라는 그리스적 이상의 재건만이 프랑스 젊은이들을 구해줄 뿐만 아니라

외부세력의 영향에서 자유로우며 독립적인 책임을 지고 있지 않은 사람들이 올림픽 대회를 맡아야 부활된 올림픽 대회의 지속성을 유지시킨다고 믿었다. 따라서 IOC 위원들은 IOC로부터 그들의 국가 스포츠 조직에 파견된 대사들로 간주되었지만 IOC의 위원들은 자국 정부나 어떤 조직에 속하지 않으며 독립적으로 활동하고 판단해야 한다는 것을 강조하였다.

프랑스를 국제 강대국의 하나였던 이전의 위치로 끌어 올려줄 수 있다고
믿었다(정성태 외, 1984).

2. 파리(Paris) 올림픽(1900)

제2회 올림픽 경기대회는 1900년 5월 14일부터 10월 28일까지 5
개월에 걸쳐 프랑스의 파리에서 개최되었다. 그리스가 반대하였지만 쿠
베르탱의 주도로 파리에서 개최된 두 번째 근대 올림픽 경기대회는 올림
픽 개최만을 위한 독립적인 국제 대회라기보다는 당시 파리에서 열린 만
국박람회의 행사 가운데 하나로 개최되었다. 쿠베르탱은 원래 1부 고대
의 이집트·인도 스포츠, 2부 중세의 기사도, 3부 현대의 스포츠 행사로
이루어진 스포츠 박람회로 대회를 구상하였다. 그러나 올림픽에 대한 이
해와 대중적 공감대의 토대가 취약한 당시에는 실현이 어려웠다.

결국 계획이 무산되자 프랑스 정부에 의존하게 되었다. 또 프랑스
정부와 국민들의 관심도 파리에서 열린 만국박람회에 집중되어, 만국박
람회의 부속 국제경기대회가 되었다. 대회 개막 직전 박람회에서 독립적
인 올림픽 대회 개최를 선언하고 대회를 시작했지만, 시설·홍보 등의 대
회준비 부족과 함께 진행 면에서도 많은 시행착오를 겪었다. 이 대회는
여성 선수들이 최초로 참가한 대회였지만, 선수들은 개인자격으로 참가
했다.[21] 24개국에서 997명의 선수가 참여하였으며, 경기는 전체 19개 종

목에 걸쳐서 95개 세부 종목으로 실시되었다.[22]

올림픽이 지속적인 대회의 형태를 갖추기까지는 상당한 시간이 걸렸다. 이 시기에 거행된 다섯 차례의 올림픽 경기 중 1896년 아테네 대회, 1900년 파리 대회, 1904년 세인트루이스 대회 등 초반의 세 대회는 면밀한 준비와 계획 등이 제대로 동반되지 못한 행사였다. 그러나 여러 나라들의 선수들이 참가하는 광역화된 행사였고, 각국의 가장 우수한 선수들이 대표로 참여한다는 점에서 의미가 있었다. 대회에 포함된 경기 종목은 매우 다양했으나, 어떤 경기가 정말로 올림픽 대회의 의미를 갖고 있었는지 분명히 단정 짓기는 어려웠다.

파리 대회에서는 골프와 테니스 종목에 여자 선수들이 참가했고 세인트루이스 대회에서는 양궁에 여자 선수들이 참가하였다. 1908년 런던 대회는 여러 관련 스포츠 단체들이 관여하고 조직화된 최초의 대회였다. 올림픽이 세계박람회의 일부인 부속 행사로 취급되지 않았고, 비교적 원활한 관리가 이루어졌다. 비록 런던 세퍼드 부시(Sheperd's Bush)에서 열린 영국박람회로 6만 6,000명의 수용시설을 갖춘 새로운 주경기장인 화이트시티 건설이 가능했지만, 스포츠 위원회가 이 모든 일들을 관장했다. 22개국에서 2,000여명 이상의 선수가 파견되었고 17개 경기,

---

21 경기는 센 강에서 열린 요트경기로 시작되었으며, 가장 인기를 끈 육상에서는 소아마비를 앓던 미국의 R. 유어리가 3관왕을 차지했다. 또한 여성선수인 영국의 쿠퍼가 여자 테니스 단식경기에서 우승하여 올림픽 사상 첫 여성 메달리스트가 되었고, 럭비풋볼 경기가 시범종목으로 실시되었다.

22 http://www.olympic.org/paris-1900-summer-olympics.

100여개 이상의 종목이 치러졌다. 그러나 여자 선수는 겨우 36명만이 참가했다. 1908년 런던 대회에는 양궁과 테니스가 포함되었다. 1912년 스톡홀름 대회에서는 참가국 수가 28개국으로 증가했고 참가선수도 2,500명을 넘어섰다. 그리고 처음으로 여자수영에서 3종목이 포함되었다. 1916년에는 제1차 세계대전으로 인해 올림픽 경기가 개최될 수 없었다.

3. 세인트루이스(St. Louis) 올림픽(1904)

세인트루이스 올림픽은 근대 올림픽의 시작 이후 처음으로 유럽이 아닌 미주 대륙에서 1904년 7월 1일부터 11월 23일까지 5개월 동안 개최되었다. 세인트루이스는 시카고와의 올림픽 유치 경쟁에서 승리해 개최지로 결정되었다. 원래 1904년 올림픽은 시카고에서 열릴 예정이었다. 그러나 미국이 루이지애나 일대를 영토로 확장한 100주년을 기념하기 위해 개최한 루이지애나 만국박람회가 열리면서 올림픽도 세인트루이스에서 열리게 되었다. 제2회 파리 올림픽처럼 만국박람회와 함께 개최된 스포츠 대회로서 북미대륙 위주로 참가가 이루어져 마치 미국의 국내대회와 같았다. 이러한 대회 운영에 실망한 IOC 위원장인 쿠베르탱은 대회에 참석하지 않았다.

1904년의 세인트루이스 올림픽은 1900년 파리 올림픽의 재판이나 마찬가지였다. 몇몇 경기는 인류학적 전시 차원에서 열렸는데 아메리카 원주민이나 피그미족, 그리고 기타 세계의 원주민들이 참여하여 진흙탕에서 싸우거나 장대 오르기 등의 경쟁을 펼쳤다. 따라서 경기에 실제로 선수들이 참여한 경우는 적었다. 전체적으로 1·2회 대회보다 일부 발전된 모습을 보였으며 대회기록도 훨씬 향상되었고, 참가선수들도 국가대표급에 가까운 신분이었다. 이때만 해도 흑인 등의 올림픽 대회 출전을 금지했기 때문에 미국체육회 주최로 다른 인종들과 함께 하는 '인류학의 날'이 2일간 실시되었다. 세인트루이스가 당시에는 접근성이 떨어졌고, 러시아와 일본 간의 전쟁 위협으로 국제적으로 긴장국면이 조성되면서 유럽 지역의 많은 국가들이 경기에 참여하지 않았다. 따라서 12개국 681명의 선수만이 올림픽 대회에 참가했는데, 개최국인 미국 이외의 선수는 간신히 100명을 넘는 정도였고 그나마 절반가량은 캐나다 선수들이 차지하였다.

경기 결과는 예상대로 미국이 100개의 금메달 중 80개를 차지했다. 미국은 총 238개의 메달을 획득하였다. 육상 경기는 워싱턴대학교의 운동장에서 거행되었는데 레이 유리는 파리 올림픽 대회에 이어 서서 뛰기 부문에서 3개의 금메달을 획득했다. 또 다른 미국의 육상 선수 아치볼드 한, 짐 라이트보디, 해리 힐먼도 각각 3개씩의 금메달을 땄다. 아일랜드의 토머스 킬리는 영국 국적으로 참가를 거부하고 개인 자격으로 참가했는데 근대 10종경기의 전신에 해당하는 경기에서 금메달을 획득했다. 수영 종목은 야외에 마련된 인공 호수에서 거행되었다. 독일의 에밀 라우슈가 3개의 금메달을 획득했으며, 헝가리의 졸탄 홀모이와 미국의 찰스 다니엘스는 각각 2개의 금메달을 획득했다. 1904년 올림픽 대회에서는 복싱 종목이 처음으로 채택되었다.

이후 1906년에 그리스 아테네에서 국제경기가 열렸지만 이것은 올림픽 대회의 공식 경기로는 간주되지 않는다. 그러나 이 경기는 1900년 파리와 1904년 세인트루이스 대회가 올림픽 대회였음에도 불구하고 받았던 대중적 무관심과 홀대를 극복했다는데 큰 의미가 있다. 아테네 시민들은 이 대회를 열렬히 환영했으며 이에 공감한 수많은 관중들은 이후 올림픽 대회에 대한 새로운 관심과 활기를 갖게 되었다.

4. 런던(London) 올림픽(1908)

제4회 올림픽 경기대회는 1908년 4월 27일부터 10월 31일까지 영국 런던에서 개최되었다. 그러나 런던 대회에서는 각국의 참가 선수들이 해당국가를 대표해서 자국의 국기를 앞세우고 참가하였다. 국가 간 대항전 성격의 경쟁이 이루어지면서 올림픽 경기대회의 급속한 양적 성장을 이루는 계기가 되었다.[23] 이전까지는 대회 참여 경비를 충당하기 위하여 만국박람회와 동시에 개최되었다. 런던 올림픽도 박람회와 함께 열었으

---

23 1906년에 올림픽 대회의 영구개최권을 주장한 그리스가 아테네에서 900명의 선수가 참가한 가운데 특별대회를 개최했는데, IOC에 의해 공식 올림픽 대회로 인정받지는 못하였다.

나 과거처럼 박람회에 부속된 스포츠 대회로 격하되지는 않았고, 독립적인 국제 스포츠 행사로 격상되었다. 또한 당시에 만들어진 규약들이 대부분 현대 올림픽의 기초가 되었다.

22개국에서 2,008명의 선수가 참가하였고, 경기는 22개 종목, 110개 세부 종목으로 실시되었다. 이전까지의 올림픽과는 달리 국가 대항전 성격을 띠게 되었다. 개최 기간도 거의 6개월에 걸쳐 진행되면서 조직적이고 체계적인 경기운영이 이루어졌다. 런던 대회에서 개최국인 영국은 올림픽 대회의 규칙을 다시 점검하고 대회규정을 마련하였다. 또한 대회 참가신청도 각국 올림픽위원회(NOC: National Olympic Committee)로 단일화했으며, 올림픽 대회에 참가할 수 있는 선수들을 아마추어에 한정한다는 규정을 명문화했다.

실내수영장과 함께 8만 6,000명 수용규모의 5개 경기장이 건설되어 사상최대의 관중이 동원되었다. 이 대회는 올림픽에 여성 선수들의 참여가 늘어난 대회였다. 여성선수는 1896년 제1회 올림픽 경기대회보다 크게 늘어난 37명이었고, 양궁·체조 시범경기에도 새로 여성이 참여했다. 또 올림픽 사상 처음으로 동계 스포츠가 등장하여 피겨 스케이팅 경기가 열렸다. 경기종목은 20개로 확대되었고, 금메달이 100개나 수여되었다. 육상경기는 올림픽 사상 처음으로 진정한 국제대회답게 체계적으로 진행되었으나, 심판판정의 공정성 문제에 대한 갈등이 끊이지 않아 이후 대회부터 주최국 경기에는 주최국 출신 심판의 배정이 금지되기도 했다. 대회 우승은 금메달 56개를 따낸 영국이 차지하였다. 영국은 다른 나라들이 딴 금메달 숫자를 합친 것보다 더 많은 금메달을 획득하였다.

영국에 이어 미국(금메달 23개), 스웨덴(8개), 프랑스(5개), 독일(3개)이 그 뒤를 따랐다.

5. 스톡홀름(Stockholm) 올림픽(1912)

IOC의 권위가 강화되고 운영이 궤도에 오르면서 개최된 대회가 제5회 스톡홀름 올림픽이다. 스톡홀름 대회는 1912년 5월 5일부터 7월 27일까지 개최되어 전 세계 28개국에서 2,407명의 선수가 참가하였다. 경기는 14개 종목, 102개 세부 종목에서 실시되었다. 올림픽 대회 사상 처음으로 5대륙의 선수들이 참가하여 인류의 대제전으로서 면모를 갖추었고, 선수들은 국가별로 통일된 유니폼을 입고 3개월에 걸쳐 경기를 벌였다. 개최국인 스웨덴이 대회경비를 부담하고 찬조금도 공식화되어, 근대 올림픽이 시작된 이래 양적으로나 질적으로 성숙된 새로운 올림픽의 단계로 접어들었다고 할 수 있다.

쿠베르탱이 열망하던 마술(馬術)이 경기종목에 추가되었다. 육상경기에서는 당시 올림픽조직위원회 부위원장으로 활약했고 나중에 제4대 IOC 위원장이 된 스웨덴의 에드스트룀(Sigfrid Edström)이 만든 전기시계와 사진판정기가 실험적으로 처음 사용되었다. 주최국 스웨덴은 회자주색 천연벽돌로 이중객석을 갖춘 경기장을 건설하는 등 많은 노력을 쏟았으며, 폐막식에서는 스웨덴의 경찰들이 대회기간 동안 질서를 유지한 공로로 월계관을 받았다.

경기종목으로는 육상 5종·10종 경기, 여자수영과 다이빙 경기가 처음으로 실시되고, 근대 5종 경기도 창안되었다. 육상경기에서 올림픽 대회 사상 최초로 5종·10종 경기 2종목을 석권한 미국의 토프(Jim Thorpe)는 이른바 '짐 토프 사건'으로 올림픽 대회에서 최초로 아마추어 자격시비를 일으켰다. 토프는 대회 3년 전 보수를 받고 야구경기에 나간 것이 밝혀져 선수자격이 박탈되었다. IOC는 미국올림픽위원회(USOC: Unites States Olympic Committee)의 동의를 얻어 2개의 금메달을 회수했다.[24] 대회 우승은 금·은·동메달 총 65개를 획득한 스웨덴이 차지했으며, 미국(금메달 24개, 은메달19개), 영국(금메달 10개), 핀란드(9개), 프랑스(7개)가 그 뒤를 이었다. 스톡홀름 올림픽은 형식이나 내용면에서 쿠베르탱이 기대하던 이상에 가까운 대회였으며, 당시 독립국이 아니어서 단독 참가 문제가 말썽이 되었던 핀란드와 보헤미아는 쿠베르탱의 관심과 노력으로 독립국가로 참가할 수 있었다.

---

24 그 후 IOC는 USOC의 청원에 따라 70년이 지난 1982년 10월에 금메달을 반환했으며, 토프는 복권되었다.

제3절 안트베르펜 올림픽(1920)–베를린 올림픽(1936)

1. 안트베르펜(Antwerpen) 올림픽(1920)

제1차 세계대전이 종전되면서 인류가 처음으로 겪은 세계 전쟁이 다시 발발해서는 안 된다는 인류의 열망이 국제연맹(League of Nations)의 출범으로 이어졌다. 이러한 범세계적 차원의 국제기구의 대두로 올림픽 조직에도 변화가 생겼으며, IOC는 변화하는 국제관계에 대응하면서 전쟁의 상흔을 씻고 평화의 희망을 가지고 재출발하게 되었다. 1916년 독일 베를린에서 예정되었던 제6회 올림픽 경기대회가 세계대전으로 인해 무산되고 나서 8년만인 1920년에 중립국인 벨기에의 안트베르펜(Antwerpen)에서 제7회 올림픽이 개최되었다.

IOC는 제6회 올림픽 경기대회 무산 후 제7회 대회를 중립국인 벨기에에서 개최할 것을 결의했다. 대회조직위원장은 후일 쿠베르탱에 이어 제3대 IOC 위원장이 된 벨기에의 귀족인 라투르(Henri, comte de Baillet-Latour)[25]가 맡았으며, 주최국인 벨기에는 세계대전으로 인한 경제적·사회적 어려움에도 불구하고 사전 준비가 잘 이루어졌다. 각국 선

---

25 쿠베르탱이 명예회장이 된 후에 라투르는 1925년에 IOC 위원장으로 선출되어, 1942년까지 재임하였다.

수단에게는 안트베르펜에 소재한 학교를 숙소로 제공했다. 대회 개막식에는 많은 관중이 몰렸으며, 벨기에의 알베르트 왕이 행사를 연출했다. 제1차 세계대전에서 벨기에의 적대국이면서 전쟁에 패배한 국가들인 독일·오스트리아·헝가리·터키 등은 초청받지 못하였다. 또한 당시 사회주의 혁명을 겪고 소비에트 연방을 탄생시켰던 소련도 초청을 받지 못하였다. 반면, 제1차 세계대전 후 독립한 신생국인 에스토니아·체코슬로바키아·유고슬라비아가 새롭게 참가하였다. 세계대전의 발발과 종전으로 인한 국제정치의 역학이 올림픽 참가국에도 반영되었다고 볼 수 있다. 이는 서구의 승리와 벨기에의 부흥이라는 상징성을 반영하고 있었다.

이 대회는 1920년 4월 20일부터 9월 12일까지 3개월에 걸쳐서 진행되었고, 세계 29개국에서 온 2,626명의 선수가 참가하였다. 올림픽 대회 사상 처음으로 유럽, 아시아, 아프리카, 오세아니아, 아메리카 5대륙을 상징하는 오륜기[26]가 게양되었다. 올림픽의 공식표어로서 "보다 빠르

---

26 오륜기는 근대올림픽을 상징하는 올림픽기를 의미한다. 근대올림픽의 창시자인 쿠베르탱이 1914년 6월 파리의 소르본 대학에서 개최된 IOC 20주년 기념행사에서 첫선을 보였고, 이 자리에서 IOC 공식기로 채택되었다. 올림픽경기대회 기간 동안 경기장 내의 메인폴에 게양되며, 주경기장과 경기장 주변에 참가국들의 국기와 함께 게양된다. 개회선언과 동시에 게양되었다가 폐회식이 끝나면 내린다. 흰 바탕에 선을 두르지 않고 중앙에 오륜마크를 앉혔으며 좌측 상위 깃대 쪽에 청색이 오도록 게양한다. 국경을 초월하는 것을 뜻하는 흰색 바탕에 위쪽 원은 왼쪽에서부터 파란색·검정색·빨간색이며, 아래의 원은 노란색과 초록색의 고리 5개가 서로 얽혀 있다. 세계 여러 나라 국기에 대개 이 5가지 색이 들어 있어 세계의 결속이라는 의미에서 5가지 색을 채택했다. 동그란 고리 5개는 올림픽정신으로 하나가 된 세계의 5개 대륙을 상징한다(골드블랫 212).

게(citius), 보다 높게(altius), 보다 강하게(fortius)"가 채택되었다. 또한 1924년의 다음 올림픽 개최지 문제가 현안으로 부각되었다. 쿠베르탱은 IOC 창립 30주년의 대회이므로 모국인 프랑스의 파리 개최를 주장하였다. 제1차 세계대전의 승전국의 상징으로서 파리에서 올림픽 개최를 한다는 중립국들의 반대 의견이 제기되었으나, 쿠베르탱은 자신의 은퇴를 기정사실화하면서 파리 개최를 성사시켰다. 제8회 하계대회는 원래 네덜란드의 암스테르담(Amsterdam)에서 개최하기로 예정되었는데, 1924년으로 임기가 끝나는 쿠베르탱에 대한 경의의 표시로 파리에서 열리게 되었다. 이에 따라 제1차 세계대전에서 중립을 지킨 네덜란드의 암스테르담이 1928년 올림픽 개최지로 선정되었다.

2. 파리(Paris) 올림픽(1924)

제8회 올림픽 경기대회는 1924년 5월 4일부터 7월 27일까지 프랑스 파리에서 개최되었고 44개국에서 3,089명의 선수가 참가하였다. 파리 올림픽에서는 안트베르펜 올림픽과 마찬가지로 독일의 출전이 금지되었다. 아일랜드는 처음으로 영국과 별도의 선수단으로 참가하였다. 소련 역시 초청 받지 못하자 국제 공산권 스포츠대회(Red Sport International)를 창설하여 사회주의권 국가들을 중심으로 국제 스포츠 대회를 열었다. 고대 올림픽에서는 존재하지 않았다는 이유로 승인하지 않았던 동계 올림픽 대회가 IOC에 의해 프랑스의 샤모니(Chamonix Mont-Blanc)에서 처음으로 공식 개최를 승인받았다. 30년간 올림픽 운동에 헌신해 온 쿠베르탱이 은퇴하고 후임 위원장으로 라투르(Henrie de Baillet La-tour)가 선출되었다.

1900년 제2회 올림픽 경기대회 이후 24년 만에 올림픽이 파리에서 다시 개최되었으며, 제2회 대회의 실패를 반면교사로 삼아 인류의 대제전으로 자리매김 하였다. 올림픽 대회 부활 30주년을 기념하는 대회로서 사상 처음으로 동계 올림픽 경기대회를 분리해서 열었다는 점에서 올림픽 발전사에 새로운 전기를 마련하였다.[27] 이 대회의 우승은 금메달 45개의 미국이 차지했으며, 핀란드(금메달 14개),프랑스(금메달 13개), 영국(금메달 9개), 이탈리아(금메달 8개) 등이 그 뒤를 이었다. 특히 핀란드의 위대한 장거리 육상선수인 누르미(Paavo Johannes Nurmi)는 육상 5개 종목에서 우승을 차지하였다. 또한 미국의 와이즈뮬러(Peter J. Weissmuller)가 수영 종목에서 100m 자유형 등 세 종목에서 3관왕을 달성하였는데, 그는 후에 할리우드에서 영화 '타잔'으로 명성을 날렸다. 올림픽 역사상 최초로 흑인 금메달리스트가 탄생했는데, 멀리뛰기에서 우승한 미국의 휴바드가 그 주인공이다.

파리 올림픽에서는 이전까지의 올림픽 경기대회와는 달리 IOC가 주관했던 각 종목별 경기진행을 종목을 통괄하는 해당 국제 스포츠연

---

27 동계 올림픽은 하계 올림픽에 앞서 같은 해 1월 25일부터 2월 5일까지 프랑스의 샤모니에서 열렸다.

맹(ISF: International Sports Federation)의 각 단체에 위임하였다. 이 대회를 통하여 올림픽 대회가 국제적 규모의 경제성을 가진 사업이라는 인식을 일깨워주었다. 이에 따라 세계 여러 나라의 주요도시들이 올림픽 대회 개최권에 대한 경쟁적 관심을 제고하게 되었다.

3. 암스테르담(Amsterdam) 올림픽(1928)

암스테르담 올림픽은 제1차 세계대전으로 인한 전쟁의 후유증과 세계 경제의 불황에도 불구하고 올림픽 경기가 세계 스포츠의 주도적 위상을 확고히 한 대회로 평가된다. 277명의 여성 선수들을 포함하여 2,883명의 선수들이 세계 46개국을 대표해서 참가했다. 이때까지도 중국·소련 등은 참가하지 않았지만, 제1회 아테네 올림픽 경기대회에 참가했던 원년 참가국인 독일·오스트리아·헝가리·벨기에 등이 16년 만에 다시 올림픽 무대에 복귀했다. 1928년 5월 17일부터 8월 12일까지 네덜란드 암스테르담에서 제9회 올림픽 대회가 개최되었다. 경기는 16개 종목, 109개 세부 종목에서 실시되었다. 20년 전인 제4회 런던 올림픽 대회에 비해 참가국 수는 2배 이상 늘어났다. 원래 암스테르담은 제8회 하계 올림픽 대회 개최지로 예정되어 있었으나, 근대 올림픽 창설의 산파 역할을 맡았던 쿠베르탱에 대한 존중의 표시로 파리에 양보를 하고 제9회 대회를 열게 되었다. 처음에는 자국 국민들의 개최 반대로 매우 어려운 상황에 놓였지만 언론의 긍정적 평가가 이어지면서 여론이 호전되어 성공적으로 대회를 마무리한 것으로 평가되었다.

미국 올림픽위원회 위원장을 맡았던 맥아더(Douglas Macarthur) 장군은 올림픽을 국가별 국력의 평가 무대로 인식하고 국가별 점수제를 주장하였으나, IOC는 이를 수용하지 않았다. 제1차 세계대전에서 중립을 지켰던 덴마크는 독일의 출전을 인정하여 독일이 올림픽 대회에 다시 참가하게 되었다. 이 대회는 올림픽의 다양한 상징이 자리 잡은 대회로, 처음으로 올림픽 대회에 성화가 등장하였다.[28] 또한 선수입장 시 올림픽 대회의 발상지인 그리스 선수단이 가장 먼저 들어오는 관례가 시작되었으며, 그때까지 폐회식 날에 실시되던 우승 시상식을 경기가 끝날 때마다 바로 실시하게 되었다.

IOC와 국제육상경기연맹이 국제여자스포츠연맹의 집요한 참가요청을 받아들여 처음으로 5개 종목의 여자 육상경기가 열렸다. 여성의 육상경기 출전을 반대한 국가인 캐나다가 높이뛰기와 400m 계주에서 우승했다. 미국은 자신들의 메달 석권 종목이라 할 수 있는 육상경기에서 목표를 달성하지 못하고, 단지 몇 개의 금메달을 따내는 데 그쳤다. 그렇지만 대회 우승은 금메달 22개를 획득한 미국이 차지하였으며, 독일(금메달 10개), 핀란드(8개) 등이 그 뒤를 이었다.

---

28 경기장 상단에 설치한 마라톤 중계탑에 커다란 돌접시를 얹어 기름을 붓고 불을 피워 대회기간 동안 계속 타게 한 것은 오늘날 성화의 기원이 되었다. 탑 밑에 석조 아치를 세우고 그 앞에 올림픽기와 올림픽 표어를 새겨놓았다.

4. 로스앤젤레스(Los Angeles) 올림픽(1932)

일본은 만주사변 후 만주지역을 점령하여 만주국을 괴뢰국화하였으나, 올림픽에 만주국이라는 독립국으로 참가를 신청하였다. 만주국을 올림픽에 독립 국가로 참가시킴으로써 일본의 점령을 은폐하고 독자적인 국가로서 인정받으려고 하였으나 IOC는 이러한 신청을 거부하였다. 또한 중화민국이 처음으로 올림픽에 참가하게 되었다. 세계 37개국에서 1,332명의 선수가 참가하여 14개 종목에 걸쳐서 117개 경기가 16일 동안 (1932.7.30(토)~8.14(일)) 미국 로스앤젤레스에서 개최되었다.

1932년 올림픽에서는 남자만을 위해 따로 선수촌이 세워졌다. 그리고 여자 선수들의 출입제한이 엄격하게 실시되었다. 총 127명이었던 여자 선수들은 호텔을 이용했다. 그리고 일제 식민치하에 있었던 한국의 황을수, 권태하, 김은배 등 한국 선수들이 일장기를 달고 처음으로 올림픽에 참가하였다. 종합순위 1위는 미국이 차지했고, 2위는 이탈리아, 3위는 프랑스 순이었다.

37개국을 대표하는 약 1,300명의 선수만이 대회에 참가하는 등 참가율이 저조했던 것은 당시의 세계적인 불황의 여파에 따라 LA 대회 참가 경비에 대한 경제적 부담이 컸기 때문이었다. 로스앤젤레스 대회에서는 처음으로 올림픽 선수촌이 선을 보였다. 볼드윈 힐스에 위치한 선수촌은 129만 8,993㎡ 의 부지 위에 세워졌다. 남자 선수들은 500개의 방갈로에서 묵었고 병원, 도서관, 우체국, 그리고 다양한 요리가 준비된 40

개의 식당에 출입할 수 있었다. 로스앤젤레스 경기장은 10만 명 이상이 입장할 수 있을 만큼 확장됐고, 새로운 트랙도 선보였다. 토탄 재질로 만든 트랙에서 실시된 육상 종목에서 세계신기록이 10개나 쏟아졌다. LA 올림픽 대회는 전자 스톱워치와 사진 판정 카메라가 첫 선을 보인 대회이기도 하다.

이 대회의 스타는 미국의 디드릭슨(Mildred Ella Didrikson-Za-harias)이었다. 그녀는 미국 올림픽 대회 예선에서 5개 종목을 석권했다. 그러나 올림픽 대회 규정상 여자 선수는 3가지 이상의 종목에 출전할 수 없었다. 디드릭슨은 80m 허들, 창던지기, 그리고 높이뛰기에 출전해 2개의 금메달과 1개의 은메달을 획득했다. 미국 팀은 11개의 금메달을 차지하면서 육상 종목에서의 명성을 되찾았다. 미국의 에디 톨런은 100m와 200m 달리기에서 우승했다. 경보 종목이 올림픽에 처음 등장한 것도 로스앤젤레스 대회부터이다.

거의 대부분이 10대로 구성된 일본 수영팀은 남자 종목에 걸린 6개의 금메달 중 5개를 휩쓸었다. 1,500m 자유형에서 금메달을 딴 14세의 기타무라 구스오(北村久壽雄)는 남자 수영 종목에서 최연소 우승 기록을 세웠다. 수영에 강세를 보여 온 미국 여자 선수팀은 5개의 금메달 중 4개를 차지했다. 헬렌 매디슨은 100m와 400m 자유형에서 금메달을 딴 후 미국 계영팀으로 출전해 또 하나의 금메달을 추가했다.

5. 베를린(Berlin) 올림픽(1936)

1930년대 세계는 정치적 이데올로기로 인하여 급격한 변화를 초래하였다. 올림픽의 이상주의적 이념은 배타적 민족주의와 정치 이데올로기의 선전 선동으로 침식되었다. 베를린의 대회 유치는 1931년도에 바르셀로나에서 열린 IOC 총회에서 결정되었다. 애초에 독일은 올림픽 대회에 큰 의미 부여를 하지 않았지만, 나중에 히틀러(A. Hitler)가 대회의 책임을 맡고부터 나치스의 우월성을 세계에 전파하기 위하여 심혈을 기울여 대회를 준비하였다. 1936년 베를린 올림픽은 이러한 정치적 요소의 과도한 개입으로 점철된 대회였다. 올림픽 게임이 순수한 스포츠 정신에 따른 경쟁이 아니라 정치 선전과 이데올로기를 위한 수단으로 전락하였다. 히틀러는 올림픽 무대를 게르만 민족의 우월성과 나치즘의 선전 무대로 활용하여 세계적 이목을 집중시키는 데 모든 노력을 기울였다.

이 올림픽은 나치 정권이 올림픽을 정치 선전장으로 남용한 사례로서 여러 면에서 현대 올림픽 사상 가장 불명예스러운 대회로 기록되고 있다. 베를린 올림픽은 1931년 4월 바이마르 공화국 시절에 결정되었다. 하지만 1933년 나치 정권이 들어선 후 히틀러는 이 대회를 자신의 정부와 민족 우월성을 고양시켜 줄 수 있는 기회로 활용하고자 하였다. 특히 반유대주의가 강했던 히틀러 정권은 유대인의 올림픽 참여를 조직적으로 방해하였다. 이 때문에 주요국들 사이에서 참가 여부를 놓고 다양한 논의가 진행되었지만 대부분이 참가를 결정하였기 때문에 경기는 역대 올림픽 가운데 최대 규모가 되었다.

영국에서는 1936년 3월 보이콧 여부를 두고 하원에서 논의가 진행되었지만 그 결론은 정부가 선수들로 하여금 스포츠 경기 참가를 금지할 수 없다는 전통적 입장이 확인되었다. 이와 대조적으로 프랑스에서는 개최지 변경과 보이콧 목소리가 높았다. 경기 거부 목소리는 특히 1936년 3월 독일군의 라인란트(Rhineland) 진주 후 더욱 고조되었다.[29] 그럼에도 불구하고 프랑스는 국내정치의 위기로 이 문제에 대해 정부가 정치적 리더십을 행사할 만한 여력이 없었기 때문에 적극적으로 대응하지 못하였다. 오히려 민간에서의 반대 목소리에도 불구하고 온건 좌파 블룸(Lé on Blum) 총리는 프랑스 팀의 참가를 용인하였다.

미국 내에서는 집단 간 이해관계에 따라 찬반 입장이 뒤섞여 있었다. 그 가운데 가장 국제적으로 관심의 대상이 되었던 것은 '페어플레이위원회'(Fair Play Committee)의 설립이었다. 이 위원회는 노동계, 스포츠계, 정계 및 유대계 등으로부터의 광범위한 지지 아래 적극적으로 반대 운동을 전개하였다. 반면에 대부분의 독일계 미국인들은 베를린 올림픽을 지지하였다. 특히 친나치 독일계 미국인들은 참가를 지지하는 대대적인 캠페인을 벌였으며, 일부에서는 올림픽기금위원회를 조직하여 미국 올림픽 팀을 지원하기 위한 모금운동을 벌이기도 하였다. 이런 가운데

---

29 라인란트는 당시 베르사유 조약에 따라 비무장지대였다. 즉, 이 지역은 정치적으로는 독일의 통제 아래 있었지만 독일은 이 지역에 군대를 주둔하지 못했다. 따라서 독일군의 라인란트 진입은 베르사유 조약의 파기를 의미하는 것이었기 때문에 프랑스의 반발이 거셌다.

루스벨트(Franklin Roosevelt) 행정부는 참가 여부에 대한 결정권을 스포츠계, 특히 아마추어경기연맹(AAU: Amateur Athletic Union)에 일임하였다. 결국 미국의 참가 여부는 참가를 지지했던 당시 미국올림픽위원회 위원장 브런디지의 적극적인 역할로 경기연맹의 투표를 통해 참가로 결정되었다(Kessler 2011, 129-131; Wenn 1996, 162-168).

한편 1933년 4월 나치 정권이 자국 대표로 유대인 선수의 출전 금지를 선언하였을 때 라투르 IOC 위원장은 독일 정부에 '모든 참가자는 평등하다'는 올림픽 헌장에 입각한 가치를 존중하도록 서면으로 보장해줄 것을 요청하였다. 이어서 같은 해 6월 IOC는 독일 정부가 그와 같은 보장을 할 의지가 없을 경우 개최지가 변경될 수 있음을 시사했다. 이에 따라 히틀러 정권은 올림픽 규칙의 전면 이행을 약속하였고, IOC는 베를린 개최를 재확인하였다. 하지만 나치 정권이 유대인의 출전을 배척하지 않겠다고 공언했음에도 불구하고 실제로 유대인들은 올림픽에 참가할 수 없었다. 올림픽 준비 과정에서 독일 내에서 유대인들은 비유대계 백인(아리안계) 선수들과 함께 훈련하는 것이 금지되었으며, 이들에 대한 시설 및 자금 지원도 중단되었다. 따라서 이들은 체계적인 훈련이 불가능했으며, 결국 출전을 포기하는 수밖에 없었다. 나치 정권의 공약은 세계 여론을 호도한 기만적 행위였던 것으로 드러났다(Kessler 2011, 136). 베를린 올림픽은 국제적 반대와 보이콧은 피할 수 있었지만 나치 독일의 정치 선전과 종족우월주의라는 거대 계획에 이용되었다는 사실 때문에 평화와 화합의 제전으로서의 의미가 퇴색되었다.

한편, 베를린 올림픽에서 독일 팀의 선전은 국내정치 세력들이 국제사회에 나치 정권의 실체를 고발하는 것을 어렵게 만들었다. 이 대회에서 독일은 역대 올림픽 가운데 최다 국가가 참가한 가운데 33개의 금메달을 획득함으로써 24개를 획득한 미국을 제치고 1위를 차지하였다.[30] 따라서 이러한 가시적인 성과는 히틀러의 혈통주의에 입각한 독일 민족의 육체적 강인성과 우수성을 확인시켜 주는 증거가 되었고, 독일 국민들의 집단적 광기와 함께 정권의 호전성과 차별주의는 집단적인 환호 속에 가려졌다.

제11회 베를린 올림픽은 전 세계 49개국에서 3,963명의 선수가 참가해 1936년 8월 1일부터 16일까지 개최되었다. 경기는 근대5종, 농구, 레슬링, 복싱, 사격, 사이클, 수영, 승마, 야구, 역도 등에서 19개 종목, 129개 세부 종목에 걸쳐서 실시되었다. 올림픽 사상 처음으로 고대 올림픽의 발상지인 그리스의 올림피아에서 성화가 채화되어 7개국 3,300명의 주자에 의해 봉송되어 개회식이 열리는 스타디움까지 성화를 옮겨와 성화대에 점화하는 의식을 치렀다.

이 대회는 올림픽 대회 사상 처음으로 라디오뿐만 아니라 텔레비전으로도 중계된 대회였다. 1904년 제3회 대회 이래 시범종목이던 농구가 정식종목으로 채택되었다. 대회기간 동안 나치스가 조성한 미국 흑인 선수들에 대한 인종차별 분위기 속에서도, '베를린 올림픽의 꽃'으로 일

---

30 독일은 1928년 암스테르담 대회에서는 금메달 10개로 2위, 1932년 로스앤젤레스 대회에서는 금메달 3개로 9위를 기록하였다. 1920년 앤트워프 대회와 1924년 파리 대회에는 전범국이라는 멍에 때문에 참가가 금지되었다.

컬어졌던 미국의 J. 오언스는 100m·200m·400m 릴레이와 멀리뛰기에서 우승하여 4관왕을 차지하였다. 또 M. 윌리엄스가 400m, J. 우드러프가 800m, C. 존슨이 높이뛰기에서 금메달을 획득하는 등 6명의 흑인선수를 주축으로 한 미국 남자 육상경기 팀이 12개의 금메달을 휩쓸었다.

대회 우승은 금메달 33개의 독일이 차지했으며, 미국(금메달 24개), 헝가리(10개), 이탈리아(8개), 핀란드(7개)가 그 뒤를 이었다. 한국 선수는 217명의 대규모 일본 선수단 가운데 마라톤 2명, 농구 3명, 축구 1명, 복싱 1명 등 7명이 끼여 출전했다. 그 가운데 손기정 선수가 비록 일장기[31]를 달고 뛰었지만 '올림픽의 꽃'이라고 불리는 마라톤 경기에서 당시 세계신기록인 2시간 29분 19초로 1위를 차지하였고, 남승룡 선수가 3위를 하여 일제 식민치하의 한민족을 세계에 알리는 계기가 되었다.

1936년 베를린 올림픽을 마지막으로 10여년에 걸쳐서 올림픽 대회는 개최되지 못하였다. 제2차 세계 대전이 본격적으로 확산되면서 IOC는 올림픽의 지속성을 지켜낼 수 없었다. 그러나 역설적으로 전쟁의 참화 속에서 평화를 상징하는 올림픽 정신은 파급되었다. 1936년 IOC는 도쿄를 1940년 올림픽 개최 도시로 선정하였다. 그러나 이후에 일본은 소위 태평양 전쟁[32]을 통해 미국을 제2차 세계 대전에 끌어들이는 군사

---

31 당시 대한민국은 일제의 식민지배(1910~1945) 치하에 놓여 있었기 때문에 손기정 선수는 일장기를 달고 대회에 참가하여 금메달을 딴 것이다. 손기정 선수의 쾌거는 《동아일보》가 일장기를 없앤 손기정 선수의 마라톤 경주 모습을 호외로 발행해 정간의 비극을 당하는 일장기 말살사건으로 이어졌다.

32 1941년 12월 8일 일본의 하와이 진주만 기습공격부터 1945년 9월 2일 일본의 항복

적 모험을 벌였다. 도쿄 올림픽 조직 위원회는 국제적 스포츠 대회인 올림픽 게임 개최를 통해 국제적 위상 제고를 위한 노력을 벌였지만, 전쟁의 와중에서 일본은 도쿄 올림픽 준비를 중단하였다.

1940년 올림픽 개최를 요청했던 또 다른 도시는 핀란드의 헬싱키였다. 일본이 올림픽 개최를 포기했을 때, IOC는 헬싱키로 관심을 돌렸다. 핀란드는 소련과 국경을 접해 있으면서 당시 소련의 점증하는 군사적 위협 속에서도 올림픽 개최의 열망을 가지고 있었다. 그렇지만, 결국 1939년 소련의 침공을 받으면서 올림픽 개최는 무산되고 말았다. 쿠베르탱을 비롯해서 후임을 맡았던 IOC 위원장들은 올림픽이 국제 평화와 선린을 증진시키고 전쟁을 회피할 수 있다는 믿음이 있었지만, 현실의 국제관계는 국익에 따른 전쟁의 소용돌이 속에서 쉽게 헤어나지 못하였다.

양차 대전의 잔혹함을 직접 목격한 쿠베르탱과 1925년부터 1942년까지 IOC 위원장이었던 라투르 위원장은 국제적인 스포츠 경기 대회를 통하여 국제 평화와 협력을 증진시키려는 이상과 목표를 구현하려 했지만, 올림픽 운동의 이상은 냉혹한 국제질서 앞에서 좌절되었다. 제1차 세계대전이 벌어진 1913년부터 1919년까지, 그리고 1937년부터 1947년까지의 제2차 세계대전 기간 동안 올림픽은 역사적 단절을 경험하게 되었다.

문서 서명에 이르기까지 일본과 미국, 영국, 기타 연합국 간에 이루어진 전쟁으로 당시 일본은 이 전쟁을 '대동아전쟁'이라고 지칭하였다.

제

3

장

냉전기 올림픽과 스포츠 외교

제1절 냉전기 올림픽과 국제관계

극단적 인종주의에 입각한 나치즘의 올림픽이라고 할 수 있는 베를린 올림픽 이후 1948년 런던 올림픽까지는 제2차 세계대전으로 인하여 국제 스포츠 제전인 올림픽이 개최되지 못하였다. 제2차 세계대전 이후 전쟁으로 인한 폐허의 분위기 속에서도 IOC는 올림피즘(Olympism)을 다시 부활시키고자 노력하였다. 그러나 이후의 국제 정세는 수많은 신생국의 등장과 미국과 소련을 양 축으로 한 사회주의 진영과 자본주의에 기초한 자유민주주의 진영 간의 대립 구도로 인해 올림픽 대회도 동·서 냉전의 진영 간 대립 질서에 함몰되었다.

제2차 세계대전이 종전되면서 미국과 소련을 기축 세력으로 한 새로운 국제적 갈등의 틀로 구조화된 냉전질서가 고착화되었다. 또한 1950년 한반도에서 벌어진 한국전쟁은 이러한 갈등 구조를 확대 재생산하였다. 종전 이후 1948년의 런던 올림픽을 기점으로 현대 올림픽의 새로운 국면이 조성되기 시작되었다. 이데올로기와 미국과 소련의 각축을 반영하는 국제정치질서로 인한 또 다른 의미의 올림픽의 정치화는 이 기간 동안 정점에 이르게 되었다.

제2차 세계대전은 유럽을 비롯한 기존의 강대국들 대부분을 붕괴시켰다. 전쟁으로 인해 기존의 강대국들이 보유한 유형 및 무형의 국력 자산들이 복구가 불가능한 정도로 심각하게 파괴되었기 때문이다. 전쟁에 휘말린 대부분의 국가들이 자국 영토와 자산 등에 심각한 피해를 입게 되었으나, 본토에 대한 직접공격을 당하지 않은 미국과 광대한 영토를 가졌던 소련만이 강대국의 지위를 누릴 수 있는 상황이 조성되었다.

미국은 전쟁의 폐허에서 전 세계를 복구하는 책임을 지게 되었으며 이러한 상황에서 전쟁이 다시 발생하지 않는 새로운 국제질서의 창출을 생각했다. 전쟁을 전체주의와 결부된 독재국가들의 야망의 산물로 보고 자유민주주의의 세계적 확산을 주안점으로 하는 적극적인 관여정책을 세우고 대외 원조를 통하여 이들 전체주의국가에 대한 체제 변화를 도모하였다. 다른 한편으로 제2차 세계대전의 상흔을 딛고 국제평화와 안전을 지향하는 범세계적인 국제기구인 UN을 바탕으로 집단안보체제를 확립함으로써 전쟁을 미연에 방지하려는 노력을 하였다.

그러나 이러한 미국의 구상은 전후 국제질서의 또 다른 축인 소련의 도전에 직면하게 되었다. 소련은 1917년 볼셰비키혁명으로 탄생한 세계 최초의 공산국가였다. 소련은 전쟁의 원인이 자본주의 경제체제라고 주장하면서 전 세계 모든 국가가 사회주의 혁명을 통하여 자본주의체제에서 벗어나야만 진정한 세계평화가 도래한다고 주장했다. 소련은 공산주의 사회혁명의 세계적 보급을 책임지는 주도국가라고 자부하였다. 소련은 '소비에트 사회주의 공화국 연방'(Union of Soviet Social Republics)이라는 공화국들의 연합체이다. 15개 소비에트 공화국들의 연방인 소련체제에 공산혁명에 성공한 나라들이 차례로 참가하여 궁극적으로 전 세계 모든 국가가 소비에트 연방에 가입하는 날 세계평화는 달성된다고 주장했다. 그래서 소련은 대외적으로는 단일 국가로 행동하였으나 내부적으로는 '국가들의 연합체'(Union)식의 국가 운영을 하였다. 러시아어는 연방 내에서 통용되는 국제 언어로 간주하였고 연방 내의 체육대회를 올림픽에 준하는 국제체육행사로 치렀다.

냉전체제에서는 사회주의 혹은 자본주의에 따른 자유민주주의의 이데올로기가 국가 간의 관계를 결정짓는 일차적 요소가 되었다. 미국이 주창하는 자유민주주의 이념에 동조하는 국가군과 소련의 공산주의를 따르는 국가군이 각각의 진영(bloc)을 구축하고 서로 대립, 대항, 경쟁하는 체제였다. 서로 다른 진영 간의 적대관계(inter-bloc hostility)와 동일한 진영 내의 결속(intra-bloc cohesion)이라는 두 가지 원칙에 의해 국제관계가 규정되던 시대의 국제질서가 냉전체제였다.

또한 1956년부터 1968년까지의 시대는 식민주의가 종식되면서 아시아, 아프리카의 신생독립국가들이 국제적으로 하나의 세력권을 형성한 시대였다. 올림픽 운동에서도 특히 남아프리카의 참가 문제에 이러한 현상이 잘 반영되었으며, 과거 동독과 서독의 국가올림픽위원회(NOC: National Olympic Committee)[33]통합 문제, 분단된 중국과 한국문제로

---

33 국가올림픽위원회(NOC)는 올림픽 대회 참가를 위하여 조직된 각 국가의 체육기구이다. 올림픽 대회에 참가하는 각 국가는 IOC의 공인을 받은 국가올림픽위원회를 조직해야 하며, 어떠한 개인이나 단체도 NOC를 통하지 않고는 참가신청을 할 수 없다. 한국의 경우도 대한올림픽위원회(KOC: Korean Olympic Committee)가 1946년

야기된 국제적 냉전분위기 속에서 동서 양 진영은 그들의 진영 질서의 고착화에 노력을 기울였다.

　한편, 이러한 국제질서와는 별도로 올림픽 대회와 국제 스포츠 경기를 통해 형성된 역설적인 현상 중의 하나는 스포츠 경기대회의 참여를 통해 적대 관계에 있는 국가들끼리 새로운 관계설정을 할 수 있는 계기가 마련되었다는 점이다. IOC는 독일이 동서로 분단되어 있던 당시 동독과 서독이 단일팀을 구성하여 올림픽 대회에 참가하도록 하는데 일정한 역할을 수행하였다. 이러한 노력은 당사국 간의 공식적이고 직접적인 외교 노력을 통해 선린 관계의 상황 변화가 이루어진 것이 아니라, 올림픽 대회가 중요한 계기가 되었다는 점에서 시사하는 바가 크다(Lord Killanin & John Rodda, 1976)

　미국과 소련의 체제 경쟁이 국제 스포츠 대회의 메달 확보 경쟁과 같은 결과에 투영되기도 했지만, 국제 사회에서 국가의 위신을 개선하고, 국격을 높이기 위한 스포츠의 활용은 '국제적 지위'를 갈망하는 개발도상국들이 국제 스포츠 대회를 대하는 특징적 요소가 되었다. 국제경기대회에 있어서의 성적은 국가의 이미지나 위상을 제고시키고 체제의 우월성을 내세우고 객관화시키는 하나의 바로미터로 인식되어졌기 때문이다. 일본은 1964년에 동경 올림픽 개최를 위해 적극적으로 나섰다. 물론 일본에게는 1940년에 개최가 예정되었지만 세계대전으로 무산되었던 경

　창설되어 1947년에 제41차 IOC 총회에서 IOC 정식회원국으로 가입하였다. 현재 대한올림픽위원회(KOC)는 대한체육회와 통합되어 일원화되었다.

기를 다시 개최한다는 의미도 있었겠지만, 제2차 세계대전의 패전국에서 벗어나서 세계 속의 한 나라로 화려하게 복귀할 수 있는 기회였다. 그들은 1964년 올림픽을 통하여 패전의 유산을 청산하고 근대적이며 평화를 애호하는 민주주의 국가의 모습을 전 세계에 보여주려고 한 것이다(임번장 1994).

한국의 경우에도 올림픽과 같은 국제 스포츠 대회에서의 국가주의적 경향이 부각되었다. 한국에서 스포츠의 목적은 스포츠를 통한 개인의 가치 실현보다는 국가의 국제적 지위와 위신을 높이는 국력 과시와 이를 통한 국민통합을 이루어 정치사회의 안정과 정치적 정당성을 확보하려는 국가권력의 의도가 강하게 작용하였다. 이는 스포츠 활동이 국민복지정책의 의미보다는 '국위선양을 위한 스포츠'로 활용되었다(이강우 1997).

한편, 냉전 질서의 구조적 산물로서 체제의 우월성을 둘러싼 첨예한 대립 양상은 동·서독의 관계에서 나타났다. 국제적 세력 구조가 서방에 유리하게 편성되어 있던 냉전 초기에 서독은 이러한 구조적 틀 속에서 동독의 국제적 승인을 거부하는데 성공할 수 있었다. 이에 대응하여 동독은 자국의 국제적 인지도를 높이고 장기적으로 국가적 위상을 확보하기 위한 접근법의 하나로 국제 스포츠를 적극적으로 활용하는 전략을 추구하였다(Hughes & Owen 2009, 443-445). 이 때문에 체제 경쟁에서 우위를 스포츠에서의 성공적 성과로 드러냄으로써 정통성 확보를 위한 대결과 갈등이 양측 간의 스포츠 경쟁에서 대내외적으로 확연하게 드러났다. 즉, 냉전 질서가 고착되어가는 과정에서 양측은 정치 목적의 스포츠 동원정책을 적극적으로 추진하였다. 그 사례로 동독 정치지도자 울브리히트(Walter Ulbricht)는 1960년대에 자국 선수들이 스포츠 대회에 참가해서 성공적 성과를 통해 동독 스포츠의 우위성을 과시하도록 요구하였으며, 비슷한 맥락에서 1960년대 초에 서독 중도우파 기독교민주연합 당수도 자국 선수단에 스포츠 선수는 독일 민족 다음으로 중요하다는 점을 주지시켰다(Hughes & Owen 2009, 447). 정치적 의지가 개제되면서 스포츠 경쟁은 체제경쟁의 또 다른 가늠자로 작동하였다.

또한 동·서독에게 올림픽에서 누가 독일을 대표하느냐의 문제는 그것이 비록 국제적으로 국가 승인의 전제조건은 아닐지라도 국내외적으로 상징적 파급효과가 매우 큰 정치적 문제였다. 특히 동독으로서는 IOC가 서독의 국가올림픽위원회를 독일을 대표하는 조직으로 승인한 후에 한동안 불가피하게 서독 주도의 단일팀으로 올림픽에 참가하고 있었기 때문에 동독의 실체를 국제적으로 확인시키기 위한 노력이 더욱 필요했다. 동독은 소련으로부터 소비에트 지역 지위에서 독립 정부로서의 지위를 승인받은 지 1년 후인 1950년 IOC로부터 '독일 통일 후 IOC가 독일 전체를 대표하는 하나의 독일올림픽위원회를 승인한다'는 전제 아래 국가올림픽위원회를 잠정적으로 승인받았지만 여전히 동독을 독자적으로 대표하지는 못하였다.

그런 가운데서 1966년 국제아마추어육상연맹이 동독에게 유럽선수권대회에 별도 팀으로 참가를 허용하자 IOC도 동독의 요구를 받아들여 동독올림픽위원회에 대해 동독 지역을 대표하는 조직으로서 지위를 승인하였다. 이에 서독 정부는 동독을 승인하는 국가와는 외교관계를 수

립하거나 유지하지 않을 것이라는 기존의 할슈타인 원칙을 포기하면서
IOC 역시 더 이상 동독에 대해 올림픽에 공동으로 참가하도록 압력을
가할 필요가 없어진 점도 작용하였다(Hill 1999, 20-21). 동독은 1968년
부터 독립적으로 팀을 구성하여 올림픽에 참가하기 시작하였고, 이때부
터 동·서독은 올림픽 무대에서 치열한 메달 획득 경쟁을 벌이기 시작하
였다.

특히 동독은 자국 선수들의 좋은 성적과 우수한 경기력을, 승리가
곧 인간발달의 척도라는 사회주의 지배 아래서 합리화되고 고양되는 이
념적 가치를 재현하는 중요한 요소로 간주하였다. 냉전 시기 올림픽에서
거둔 동독의 탁월한 성적은 곧 국제사회에 동독 사회주의체제의 우월함
과 활력을 입증하는 것이었다. 서독의 경우, 동독처럼 공공연하지는 않았
지만 마찬가지로 스포츠가 정치적 목적을 위한 수단으로 정치화되었다.
<표 3>에서 보듯이 1968년부터 1988년까지 동·서독이 별도 팀으로 참
가한 올림픽에서 동독이 항상 서독보다 우수한 성적을 기록하였다.

〈표 3〉 동·서독의 올림픽 경쟁

분류	1968년	1972년	1976년	1980년	1984년	1988년
동독	5위	3위	2위	2위	보이콧	2위
서독	8위	4위	4위	보이콧	3위	5위

독일 국민의 유일 대표성을 확보해야 한다는 서독 정부의 주장은
독일스포츠협회(Deutscher Sportbund)의 출범과 목표 속에 구현되었

다. 1950년 12월 독일연방공화국(서독) 내 체육 및 스포츠 단체의 통합 조직으로 출범한 이 협회는 모든 독일 국민들을 대변하고 독일민주공화국(동독) 내에 있는 어떠한 상응 조직의 정통성도 인정하지 않는다는 이중적 역할을 표방하였다(Hughes & Owen 2009, 447-448). 따라서 이와 같은 동·서독 간의 상징성의 정치는 1990년 독일 통일 때까지 대립적 구도 속에서 지속되었다. 동독 총리 호네커(Erich Honecker)의 표현대로 스포츠는 사회주의 국가에서 긍지와 존경을 얻기 위한 중요한 도구였다. 호네커는 그의 자서전에서 경쟁 스포츠와 대중 스포츠 그리고 학교 스포츠가 자신들의 사회주의 국가의 명성을 얻는데 기여하였으며, 자신들에게 대외적 존경을 가져다주었다고 주장하였다(Hughes & Owen 2009, 472).

제2절 런던 올림픽(1948) – 멜버른 올림픽(1956)

1. 런던(London) 올림픽(1948)

제2차 세계 대전으로 인하여 1940년과 1944년 올림픽 게임은 열리지 않았다. 이미 IOC는 1944년 올림픽 게임 개최지로 런던을 선정하였지만 전쟁으로 인하여 개최가 불가능하게 되었기 때문에 다음 올림픽 개최지로서 영국을 재선정하여 런던은 1948년 올림픽 게임을 개최하게 되었다. 제2차 세계대전 당시 독일의 런던 공습으로 런던은 큰 피해를 입었다. 전후 영국은 도시 재건뿐만 아니라, 전쟁을 극복하고 국제 관계의 회복을 위하여 평화의 제전으로 런던 올림픽의 성공적 개최에 적극 나섰다. 영국 정부는 식량, 가옥, 의약품, 그리고 다른 필수품의 부족을 해결하기 위해 강력한 긴축 조치를 취해야만 하였다. 만약 런던 시민들이 이러한 고통을 감내하고 런던 올림픽 개최를 수용하지 않는다면 올림픽 개최는 불가능하였을 것이다. 외부에서는 런던에서 올림픽을 개최한다는 IOC의 결정과 런던 조직위원회에 적지 않은 회의의 눈길을 보냈지만 시민적 공감을 얻으면서 전쟁의 폐허를 극복하고 올림픽 게임을 주최하기 위해 불편함을 감수하고 자원 할당에 동의하였다.

제2차 세계대전 후의 영국의 정치적 분위기는 소련에 의한 베를린 장벽 설치 등 긴장된 국제 관계가 그대로 투영되었다. 독일 베를린을 분할 점령하고 있는 영국 등 서방국가들과 소련 간의 팽팽한 긴장상태가 지속되었다. 특히 영국, 프랑스, 미국은 독일에 대한 영향력의 확장을 도모하고 있는 소련을 위시한 사회주의 세력에 대한 견제의 필요성에 공감하면서 대립적 국제지형이 현실화되고 있었고, 소련의 베를린 봉쇄(Berlin blockade)[34]가 구체화되었다.

---

34 1948년 3월 서방국가들이 제2차 세계대전 이후 공동 점령한 독일 지역을 하나의 경제단위로 통합시키기로 결정하자, 6월에 소련은 이에 대한 항의로서 연합국관리위원

한편, 팔레스타인 지역에서 영국의 철수는 새로운 국가 이스라엘을 탄생시켰다. 이미 긴장된 정치적 분위기에서 또 다른 긴장이 고조되었다. 유대인과 아랍인 모두 팔레스타인 지역의 지배를 위해 갈등을 벌였다. 영국이 하이파(Haifa)[35]에서 철수하던 시기에 아랍권의 지도자들은 이집트 카이로 회의를 통해 군사력을 강화하여 팔레스타인에 대한 지배를 확보하려 했지만, 결국 이스라엘에게 영토를 제공하게 되었다. 이에 대한 아랍권의 집단적 올림픽 보이콧 주장이 제기되면서 이스라엘은 올림픽 참가가 저지되었다.

제14회 런던 올림픽은 제2차 세계대전 이후 열린 첫 번째 대회였으며, 전쟁의 원인을 제공했고 패전국이 된 독일과 일본은 참가하지 못했다. 소비에트 연방을 비롯한 공산주의 국가들은 초대받았지만 불참하

회에서 탈퇴하였다. 소련은 베를린과 서방측 점령지구 간의 모든 육로·수로를 봉쇄하였다. 또한 7월 1일 소련은 '베를린에 대한 4개국 통치는 종식되었고, 서방 연합국들은 더 이상 베를린에 대해 어떠한 권리도 보유하지 않는다'고 공식선언하였다. 이미 6월말부터 소련의 베를린 봉쇄에 맞서 미국과 영국은 생필품을 베를린에 공수하였다. 7월 중순 동베를린 내의 소련점령군은 40개 사단으로 증강되고, 연합군 지역에는 8개 사단만이 남았다. 7월 말 3개 대대의 미국 전략폭격기들이 영국을 지원하기 위하여 파견되어 긴장이 고조되었으나, 전쟁은 발발하지 않았다. 연료·전기가 극도로 부족한 상황 속에서, 서베를린은 11개월 동안 서방측에 의한 공수조치로 연명하였다. 그러나 연합국들이 동독의 교통·통신시설에 보복조치를 취하였고, 특히 동유럽권의 모든 전략수출품에 대하여 서방측이 금수조치를 단행하였다. 이 때문에 1949년 5월 4일 소련은 결국 봉쇄 해제에 동의하였다.

35 지중해에 면한 항구도시로 이스라엘이 독립하기 전부터, 텔 아비브, 예루살렘 등과 함께 중심도시 였으며, 이라크의 키루쿠크 유전과 송유관으로 이어져, 정유·석유 적출기지로서 발전하였다. 1948년 영국이 점령하고 있던 이 지역 등에서 철수하면서 이스라엘이 독립되었다.

였다. 특히 소련은 제2차 세계대전 후 대부분의 동유럽 지역을 점령하였다. 이들 국가들을 소련의 세력권에 편입시키려는 소련을 중심으로 하는 사회주의권 진영과 이를 저지하려는 미국, 영국, 프랑스 등 서방 세력 간의 정치적 갈등 양상이 올림픽 무대에까지 확산되었다. 네덜란드의 파니 블랑커스-쿤(Fanny Blankers-Koen)은 육상 트랙 경기에서 4개의 금메달을 획득하였다. 헝가리의 펜싱 선수 일로나(Elek Ilona)와 체코슬로바키아의 카누 선수 얀 브르작은 제2차 세계대전으로 1940년과 1944년 올림픽이 열리지 않자, 전쟁이 끝난 3년 후의 런던 올림픽에서 12년 전에 열렸던 올림픽 경기에 이어 금메달 타이틀을 지켰다.

일제로부터 해방이 되어 신생독립국을 탄생한 대한민국도 최초로 태극기를 앞세우고 런던 올림픽에 출전하였다. 복싱 플라이급의 한수안 선수, 역도 미들급의 김성집 선수가 동메달을 획득하였다. 웸블리 경기장이 주경기장으로 사용되었으며, 전쟁 복구비용 등으로 영국의 재정이 충당되면서 올림픽에 대한 지원이 부족하게 되어 선수촌이 제대로 준비되지 못해 참가국 선수들은 임시로 지은 막사에서 지낼 수밖에 없었다. 59개국 3,714명의 남자 선수와 390명의 여자 선수 등 4,104명의 선수가 참가하였다. 경기는 17개 종목, 136개 세부 종목에서 펼쳐졌으며, 1948년 7월 29일에 개막하여 1948년 8월 14일 막을 내렸다.

2. 헬싱키(Helsinki) 올림픽(1952)

제15회 하계 올림픽은 핀란드 헬싱키에서 개최되었다. 헬싱키는 1940년 하계 올림픽의 개최권을 얻었으나 제2차 세계대전으로 취소되었고 1947년 다시 개최권을 얻어 대회를 치르게 되었다. 이 대회는 1952년 7월 19일부터 8월 3일까지 열렸고, 69개국에서 4,955명의 선수가 참가하였다. 경기는 근대5종, 농구, 레슬링, 복싱, 사이클, 수영, 승마, 양궁, 역도 등 17개 종목, 149개 세부 종목에서 실시되었다. 제2차 세계대전의 후유증에도 불구하고 매우 조직적이고 성공적인 대회운영이 이루어졌다. 동독은 국제적으로 공식적인 승인을 받지 못한 국가라는 이유로 올림픽 출전 자격이 주어지지 않았다. 이와 별도로 동독과 서독은 단일팀 출전에 대해 강한 반대 입장을 견지하였다. 사회주의 국가들의 중심으로 부상한 소련이 처음으로 올림픽 무대에 참가함으로써 올림픽은 이제 본격적으로 미·소 양 진영 간의 세력 경쟁의 장으로 변모하게 되었다. 또한 이스라엘도 이 대회부터 참가하였다. 헬싱키 대회의 올림픽 선수촌은 두 곳을 운영하였다. 하나는 공산주의 국가에서 온 선수와 임원들을 위한 장소였고, 다른 하나는 나머지 국가들을 위한 곳이었다.

중국의 경우 1922년 국가올림픽위원회가 승인을 받은 후 장제스(蔣介石) 국민당 정부에서 대표권을 행사해 오고 있었다. 중국 대륙 내에서 국민당과 공산당 간의 내전에서 패한 국민당 정부가 타이완으로 옮겨간 후에도 계속 대표권을 행사하였다. 한편 국공내전에서 승리한 마오저뚱

(毛澤東)의 공산주의 세력은 1949년 중국대륙을 공산화하여 중화인민공화국을 선포하였다. 소련과 동유럽의 사회주의 국가들은 곧바로 사회주의 중국을 승인하고 국제무대에서 대륙을 통일시킨 새로 수립된 정부에 중국 대표권을 이양해야 한다고 주장하였다. 그렇지만 미국과 서방 진영은 국민당 정부인 중화민국을 지지하였고, UN도 중화민국이 본토에 대한 실질적인 관할권은 없지만 중국을 대표하는 유일한 합법정부라고 인정했다.

이러한 가운데 중화인민공화국과 중화민국은 각자 1952년 헬싱키 대회에 대표단 파견을 선언하였고, IOC는 양측 대표 모두를 참가시키기로 결정하였다. 하지만 이에 대해 중화민국은 IOC가 중화인민공화국을 또 다른 중국 대표로 올림픽에 참가시키기로 한 결정에 반발하여 참가를 철회하였다. 따라서 이 대회에서는 중화인민공화국만 참가하게 되었다. 차기 1956년 멜버른 대회에서는 반대로 1954년 국가올림픽위원회로 정식 승인받은 중화인민공화국 측에서 IOC가 중화민국에 대해 계속 회원국 자격을 부여하고 있다는 데 항의하여 참가를 거부하였다. 이후 중화민국을 올림픽에서 축출해야 한다는 사회주의 진영의 압력에 직면하였다. IOC는 중화민국에 대해 본토에 대한 스포츠 관할권을 행사할 수 없다는 이유로 중화올림픽위원회(China Olympic Committee)란 명칭을 사용할 수 없다고 결정하였고, 이에 중화민국은 위원회 명칭을 중화민국올림픽위원회(Olympic Committee of the Republic of China)로 변경하였다(Hill 1999, 21-22).

한국은 한국전쟁 중이었지만 육상·역도·복싱·사이클·레슬링·승마 등 6개 종목에 참가하여 환영을 받았으며, 핀란드 대통령으로부터 최고체육문화상을 받았다. 또한 복싱 밴텀급의 강준호 선수와 역도 미들급의 김성집 선수가 각각 동메달을 획득하였다. 이 대회 최대의 관심사였던 '인간기관차'로 불린 체코슬로바키아의 자토페크(Emil Za'topek) 선수는 5천 미터, 1만 미터, 마라톤 우승으로 3관왕이 되면서 헬싱키 올림픽의 영웅이 되었다. 대회 우승은 금메달 40개의 미국이 차지했으며, 소련(금메달 22개), 헝가리(16개), 스웨덴(12개), 이탈리아(8개)가 그 뒤를 이었다.

3. 멜버른(Melbourne) 올림픽(1956)

1956년 오스트레일리아의 멜버른 올림픽은 나라별로 이해가 얽혀 있는 가운데 많은 국가들이 다양한 정치적 이유로 올림픽 참여를 거부함으로써 또 다른 스포츠에 대한 정치개입 양상이 극명하게 표출되었다. 이 올림픽은 올림픽 역사에서 색다른 몇 가지 특징을 가지고 있다. 우선, 남반구에서 최초로 개최된 대회였으며, 둘째로 폐회식 행사에서 참가국 선수단이 함께 입장함으로써 지구촌의 단합을 상징화하는 전통을 만들었으며, 셋째로 동독과 서독이 단일팀으로 출전한 첫 대회였다. 넷째로, 오스트레일리아 당국이 검역을 이유로 말의 반입을 허용하지 않아서 승마 대회는 같은 해 6월에 스웨덴 스톡홀름에서 미리 개최되었다. 이에 따라 두 개의 국가올림픽 위원회가 경기를 나누어 개최하는 첫 번째 대회가 되었다. 이와 같이 몇 가지 특징적 의미가 있었지만, 이 대회는 같은 시기 국제 정치 분야와 연관된 사건들로 인하여 정치적 스트레스가 점증되면서 다수 국가가 정치적 결정을 함으로써 올림픽의 의미가 퇴색되었다.

1956년 7월 이집트의 나세르(Gamal A. Nasser) 대통령은 수에즈 운하 국유화를 단행하였다. 이후 발생한 이스라엘, 영국, 프랑스 등이 이집트에 대한 침략 행위에 대한 항의로 이집트, 이라크, 레바논이 참가를 보이콧하였다. 이어 네덜란드, 스페인, 스위스는 소련의 헝가리 시민혁명에 대한 무력 진압 후 평화 파괴 세력인 소련이 동 올림픽에 참가한다는 이유를 들어 참가를 철회하였다. 특히 헝가리 사태는 1956년 10월 하순 친소 정권과 소련의 강압정책에 항거하던 학생 시위가 전국적인 반정부 시위로 확산된 가운데 소련이 무력 개입하여 수많은 사상자를 내고 혁명을 무산시킨 비극적인 사건으로, 당시 헝가리는 냉전 질서 속에서 강대국 정치의 희생양이 되었다. 제2차 세계대전 때 추축국의 일원으로 전쟁에 참여했던 헝가리는 종전 후 소련의 영향권 아래 놓이게 되었다. 1949년 고문과 투옥 등 정치적 반대자들을 억압하기 위한 위협적 조치와 함께 출범한 사회주의 정권인 헝가리인민공화국은 곧이어 소련과 체결한 상호원조조약으로 소련 군사력의 자국 내 계속 주둔을 허용하였으며, 이로써 소련은 헝가리에 대한 정치 통제를 확보할 수 있었다.

한편 헝가리 공산당은 소비에트 모델에 따라 급진적 국유화 조치 등 사회주의 경제를 표방하였으나 이는 경기침체와 생활수준 하락으로 이어져 사회 불안을 심화시켰다. 하지만 헝가리는 소련 주도의 동유럽상 호경제원조조약(COMECON)에 참여했기 때문에 전후 서유럽 경제 복원을 위해 미국이 제공한 내규모 지원 프로그램인 마셜플랜의 지원을 받을 수 없었다. 이러한 가운데 헝가리에서 발생한 민주화 혁명에 대한 소련의 무력 개입은 중부유럽에 대한 소련의 통제력을 강화시켰지만 국제적으로 동서 냉전 질서의 심화라는 결과를 가져왔다.

긴장과 갈등이 증폭되는 불안한 국제정세 속에서 멜버른 올림픽을 성공적으로 개최하기 위하여 브런디지 IOC 위원장은 국가 간 갈등 요소가 올림픽을 또 다른 긴장상태로 빠트리는 점에 우려를 밝히면서, '올림픽 경기가 국가 간 경쟁이 아닌 개인 간 경쟁'이라고 호소하였다. 그러나 네덜란드올림픽위원회 위원장은 헝가리에서 일어난 시민들에 대한 살상 행위가 자국민에게 일어나도 스포츠가 이를 외면하고 극복해야 한다고 말할 수 있겠냐며 일침을 가하였다(Berg 2008, 16). 여기에 사회주의 중국을 대표하는 중화인민공화국도 대회 개최를 2주 정도 앞두고 호주올림픽위원회가 중화민국의 참가를 허용했다는 이유로 참가를 거부하였다.

한국은 35명의 대표단을 보내, 복싱 밴텀급의 송순천 선수가 해방 이후 처음으로 은메달을 획득했으며, 역도 라이트급의 김창희 선수는 동메달을 획득하여, 72개국 가운데 아르헨티나와 함께 공동 29위에 올랐다. 한편, 대회 기간 중 열린 IOC 총회에서는 북한의 IOC 동시가입 요청을 표결에 붙인 결과 그 결정을 무기한 연기하기로 결정하였다. 소련은 금메달 37개로 올림픽에 참가 두 번째 만에 미국을 제치고 대회 우승을 차지하였다. 그 뒤를 미국(금메달 32개), 오스트레일리아(13개), 헝가리(9개), 이탈리아(8개) 등이 이었다. 기록 면에서는 36개의 올림픽 기록과 11개의 세계신기록이 수립되었다.

제3절 로마 올림픽(1960) – 멕시코 올림픽(1968)

1. 로마(Rome) 올림픽(1960)

제17회 올림픽 경기대회는 이탈리아 로마에서 개최되어 1960년 8월 25일부터 9월 11일까지, 83개국 5,338명의 선수가 참가하였다. 로마는 이미 1908년 하계 올림픽을 개최하기로 하였으나 1906년 베수비오(Vesuvius) 화산 폭발[36]로 개최권을 영국 런던에 넘겼었다. 1955년 로마는 로잔, 디트로이트, 부다페스트, 브뤼셀, 도쿄를 제치고 개최권을 획득하였다. 특히, 로마대회에서는 남북한의 올림픽 단일팀 참여 문제가 논의

---

36 1908년 이탈리아 로마에서 하계 올림픽이 예정되었지만 1906년 4월 7일 베수비오 화산 폭발로 인해 나폴리가 폐허가 되면서 이탈리아는 올림픽 개최를 포기하고 말았다. 이탈리아의 올림픽 관련 예산은 나폴리의 복구비용으로 쓰였고, 1908년 제 4회 하계 올림픽은 영국 런던에서 개최 되었다.

되었다. IOC는 남한과 북한이 같은 팀으로서 하나의 국기와 엠블럼 그리고 유니폼을 사용하여 출전할 것을 권유하였으나, 북한의 반대로 남북 단일팀 참가는 무산되었다. 한편, 중국은 1958년 중화민국의 올림픽 축출을 요구하며 IOC를 탈퇴하여 올림픽 무대를 떠났다. 이러한 중국의 강경책에 따라 중화민국은 IOC의 결정에 의해 대만(Taiwan)이라는 이름으로만 올림픽 출전이 허용되었다. 중화민국은 이에 대한 항의 표시로 개회식 피켓에 국기 대신 "Under Protest"라는 문구가 적힌 피켓을 들고 입장하였다. 경기 때마다 중화민국 선수단의 유니폼 검사를 하여 타이완이라는 이름으로 출전하는지 여부를 확인하여 논란거리가 되었다. 분단 독일은 동독과 서독이 단일팀을 이루어 경기에 참가하였다.

경기는 근대 5종, 농구, 레슬링, 복싱, 사이클, 수영, 승마, 양궁, 역도 등 17개 종목, 150개 세부 종목에서 실시되었다. 모든 올림픽 관계자들이 그리스 대회에 이어 열리기를 바랐으며, 과거와 현재가 훌륭하게 조화를 이룬 올림픽이라는 평가를 받았다. 이탈리아는 대회를 위해 고대로부터 내려온 과거 유적을 새로 가꾸는 등 많은 경비를 투자했으며, 유서 깊은 로마의 모든 교회들은 일시에 함께 종을 울리며 대회를 축하하기도 했다. 올림픽 사상 처음으로 개회식을 비롯한 주요 경기모습이 인공위성을 통해 전 세계에 중계되었고, 전광판의 등장으로 경기의 진행과정이 실시간으로 알려지고 기록되었으며 모든 경기결과가 전자장치에 수록되었다. 헝가리 사태 등 정치문제로 영향을 받았던 전 대회와는 달리 정치적 갈등이 올림픽에 부정적 파급효과를 미치지 않았으며, 오히려 동서독의 단일팀 구성 등 분단국의 통합팀 참가 노력이 부각되었다.

대회에서 최대의 인기를 끈 선수였던 에티오피아의 '맨발의 주자 아베베'는 2시간 15분 11초 2의 세계신기록으로 마라톤에서 우승했다. 복싱 라이트헤비급에서는 미국의 클레이(Cassius M. Clay)가 18세의 어린 나이로 우승했는데, 그가 훗날의 세계프로복싱 헤비급 챔피언이 된 무하마드 알리(Muhammad Ali)이다. 미국의 흑인여성선수 루돌프 (Wilma Rudolph)는 어렸을 때 걸린 소아마비를 극복하고 100m, 200m, 400m 릴레이에서 우승하여 3관왕이 되었다. 대회 최대의 오점이라 할 약물복용에 의한 사망사고가 일어났다. 덴마크의 사이클 선수인 옌센 (Knut E. Jensen)은 사이클 100km 단체 경기에서 약물과다 복용 후 경기에 출전했다가 사망했다. 최종 집계된 국가별 메달 획득은 비교적 고르게 분산되어 일본·터키·뉴질랜드 등도 금메달을 획득했다. 한국은 36명의 선수가 레슬링·복싱·사격·사이클·수영·승마·역도·육상·체조 9개 종목에 출전했으나 올림픽 참가 사상 처음으로 1개의 메달도 획득하지 못했다. 소련은 금메달 43개로 전 대회에 이어 다시 미국을 제치고 대회 우승을 차지했으며, 미국(금메달 34개), 이탈리아(13개), 독일(12개), 오스트레일리아(8개)가 그 뒤를 이었다.

2. 도쿄(Tokyo) 올림픽(1964)

제18회 하계 올림픽은 1964년 10월 10일부터 24일까지 일본 도쿄에서 개최되었다. 전 세계 93개국에서 5,151명의 선수가 참가하였다. 경기는 근대5종, 레슬링, 배구, 복싱, 사이클, 수영, 승마, 양궁, 역도, 요트, 유도 등 19개 종목, 163개 세부 종목에서 실시되었다. 유럽과 미국이 독점해온 올림픽을 아시아 지역 국가로는 처음으로 개최한 대회이다. 도쿄는 1940년 하계 올림픽 개최지로 결정되었었으나 일본의 중국 침략으로 야기된 중·일 전쟁이 발발하면서 헬싱키로 개최권이 넘어가고, 결국 제2차 세계대전으로 확전되면서 대회가 취소되었다. 전후 1964년 도쿄 올림픽은 일본의 전후부흥과 경제발전을 대내외에 과시하는 다시없는 기회의 장으로 활용되었다. 1940년 개최 예정이었던 대회가 무산된 후, 24년 만에 다시 개최권을 얻은 일본에서의 대회는, 대회경비로서만 전년도 일본 정부 예산의 4분의 1에 해당되는 1조 엔의 예산이 투입되는 등 일본이 국가적 차원에서 모든 노력을 기울인 대회였다. 도쿄와 오사카를 잇는 신칸센이 올림픽 개최 10일 전에 개통된 것을 비롯해 주요고속도로와 지하철이 올림픽 개회식에 임박하여 개통되었고, 각종 경기시설과 선수촌 건설 등 올림픽을 위한 사회간접 시설이 확충되면서 일본열도는 경제성장과 올림픽의 열기에 빠졌다.

특히 올림픽 개최 일을 향해 카운트다운에 들어간 '올림픽까지 며칠'이라는 표어는 당시 일본국민들이 올림픽에 얼마나 많은 관심을 가지고 있었는지를 상징적으로 표현해주는 사례였다. 이러한 국가 차원의 준비와 국민적 성원에 힘입어 이 대회는 사상최대의 규모로 치러졌다. 일본은 국기로 알려진 유도를 정식 올림픽 종목으로 채택시키는 등 온갖 노력을 기울여 금메달 16개를 획득하였다. 스포츠 경기력의 측면에서도 일본은 괄목할 만한 성과를 올리고 개최국으로서의 이점을 활용하여 미국과 소련에 이어 세계 3위에 입상하였다(김필동 2007).

전쟁의 폐허에서 탈피하여 경제성장에 걸맞은 스포츠 강국으로서의 이미지를 전 세계에 과시하며 국제사회에서 일본의 지위를 한층 더 높인 것이다. 한편 일본 국민들은 올림픽을 관전하기 위해 컬러 TV를 적극적으로 구입하면서 컬러 TV가 짧은 시간에 보급되는 계기를 마련했다. 유도와 배구를 비롯한 각종 경기에서 선전하는 일본선수들의 승전보에 일본국민들은 완전히 도취되기도 했다.[37]

이를테면 도쿄 올림픽은 인류의 제전으로서 국제 스포츠 행사의 의미를 보여주기도 하였지만, 다른 한편으로는 올림픽을 통해 대외적으로는 일본경제의 번영을 전 세계에 알리는 물실호기로 적극 활용하였다. 대내적으로는 일본국민들에게 제2차 세계대전의 폐허를 딛고 새롭게 탄생한 경제대국 일본의 상승 이미지를 심어주는데 기여한 대회였다. 60년대 일본경제의 화려한 비상을 전 세계에 전파하였고, 국내 정치에서는 이케다(池田) 내각의 정치 기반을 강화하면서 장기집권의 길을 여는 듯

---

37 일본여자배구가 소련에 3대 2로 극적인 역전승을 거둘 때는 전 국민의 85%가 TV를 시청했다고 알려졌다(김필동 2007).

했지만, 이케다 수상이 암이라는 예기치 못한 중병을 얻으면서 올림픽 열기가 채 식기도 전에 수상직을 사임하게 되었다. 그와 함께 일본의 제1차 고도경제성장을 이끌었던 내각도 영광의 무대를 내려오게 되었다.

또한 남아프리카공화국은 아파르트헤이트(Apartheid)[38] 정책 때문에 출전이 금지되었고, 인도네시아는 1962년 아시안 게임 개최 시 대만과 이스라엘 선수단에게 비자 발급을 거부하고 이들을 초청하지 않았다는 이유로 도쿄 올림픽 참가가 배제되었다. 특히 남아공은 구체적이고 획일화된 차별을 제도화하였다. 그 정책은 전체 인구의 약 20%를 구성하고 있는 소수 백인들의 독점 지배를 통해 다른 인종과의 상호접촉을 금지하였다.

아파르트헤이트는 지역적 영역 구분을 통해 인종의 사회적 활동을 제한하였다. 스포츠에서도 인종차별적인 구체화된 정책을 실천하였다. 남아공 인구의 약 80%는 아파르트헤이트 정책으로 인해 스포츠를 포함한 수많은 사회적 환경과 제도에서 가질 수 있는 인간의 각종 기본적 권리를 빼앗겼다. 또한 백인을 제외한 그룹들은 스포츠를 포함하여 교육적, 경제적·정치적 제도 및 특정한 지역적 영역에서도 법적 구속을 받았

---

38 남아프리카 공화국의 극단적인 인종차별정책과 제도이다. 반투 홈랜드(Bantu Homeland) 정책으로 대표되는데, 인종격리정책에 의한 인종별 분리를 추진하는 한편, 다인종 사회 속에서 반투 정청법(1951), 유권자 분리대표법(1956) 등에 의하여 유색 인종의 참정권을 부인하고, 산업조정법(1956), 패스포드법(1952), 원주민법 수정법(1952), 다른 인종 혼인금지법(1949), 집단지역법(1950) 등에 의하여 경제·사회적으로 백인의 특권 유지·강화를 기도한 것이다.

다. 실제로 법률을 통해서 금지된 사항을 보면, 첫째는 혼합 인종으로 스포츠 팀 구성, 둘째는 인종 상호 간의 경기, 셋째는 백인만을 위한 시합에 유색인종 출전, 넷째는 남아프리카에서 혼합 인종의 외국 팀이나 개인의 여행, 다섯째는 스포츠 경기에서 인종 간의 혼합된 관람 등이다.

이는 전 세계 국가들의 비난의 대상이 되었다. 그에 따라 남아공은 1964년 이후 모든 올림픽 게임에서 제외되었으며, 대부분의 국제 스포츠 경기나 경기 외의 국제적 다자 회의에서도 배제되었다. 남아프리카공화국은 32년간 올림픽 출전국에서 제외된 이후 UN을 비롯한 세계 여러 나라의 압력에 직면하여 결국 아파르트헤이트 정책을 폐지하였다. 이에 따라 남아공은 1992년 바르셀로나 올림픽에서는 IOC의 승인으로 참가할 수 있었다. 1993년 12월 22일 소수의 독점적 백인 정부는 투표를 통해 종식되었다. 45년간의 공식적인 아파르트헤이트와 이를 통해서 오랜 기간 동안에 제도화되었던 전근대적인 인종차별정책은 마감되었다.

도쿄 올림픽은 대회 인프라 구축, 대회 운영 등 준비가 잘 이루어진 성공적 대회로 평가받았다. 반면에 중국과 인도네시아 주도로 올림픽에 대항하기 위하여 조직된 신흥국경기대회(GANEFO: Games of the New Emerging Forces: GANEFO) 때문에 혼란이 야기되었다. IOC는 GANEFO 경기에 민감한 반응을 보여 참가한 선수에 대해 올림픽 대회에 참가할 수 없다고 결정하였다. 이 때문에, 6명의 선수를 참가시켰던 북한은 1963년 8월 남·북한이 별도로 올림픽에 참가할 수 있다는 IOC의 결정으로 처음으로 올림픽에 출전 기회를 얻었지만 결국 본 대회에는 참가하지 못했다. 한국은 올림픽 참가 사상 최대의 인원인 165명이 복

싱·레슬링·유도·역도·마라톤 등 16개 종목에 출전하였다. 그러나 종합
성적은 27위에 그쳤다. 복싱 밴텀급의 정신조 선수와 레슬링 플라이급의
장창선 선수가 은메달을, 유도 미들급의 김의태 선수가 동메달을 차지하
는데 그쳤다. 미국이 금메달 36개로 이전 두 대회의 패배를 설욕하며 소
련을 제치고 대회 우승을 차지하였다. 소련(금메달 30개), 일본(16개), 독
일(10개), 이탈리아(10개) 등이 그 다음의 순위를 차지하였다.

3. 멕시코(Mexico) 올림픽(1968)

멕시코시티(Mexico City) 올림픽 대회의 경우, 최초로 라틴 아메리
카 지역에서 올림픽 대회를 치렀다는 점에서 개도국 멕시코의 이미지나
국가 위신을 재정립하는데 중요한 공헌을 했다. 그것은 멕시코의 전면적
인 변혁의 인상을 세계에 보여주었다(이한혁, 1995). 그러나 개최에 반대
하는 여론도 만만치 않았다. 멕시코 내에서는 올림픽이 긍정적 효과보다
는 오히려 경제적 어려움을 가중시킬 것이라는 주장이 제기되면서 멕시
코시티에서의 올림픽 개최에 반대하는 대학생들에 대해 경찰이 총기를
사용하여 사상자가 발생하였다.

올림픽 개최를 둘러싸고 국가 내부의 갈등이 증폭되어 물리적 충
돌이 빚어진 것이다. 1968년 멕시코시티 올림픽은 올림픽 대회 현장에
서의 정치적 항의를 제한하는 당국의 조치에 따른 물리적 공권력 집행

이 비극적 유혈사태로 귀결된 대표적인 사례이다. 1960년대 멕시코는 권위주의 정권 아래서 시민들의 경제·사회적 개혁의 요구가 억압받았다. 1929년 이래로 계속 집권해 온 제도혁명당(PRI: Partido Revolucionario Instituciona)[39]은 이러한 시민의 요구가 일당 지배체제에 위협이 될 것으로 우려하여 노조활동 금지, 언론 검열 등 언론·결사 활동에 제한을 가하였다. 이런 가운데 오르다스(Gustavo Días Ordaz) 정부는 개도국으로서는 처음으로 개최하는 멕시코시티 올림픽을 고속 성장을 통한 '멕시코 경제의 기적'을 대외적으로 과시함으로써 내부 통합을 통한 국면 전환을 꾀하고 자국의 위상을 높이는 기회로 활용할 수 있을 것으로 기대하여 대회 준비에 대규모 자원을 투입하는 등 대단한 열의를 보였다.

반면 오랜 권위주의적 통치에 불만을 갖게 된 젊은 세대들은 올림픽보다는 사회 경제적 변화를 더 기대하고 있었다. 따라서 이들의 목소리는 점차 학생운동으로 발전해 나갔다. 그럼에도 불구하고 1968년 9월까지 이러한 행동은 정부의 통제로 번번이 무산되었다. 그런데 올림픽 개막이 임박한 10월 초 트라텔롤코(Tlatelolco) 광장에서 1만여 명이 운집한 가운데 대규모 시위가 발생하였다. 멕시코 정부는 이러한 시위사태가 국제적 이슈로 부상하는 것을 우려하여 강제 해산조치를 단행하였

---

39 제도혁명당은 2000년까지 헤게모니 권력을 갖고 계속 여당의 위치를 고수했던 중도 좌파정당이다. 1989년까지만 해도, 제도혁명당은 멕시코의 모든 연방 주(32개) 주지 사직을 석권했다. 2000년 국민행동당의 비센테 폭스 케사다(Vicente Fox Quesada) 대통령 후보에 패배하여 집권당의 자리를 잃게 된다.

고, 그 과정에서 수십 명의 학생과 시민들이 공권력의 발포로 사망하였다. 하지만 사건 후에도 정부는 언론 통제를 통해 사건의 심각성을 덮으려 하였다. 이러한 비극적인 사태 속의 멕시코의 정치 현실에도 불구하고 IOC는 멕시코시티 올림픽을 결정하였다.

1968년 멕시코시티 올림픽 당시 남자 200미터 단거리 육상 금메달과 동메달 수상자인 두 흑인 선수들은 시상식 단상에서 미국 국가가 연주되는 동안 고개를 숙인 채 검은 장갑을 낀 주먹을 치켜 올렸다. 미국과 남아프리카 등에서의 인종분리, 스포츠에서의 인종주의에 항의하기 위해 1967년 조직된 '올림픽 인권계획'(the Olympic Project for Human Rights)의 회원인 이 두 선수는 미국 내에서의 흑인에 대한 인권 차별에 대한 묵언의 항의 표시로 이와 같은 퍼포먼스를 하였다. 하지만 이러한 행위에 대해서 IOC는 올림픽 경기에서 정치적 행동이 용납되지 않는다는 이유로 이들에게 출장 정지 조치를 내리고 선수촌에서 추방하였다. 또 은메달 수상자인 호주 선수는 이러한 행동을 한 흑인 선수들에게 동조했다는 이유로 호주올림픽위원회로부터 차기 올림픽 출전 기회를 박탈당하였다.

한편, 남아프리카공화국은 국제적 비난과 반대에도 불구하고 인종차별정책을 지속하면서 또 다시 올림픽 출전이 금지되었다. 동독과 서독이 서로 다른 팀으로 출전하기 시작하였고, 북한은 공식적인 국명 호칭으로 'DPRK'(Democratic People's Republic of Korea)를 요구하고 'North Korea'를 거부하였으나, 이 안이 수용되지 않자 선수단을 철수시킴으로써 올림픽을 보이콧하였다.

제

4

장

이완된 냉전기 올림픽과
스포츠 외교

제1절 이완된 냉전기 올림픽과 국제관계

이 시기의 국제 정세는 1945년 제2차 세계대전 종전 이후로 미국과 소련의 대립관계가 전 세계적인 차원에서 고착화되고, 또한 한국전쟁을 전후한 냉전 초기의 대립 관계에서 벗어나 서서히 해빙의 무드가 조성되기 시작하였다. 1962년 쿠바 미사일 위기가 미국의 케네디 대통령 (John F. Kennedy)과 소련의 흐루시초프(Nikita S. Khrushchyov)[40] 서기장의 극적인 정치적 타협에 따라 해소되었다. 이 사건은 냉전 시대에 전개된 미소를 필두로 한 국제관계사에서 하나의 분수령이 되었다. 핵전쟁의 위기를 경험한 두 나라는 대결보다 협상을 추구하게 되었다. 소련의 흐루시초프는 '협박을 통한 협상'보다 '평화적 공존'을 강조하기 시

---

[40] 러시아의 노동운동가이며 1953년부터 1964년까지 소비에트 연방의 국가원수 겸 공산당 서기장을 지냈고, 1958년부터는 소련 총리와 겸 소련 국가평의회 의장을 지낸 정치인이다. 그는 스탈린주의를 비판하였고 대외적으로는 미국을 비롯한 서방 국가와의 공존을 모색하였다. 그의 반 스탈린 정책은 공산주의 국가들에 폭넓은 충격과 반향을 불러일으켰다. 그러나 집단지도 체제를 무시한 정책 결정, 농업 정책 실패, 쿠바 미사일 위기에서 미국에 대한 양보 등은 많은 반대파를 만들어내었고, 1964년 10월 13일 중앙위원회의 결정으로 실각되었다.

작했고, 케네디의 민주당 행정부도 소련과의 긴장완화를 본격적으로 추구하게 되었다. 또한 1970년대를 전후한 시기에 나타난 석유 위기(Oil Crisis)[41]는 동서냉전의 대립질서의 틀을 이완시켰다. 따라서 국제질서는 냉전 초기의 갈등과 대립의 틀에서 벗어나 데탕트 질서가 나타났다. 물론 이와 상반되는 국제질서의 긴장상태도 지속되었다. 베트남 전쟁[42]에 미국은 깊이 개입하고 있었다. 백악관은 미국의 군사력이 남베트남 정부의 존속을 지원하는 것이 중국이나 소련의 사회주의 진영으로부터 인도차이나 반도의 안전을 도모하는 해결책이라고 믿고 있었다. 미국은 중국과 소련이 북베트남 하노이 정부에 군사적 원조를 제공하는 것을 저지하려 했다.

한편, 영국은 IRA(Irish Republican Army)와 UDL(Ulster Defense League)의 테러로 골머리를 앓고 있었다. 정치·사회적 문제가 결국은 기독교 내의 신구교간의 종교전쟁으로 이어졌다. 신구교간의 극한적 폭력 대립이 격화되면서 영국 군대가 질서유지를 위해 파견되었다.

---

41 1973년과 1979년의 두 번에 걸친 유가의 급상승이 가져온 국제 석유시장 및 에너지 수급에 있어서의 격변과 그에 따라 각국의 경제적, 사회적, 정치적 혼란을 각각 제1차 및 제2차 석유 위기라고 부른다.

42 베트남 전쟁은 인도차이나 지역에서 발생했던 두 차례의 전쟁으로 구분된다. 1차 전쟁은 제1차 인도차이나 전쟁이라고 지칭되며 1946~1956년까지 베트남, 캄보디아, 라오스와 프랑스 간에 일어난 전쟁을 말하며, 2차 전쟁은 제2차 인도차이나 전쟁이라고 부르며 1960~1975년까지 베트남, 캄보디아, 라오스와 미국 간에 일어난 전쟁을 말한다. 1, 2차 전쟁을 통틀어 베트남 전쟁 또는 30년 전쟁이라고 부른다. 위에서 언급한 전쟁은 2차 전쟁이며 미국의 지원을 받는 남베트남과 북베트남 간의 전쟁을 지칭한다.

아일랜드에서는 테러리스트들의 활동이 왕성했고, 폭탄 테러로 말미암아 무고한 민간인들이 희생당했다. 가장 전투적인 테러집단으로 알려진 IRA는 영국 의회로 하여금 북아일랜드로부터 군대 철수의 결정을 이끌어내기 위하여 런던에 폭발물을 설치하고 영국 정부에 대한 테러 행위를 자행하였다.

정교분리의 원칙은 교전 상태에 있는 북아일랜드의 핵심 테마였는데, 유대교와 회교도 간 종교 대립이 개입된 중동 분쟁 역시 정치와 종교가 주된 원인이었다. 1972년 이스라엘 군대는 남부 레바논의 아랍계 테러리스트들을 급습했다. 레바논과 시리아는 팔레스타인 게릴라에게 피신처를 제공했을 뿐만 아니라 무장을 돕는다는 이유로 공격을 감행한 것이다.

한편, 소련은 제2차 세계대전 이후 올림픽에 출전하였고, 올림픽 참가를 통해 사회주의 제도를 확장하고 동시에 전 세계에 걸친 영향력 증대를 위한 노력을 전개하였다. 공산주의체제의 일당독재와 소련을 중심으로 한 진영 구축에 따른 외교적 노력이 지속되는 과정에서 올림픽과 같은 국제 스포츠 대회는 소련에게는 가장 중요한 정치선전의 수단이 되었다. 물론, 자본주의 국가나 사회주의 국가나 각자 체제유지와 발전의 대의명분을 입증시키기 위해 스포츠를 이용해 왔음은 분명하다. 소련이나 동독은 공산주의 정치, 경제체제의 우월성을 스포츠를 통해 입증하기 위해 가능한 노력을 기울였다. 특히 동독은 인구가 불과 1700만 명 정도의 국가로서 1972년 올림픽 대회에서는 세계 3위에 올랐고, 1976년 대회에서는 세계 2위를 차지함으로서 세계의 이목을 집중시켰다. 1980년대 말 소련이 붕괴되기 전까지 사회주의권 국가들은 공동의 목표를 추진하기 위해 스포츠를 십분 활용하였다. 하계 올림픽 출전선수의 약 10% 정도가 사회주의 국가를 대표하여 경기에 나서지만, 이들이 획득하는 메달 수는 통상적으로 전체의 60% 정도를 차지하였다. 사회주의 국가의 지도자들은 이러한 결과가 그들의 정치·경제제도의 우월성을 입증하는 것으로서 내세웠다(Eiten & Sage 1988). 스포츠가 정치선전과 이데올로기의 대립감정을 드러내기 위한 정치 수단으로 이용되어 여러 차례의 유혈 사태와 정치적인 이유로 올림픽 보이콧 등으로 올림픽의 본질적인 가치를 훼손할 수 있는 여러 사건들이 발생하였다.

　　1980년대 미국과 소련의 올림픽 참가에 대한 상호 보이콧은 강대국 정치의 틈바구니에서 올림픽의 가치나 올림픽 운동이 심각한 타격을 입은 사례이다. 미국의 카터 행정부는 1979년 12월 소련의 아프가니스탄 침공에 대한 항의로 1980년 모스크바 올림픽 참가를 보이콧하였다. 소련은 이러한 군사 행동이 침략이 아닌 양국 간 우호협력조약에 의거한 아프간 정부의 반정부 세력 척결을 위한 원조라고 주장하였지만 미국은 대소 곡물수출 금지, 인접국 파키스탄에 대한 군사·경제원조 재개 등 강도 높은 대응조치로 맞섰다. 당시 카터 대통령이 올림픽 보이콧을 주장한 표면상의 이유는 인권과 국제법 및 미국을 위시한 자유세계의 안전 수호였다. 하지만 일부에서는 소련이 사회주의 국가라는 점, 카터가 데탕트보다는 지지도가 떨어지고 있는 국내에서의 정치적 지지도를 만회할 필요성에 있었다는 점 등을 실질적인 이유로 들었다(Hill 1999, 23). 그런데 여러 가지 명분과 이유에도 불구하고 미국 정부의 올림픽 보이콧 결과를 긍정적으로 평가하기는 어렵다. 왜냐하면 미국의 올림픽 참가 거부는 소련의 아프가니스탄 조기 철수를 유도하지도 못했으며 4년 후 자국에서 개최된 올림픽에 대한 보이콧이라는 역풍으로 돌아왔기 때문이다(Young 2008, 68).

제2절 뮌헨 올림픽(1972) – 모스크바 올림픽(1980)

1. 뮌헨(Munich) 올림픽(1972)

동·서 관계에 깊이 스며있었던 냉전의식은 전 세계 정치, 사회 상황에 많은 영향을 미쳤다. 뮌헨 올림픽을 뒤흔든 테러 사건은 냉전적 국제정세와는 직접 연관되지 않았지만, 중동지역의 고질적인 이스라엘과 팔레스타인 간의 반목과 갈등이 중요한 원인이 되었다. 제20회 뮌헨 올림픽도 불행하게도 정치적 테러리즘을 비켜갈 수 없었다. 팔레스타인 테러리스트들은 뮌헨 올림픽 선수촌에서 11명의 이스라엘선수들을 암살하였다. 뮌헨 올림픽 참사 혹은 뮌헨 학살(Munich massacre)사건으로 불리는 이 사건은 1972년 9월 5일 서독 뮌헨에서 개최된 1972년 하계 올림픽 기간에 일어난 테러사건이다. 테러 단체인 검은 9월단이 11명의 이스라엘 올림픽 선수들을 인질로 잡고 협상을 시도했으나, 경찰의 테러 진압 미비로 인해 팀 전원이 살해된 사건이다.

이 사건에 대해 이스라엘 정부는 즉각 보복을 감행함으로써 팔레스타인 게릴라 기지를 포격하였다. 이로 인해 수백 명의 팔레스타인 사람들이 사망하였다. 또한 이스라엘은 팔레스타인 지역에 대한 폭격과 함께, 정보기관을 통해 자신들에게 입힌 피해에 상응하는 보복을 위해 검은 9월단 멤버의 암살을 계획하였다. 골다 메이어와 고위 각료들로 구성된 비밀위원회를 조직한 뒤 위원회는 정보기관 모사드에게 뮌헨 참사에 직·간접적으로 연관된 자들에 대한 정보 수집을 지시하고, 이 정보를 기초로 위원회는 암살 대상을 결정하였다. 모사드 내부의 '바요넷'(Bayonet)이라 불리는 부대에게 암살 실행을 지시했다. 이른바 '신의 분노 작전'이라고 명명된 군사작전에 대하여 이스라엘과 모사드는 공식적인 입장을 표명하지 않았으나, 20명 이상의 팔레스타인 무장조직원들이 암살된 것으로 알려져 있다.

제20회 올림픽은 개최 전부터 또 다른 정치적인 쟁점이 이미 예견되고 있었다. 로디지아(Rhodesia)는 뮌헨 올림픽에 참가하기를 원했지만 인종분리정책이 문제가 되었다. IOC는 로디지아의 출전을 승인하였으나 많은 아프리카 국가들은 로디지아의 인종차별정책에 반대하였다. 또한 이들 국가들은 만약 로디지아의 올림픽 출전이 공식적으로 허용된다면 올림픽 대회에 집단적으로 참석하지 않을 것임을 천명하였다. 결국, IOC는 이러한 압력에 굴복하여 로디지아의 독립국으로서의 참가 승인을 취소하였다. 대신 IOC는 로디지아를 영국의 속국으로 출전하도록 함으로써 로디지아의 올림픽 참가 문제에 대하여 아프리카체육위원회와 타협점을 찾았다. 일곱 명의 흑인선수로 구성된 로디지아 올림픽 대표단은 남로디지아가 아닌 로디지아를 상징하는 운동복을 입고 올림픽에 참가하였다. 로디지아와 남아프리카 공화국에서는 두 나라 정부의 인종 분리 정책에 저항하는 '흑인민족주의 그룹'(Black Nationalist Groups) 게릴라들의 활동이 증가하고 있었다. 남아공과 로디지아 소수 백인정부의 인종차별적 태도는 이들 나라에서 흑인들에 대한 동정심을 증폭시키고 있었다. 인종주의는 남아공과 로디지아에만 국한되지 않았다. 우간다 대통령 아민(Idi Amin)은 우간다에서 모든 아시아인을 추방하였다.

독일에서 열린 두 번째 하계 올림픽인 뮌헨 대회에서 독일은 민주주의와 새로운 이미지를 상징화하였다. 이 대회의 공식 모토인 '행복한 경기'와 엠블럼 "밝은 태양"은 이러한 노력의 표상이었다. 국호 문제로 참가가 지연되었던 북한이 하계 올림픽에 처음으로 출전하였다. 올림픽에 처음으로 참가한 북한은 리호준이 소구경 복사 종목에 출전해 599점의 세계신기록으로 우승하며 북한 최초로 올림픽에서 금메달을 획득하였다. 그는 우승소감으로 "김일성의 교시에 따라 표적을 적으로 생각하고 쐈다"고 말해 올림픽 정신에 위배되는 정치적 발언으로 물의를 일으켰다. 이후 북한 올림픽 선수단은 국제사격연맹에 공식 사과를 하는 것으로 이 문제는 매듭지어졌다.

올림픽 경기는 근대5종, 농구, 레슬링, 배구, 복싱, 사이클, 수영, 승마, 양궁, 역도, 요트, 유도 등 23개 종목, 195개 세부 종목에서 실시되었다. 미국의 스피츠(Mark A. Spitz)가 수영에서 올림픽 사상 첫 7관왕, 소

련의 여성 체조선수인 코르부트(Olga Korbut)가 3관왕에 올랐다. 한국
은 46명의 비교적 소규모선수단을 구성하여 복싱·레슬링·배구·유도·
역도·사격·육상·수영 8개 종목에 출전하였다. 유도 미들급의 오승립 선
수가 은메달을 획득하는 데 머물러, 종합성적은 121개국 가운데 33위에
그쳤다. 북한은 올림픽에 처음 참가하여 사격에서의 금메달을 포함하여
은메달 1개, 동메달 3개로 22위라는 좋은 성적을 올렸다. 대회 우승은 금
메달 50개의 소련이 차지했으며, 미국(금메달 33개), 동독(20개),서독(13
개), 일본(13개)이 그 뒤를 따랐다.

2. 몬트리올(Montreal) 올림픽(1976)

아마추어리즘이 쇠퇴하면서 스포츠 상업주의의 영향력이 커지기
시작한 대회였다. 올림픽 무대에서 국가 간의 경쟁이 갈수록 치열해지고
스포츠의 대중적 관심과 인기가 점증하면서 스포츠 산업이 확산되자
올림픽의 핵심 이념인 아마추어리즘은 또 다른 변모를 거치게 되었다.
정치적 차원에서의 스포츠 민족주의와 경제적 차원에서의 스포츠 상업
주의로부터 올림픽 정신과 이상의 상징으로서 자리매김했던 아마추어
리즘은 시대적 변화에 따라 올림픽 헌장에서 삭제되었다. 1952년부터
1972년까지 재임한 브런디지 회장이 퇴임한 후 킬러닌(Lord Killanin)
위원장이 등장하면서 IOC는 시대 변화에 적응하는 현실 타협의 자세를

보여 마침내 1974년 올림픽 헌장에서 아마추어리즘을 삭제하게 되었다.

1970년 IOC 총회에서 소련의 모스크바, 미국의 로스앤젤레스와 경합 끝에 몬트리올 유치가 결정되었다. 제21회 올림픽경기대회는 1976년 7월 17일부터 8월 1일까지 캐나다의 몬트리올에서 개최되었으며, 92개국에서 6,084명의 선수들이 참가하였다. 치밀한 대회 운영이 돋보인 한편으로 남아공의 인종차별 문제로 인하여 아프리카 지역의 26개국이 불참함으로써 '오륜'(五輪)이 아닌 '사륜'(四輪) 대회가 되었다는 평가를 받기도 하였다. 몬트리올 올림픽은 중화인민공화국과 중화민국(대만) 간의 갈등이 그대로 올림픽 참가에 반영되었다. 주최국 캐나다는 국호 문제로 타이완의 입국을 거부하였고,[43] 이전 뮌헨 올림픽 대회의 '검은 9월 단 사건'을 교훈 삼아 모든 출전국 선수단의 안전유지에 가장 주안점을 두었다. 역대 올림픽 대회 사상 가장 엄중하고 삼엄한 경비를 펼쳤다는 평가를 받았다. 이에 따라 안전 비용이 상승하고 개최 비용이 눈덩이처럼 불어나 이 대회는 최악의 적자 올림픽이 되었고, 몬트리올 시의 재정 상태는 거의 파산 지경에 이르렀다.

한국은 72명의 선수단이 레슬링·배구·복싱·사격·유도 등의 종목에 출전하였다. 레슬링 페더급의 양정모는 정부 수립 이후 올림픽에서 첫 금메달을 획득하여 한국 스포츠사의 새로운 기원을 이룩하였다. 또

---

43 캐나다는 대만이 '타이완'의 국명으로 출전하는 것에 동의하지 않는다면 대만 대표 선수들의 입국을 금지하겠다고 발표하였고, 대만이 이에 동의하지 않자 결국 대만은 출전을 금지당했다.

유도 라이트급의 장은경이 은메달을, 유도 무제한급의 조재기와 미들급의 박영철, 레슬링 자유형 플라이급의 전해섭이 각각 동메달을 획득하였다. 여자 배구팀도 구기종목 사상 첫 메달인 동메달을 획득하였다. 한국은 금·은메달을 각각 1개씩 획득한 북한(21위)을 앞지르고, 금메달 1개, 은메달 1개, 동메달 4개로 종합성적 19위를 차지하였다. 종합 메달 순위는 금·은·동 총 125개 메달을 획득한 소련이 1위를 차지하였고, 총 94개의 메달을 획득한 미국과 총 90개의 메달을 획득한 동독이 그 뒤를 이었다. 금메달 순위에서는 소련이 49개로 1위를 차지하였고, 동독이 40개로 34개의 금메달을 획득한 미국을 앞섰다.

3. 모스크바(Moscow) 올림픽(1980)

1980년도 제22회 모스크바 올림픽에 대한 미국의 참가 거부와 역시 1984년 로스앤젤레스 올림픽에 대한 소련의 불참은 미국과 소련의 대결과 이데올로기의 대립이 세계 스포츠 행사인 올림픽에까지 그대로 투영되고 있음을 여실히 보여준 예라고 할 수 있다. 모스크바 올림픽은 미소간의 갈등 구조인 냉전체제의 대립 질서를 그대로 반영하였다. 1896년 근대올림픽의 부활 이래 올림픽 역사상 처음으로 미국은 올림픽의 참가 거부를 선언하고 주도했다. 이 참가 거부는 미국의 국가올림픽위원회(USOC: United States Olympic Committee)가 주도한 것이 아니고 카터(Jimmy Carter) 행정부의 전략적 선택에 따른 정치적 결정으로 이루어졌다.

이러한 미국의 올림픽 보이콧 결정의 배경에는 소련의 아프가니스탄 침공이 있었다. 1978년 4월 소련은 자국과 국경을 접하고 있는 아프가니스탄 정부를 전격 점령하여 꼭두각시 정부를 수립하였다. 그러나 아프가니스탄 내의 이슬람 부족들은 이에 대항해 공산주의자들에 대한 성전(Jihad)을 선언하고 끊임없이 반군 활동을 전개했다. 이에 따른 극심한 정치적 대치상황으로 소련을 등에 업은 카불 정부는 제 기능을 수행할 수 없었다. 또한 당시 아프가니스탄을 이끌던 아민(Hafizullah Amin) 대통령이 살해되었고, 체코에 망명하였던 친소파인 카말(Babrak Karmal)이 정권을 잡았다. 미국은, 아프가니스탄과 긴 국경을 공유하고 있는 파키스탄에까지 소련의 정치적 개입이 이루어지는 것에 큰 우려를 나타냈다. 이미 미국은 파키스탄과 동맹관계를 맺고 사회주의 세력의 위협에 공동대처하기로 하였다. 1980년 1월 4일, 카터 대통령은 대국민 연설에서 소련에 점령당한 아프가니스탄은 이란과 파키스탄을 위협하고 있으며 전 세계 석유공급뿐 아니라 미국과 그 우방국들에 대한 심각한 위협을 자행하고 있다고 비판하였다.

소련의 아프가니스탄 침공에 반대하여 카터 대통령은 전 세계 국가들이 1980년 모스크바 올림픽 참가 거부에 동참할 것을 제안하였다. 미국은 소련의 아프가니스탄 침공이라는 정치적 이유로 모스크바 올림픽 대회를 연기하거나 취소시키고자 하였다. 미국이 IOC의 의사결정 과정에 영향을 미쳐 모스크바 올림픽 개최를 변경시키는 조치를 취할 수 있다면 국제적인 차원에서 소련의 침략행위를 비판할 수 있고, 이에 대한 선전전에서 의미 있는 승리를 거두는 것이었다. 1980년 들어 백악관과 미국 의회는 결국 모스크바 올림픽 개최에 대한 정치적 결정을 주도하였다. 백악관은 아프리카의 이슬람 국가, 유럽 국가, 캐나다, 뉴질랜드, 호주 등을 포함하여 50여개 국가가 올림픽 참가를 거부하는데 찬성했다고 밝혔다.

그러나 올림픽 초청 수락 여부는 각국 올림픽위원회가 결정할 일이었다. 미국 올림픽위원회는 미국 올림픽 관련 업무를 총괄하였고 마찬가지로 다른 나라들도 비슷한 유형의 조직체를 갖추고 있었다. 형식적으로는 이러한 각국 위원회들이 IOC를 구성하고 있었지만 실제로 IOC가 그렇게 운영되지는 않았다. 각국 올림픽위원회(NOC)는 어떠한 종류의 정치적, 종교적, 경제적 압력에도 구애받지 않고 올림픽 정신에 입각하여 결정하고 활동해야 한다는 원칙을 갖고 있었다. IOC 규약과 올림픽 원칙에 상충하는 어떤 일에도 관여할 수 없다는 규정이 있었다. 그러나 현실은 제도나 규정과는 다르게 작동하였다.

카터 대통령은 1980년 2월 20일로 최종시한을 설정하며 "소련이 다음 달 안으로 아프가니스탄에서 군대를 완전히 철수하지 않는다면, 모스크바는 평화와 선의를 다지는 축제의 장으로 적당한 곳이 될 수 없다"고 밝혔다. 미국정부는 미국 올림픽위원회가 이에 대한 찬성 결정을 내려주기를 기대했다. 결국 전 세계에 걸친 각국 올림픽위원회의 올림픽 참가에 대한 기대와 모스크바 올림픽 참가 거부를 주도한 미국의 영향력에서 자유롭지 못한 각국 정부의 정치적 입장이 갈등을 노정하였다. 일

찌감치 영국 정부는 모스크바에 선수단을 보내지 않을 것이라고 발표했다. 3월 12일 카터는 올림픽과 후원 관계를 맺고 있는 기업들에게 대회를 후원하는 어떠한 거래도 중단해 줄 것을 요청하였다. 3월 29일에는 소련과의 올림픽 관련 사업을 금지하는 행정 명령을 내렸다.

모스크바 올림픽을 반대하는 미국 정부의 선전과 설득 노력은 미국인들의 여론을 모스크바 올림픽 참가 거부로 이끌었다. 미국 올림픽위원회는 모스크바 올림픽의 참가가 국가 안보에 위협이 된다면, 미국 선수단을 보내지 않겠다고 선언하였다. 이러한 올림픽 참가 거부 사태를 겪으면서 IOC를 이끌었던 킬러닌 위원장은 1980년 사임하였고, 스페인 출신으로 1966년부터 IOC 위원직을 맡아 오던 사마란치(Juan Antonio Samaranch)가 새로운 IOC 위원장이 되었다.

우여곡절 끝에 반쪽 대회로 개최된 제22회 모스크바 올림픽 경기대회는 1980년 7월 19일부터 8월 3일까지 개최되어 80개국에서 5,179명의 선수들이 참가하였다. 올림픽 사상 처음으로 사회주의권 국가에서 열렸으나, 1979년에 일어난 소련의 아프가니스탄 침공으로 인해 미국을 비롯해 서독·일본·한국 등 67개국의 불참으로 가장 위기를 맞은 대회였다. 올림픽에 참가한 60개 국가들은 개막식과 폐막식에서 그들의 국기 행렬을 거부하였다.

서방국가들의 불참으로 주최국 소련과 동독이 대회 전체 메달의 51%, 전체 금메달의 62%를 나누어 가졌다. 종합 메달 순위 1위는 총 195개의 메달을 획득한 소련이 차지하였고, 그 뒤를 동독(126개), 불가리아(41개)가 이었다. 금메달 순위 역시, 소련이 80개로 1위, 동독이 47개로 2

위를 차지했고, 불가리아, 쿠바, 이탈리아가 각각 금메달 8개를 획득하며 공동 3위를 기록하였다. 한국에서는 선수단 대신 대회기간 중에 열리는 각종 국제 스포츠회의에 소수의 회의대표를 파견하고, 각 경기연맹이 개인자격으로 지명하여 초청한 국제심판과 심판원을 참가시켰다.

제3절 LA 올림픽(1984) – 서울 올림픽(1988)

1. 로스앤젤레스(Los Angeles) 올림픽(1984)

1984년, 미국 대통령은 보수주의자로 평가받는 공화당의 레이건(Ronald Reagan)이었다. 레이건은 소련을 '악의 제국'(The Evil Empire)으로 묘사하면서 소련과의 갈등 국면을 조성했고, 소위 '신 냉전'(New Cold War)의 국제질서를 도래시켰다는 평가를 받았다. 소련은 1980년 모스크바 올림픽 참가 거부를 미국이 주도한 것에 대하여 미국 정부에 대한 반감을 갖고 있었다. 당시 소련이 재정적 어려움에도 불구하고 90억 루블에 달하는 엄청난 비용을 들여 준비한 모스크바 올림픽 참가를 거부한 것에 대하여 부정적 의식을 갖고 있었다.

모스크바 올림픽을 전후로 행해졌던 미국과 소련 사이의 선전 공세가 다시 한 번 올림픽의 장으로 이전되었다. 소련은 언제나 올림픽의 '비공식적'인 우승팀으로 평가를 받았지만 그들의 이러한 성과는 소련과 동구권 선수들이 목숨을 걸고 서방세계로 망명하려고 한다는 미국의 정치적 선전 앞에 빛이 바랬었다. 소련은 선수들의 정치 망명 사건에 대해 큰 부담을 느끼고 있었다. LA 올림픽 대회 시작을 8주 앞둔 1984년 5월 말까지 참가 여부를 발표하도록 되어 있었기 때문에 소련은 대회참가 여부를 놓고 심각한 고민을 하고 있었다. 한편 미국의 LA올림픽 조직위원회(LAOOC: Los Angeles Olympic Organizing Committee)는 6천 명의 선수를 맞이할 준비를 할 것인가, 소련을 포함한 만여 명의 선수를 위한 준비를 할 것인가에 의문을 가지고 있었다.

결국 소련은 '미국이 올림픽 정신을 지키지 않았다'는 이유로 1984년 올림픽에 참가할 수 없다고 선언하였다. 소련은 여전히 미국 주도의 모스크바 올림픽 참가 거부에 대한 보복 차원에서 로스앤젤레스 올림픽 참가 거부를 결정하였다. 모스크바 올림픽 때는 미국의 주도로 반쪽 올림픽 대회가 치러졌고, 반대로 LA 올림픽에서는 소련의 주도로 루마니아와 유고슬라비아를 제외한 동구권 국가들이 올림픽 경기에 선수단을 파견하지 않았다.

소련의 LA 올림픽 보이콧 결정 배경 역시 복잡하고 다양하지만 가장 단순한 설명은 보상보복(tit-for-tat)이라고 할 수 있다. 소련의 아프가니스탄 침공 이후 LA 올림픽 때까지 국제정세는 복잡한 양상으로 전개되고 있었다. 특히 카터 행정부를 이은 레이건 행정부의 대소 인식과 태도는 매우 강경하였다. 1983년 3월 레이건 대통령은 백악관 TV 연설을 통해 소련의 핵미사일 무력화 전략으로 '전략방위구상'(Strategic Defense Initiative)을 발표하는 등 소련에 대한 압박 수위를 높여나 갔다.

이런 가운데 1983년 9월 발생한 대한항공 여객기 피격 사건은 미국인들의 대소 인식을 굳힌 결정적인 계기가 되었다. 이 사건 후 미국 내에서 반소 정서가 급격히 고조되는 가운데 캘리포니아 주 의회는 소련을 비난하는 결의를 채택하는 동시에 LA 시 당국에 소련 선수단의 입국 금지를 권고하였다. 더욱이 자신들을 '소련참가금지연합'(Ban the Soviet Coalition)이라고 밝힌 남부 캘리포니아 주민 모임은 소련 선수들의 경기 참가를 금할 것을 요구하는 탄원서를 돌리면서 경기 기간 동안 공공 항의 집회를 개최할 것임을 위협하였다. 따라서 이러한 상황에 직면하여 소련은 미국의 적대 행위와 선수단에 대한 신변안전 우려를 참가 거부의 명분으로 삼을 수 있었다. 양국 간 갈등의 피해를 줄이기 위한 IOC의 노력에도 불구하고 LA 올림픽은 소련을 위시한 동유럽 사회주의권, 쿠바 등 다수 국가가 참가를 거부한 가운데 치러졌다.

그러나 냉전 시기에 사회주의 국가의 의미로 '붉은 중국'으로 불리기도 했던 중국은 로스앤젤레스에 선수단을 파견하였다. 타이완의 참가를 이유로 수십 년간 중국은 올림픽에 참가하지 않고 있었다. 카터 대통령은 타이완과 외교관계를 단절하고 중국을 공식적으로 인정하며 하나의 중국이라는 외교정책을 수립하였다. 그러나 1984년 백악관의 주인은 카터가 아닌 강력한 반공주의자 레이건이었다. 그럼에도 중국은 LA 올림픽에 참가하였다. 대만은 타이완으로 출전하였고 중공은 '중국'으로

200명의 선수단을 출전시켰다. 중국의 대회 참가에 대한 시위와 테러 우려가 있었지만 표출되지 않았고, 중국 선수들의 안전 보장뿐만 아니라 다른 참가국 선수들의 보호를 위한 대비책이 마련되었다. LAOOC는 가장 안전하고 경제적인 차원에서 성공적인 대회라는 평가를 받고 있다.

1980년과 1984년 상호 보이콧은 양국 정부의 관계가 좀 더 우호적이었다면 피할 수도 있었을 것이다. 하지만 신냉전의 대결 구도가 심화되는 상황에서 양 진영은 올림픽을 화해와 평화의 기제로 활용하기보다는 이를 정치적 의사 표출의 수단으로 이용하려는 의지를 분명하게 드러냈다. 그 결과 올림픽 운동은 심한 파열음을 내게 되었고, 올림픽의 비정치화라는 모토 또한 훼손되었다.

메이저리그 커미셔너 출신인 우버로스가 이끈 로스앤젤레스 올림픽 조직위원회는 종종 '스파르타 올림픽(Spartan Olympics)'이라고도 불리는 올림픽 역사상 최초의 기업 경영 방식으로 올림픽 대회를 운영하였다. 이에 따라 올림픽 사상 최초로 대회는 2억 달러의 이윤을 남겼다. IOC는 이윤이란 표현 대신 잉여금을 선호했다. 당시는 올림픽에 소요되는 천문학적인 비용과 대회의 정치적 성격 때문에 많은 도시들이 개최 신청서 제출에 부담을 느끼고 올림픽 개최 도시 결정에 난항을 겪는 상황이었다. 올림픽 대회에서 돈과 관련되는 모든 권한에 대해서는 IOC가 독점적인 권리를 행사해 왔다. 따라서 대부분의 올림픽 개최 도시들이 막대한 부채를 떠안게 되었고 IOC 역시 개최 도시들이 손실을 입는 것을 예상하고 있었다. 그럼에도 IOC는 대회의 재정적인 측면에서의 독점적인 권리를 고수하고 있었다. 당시 로스앤젤레스 외에 올림픽 개최를 심각하게 고려하였던 유일한 도시는 이란의 테헤란이었을 만큼 올림픽 개최에서 재정적 문제는 올림픽 개최 결정에 부정적 영향을 미쳤다.

　　IOC가 도시들로부터 개최 신청서를 받아내는데 어려움을 겪고 있음을 인식하고 LAOOC는 협상을 통하여 그 동안 어느 도시도 누리지 못했던 큰 양보를 IOC로부터 얻어 냈다. 그 첫 번째는 모든 재정적 책임으로부터 로스앤젤레스 시를 보호하는 조항이었다. 이 조항으로 LAOOC는 주요 자금 확보를 위해 기업 후원을 받고 광고를 판매할 수 있게 되었다. 전통적으로 IOC가 올림픽의 상업적 성격에 대한 모든 권한을 독점했었지만, 이 조항에 따라 LAOOC의 동의 없이는 어떠한 선택도 할 수 없게 되었다. 두 번째로 LAOOC는 수백만 달러의 수입을 보장하는 올림픽 TV 중계권을 놓고 협상할 수 있는 권한을 가지게 되었다. IOC는 LAOOC의 요구를 받아들였고 제23회 올림픽의 상업주의화에 동의하였다. 제23회 LA 올림픽을 통해 올림픽이 점차로 상업적 목적으로 이용되는 새로운 문제점들이 야기되었다. 당시 《뉴스위크》지에서도 '미국 기업은 올림픽을 스포츠 경기라고 생각하기보다는 단지 기업의 상업적 발전을 위한 시장이나 상품의 거래처로 생각한다'고 평가하였다 (Eitzen & Frey, 1988).

　　제23회 LA 올림픽 경기대회는 1984년 7월 28일부터 8월 12일까지 개최되었다. 세계 140개국에서 23개 종목에 걸쳐 6,829명이 참가하였다. 52년 만에 다시 대회를 개최한 미국은 올림픽을 2번 개최한 3번째 나라가 되었다. 제22회 모스크바 올림픽 경기대회에 불참한 미국에 대한 보복으로, 소련을 비롯한 동유럽권 국가와 북한, 쿠바 등 14개국이 불참하는 정치적 문제가 야기된 대회였다. 반면 중국은 1980년 모스크바올림픽에는 불참했지만 1984년 LA올림픽에는 사상 최대 규모의 선수단을 파견함으로써 스포츠 강대국 대열에 올라섰다. 전체 140개국이 참가했고, 580만 명의 관중과 2억 1500만 달러의 흑자를 낸 대회라는 기록을 남겼다. 종합메달 순위로는 미국이 총 174개의 메달로 1위를, 서독이 총 59개의 메달로 2위를, 루마니아가 총 53개의 메달로 3위를 차지하였다. 금메달 순위에서도 금메달 83개를 획득한 미국이 1위를 차지하였고, 동구권 국가 가운데 유일하게 참가한 루마니아가 금메달 20개로 2위에 올랐다. 그 뒤를 서독(17개), 중국(15개), 이탈리아(14개)가 이었다. 한국은 금메달 6개, 은메달 6개, 동메달 7개로 메달순위 10위라는 그 당시까지 역대 올림픽 참가 사상 최고성적을 거두어 제24회 서울 올림픽 개최국으로서 위상을 재정립하였다.

2. 서울(Seoul) 올림픽(1988)

한국을 수식할 때는 '20세기의 기적'으로 일컬어지는 일본의 발전과 비교하면서 '아시아의 경제 기적'이라는 수식어가 붙곤 한다. 물론 남북분단과 한국 전쟁의 상흔은 여전히 한반도를 둘러싸고 있다. 당시 한국의 정치 혼란과 북한의 테러 위협 등으로 인하여 1988년 올림픽 개최지의 서울 결정에는 많은 어려움이 존재했다. IOC의 입장에서도 올림픽 개최지를 서울로 결정하기까지는 과거 멕시코 올림픽의 악몽도 여전히 남아 있었다. 올림픽에 반대하는 학생 시위를 진압하기 위해 정부가 군대를 동원하였던 1968년 멕시코 올림픽을 되풀이하고 싶지 않았던 것이다. 그러나 한국은 서울 올림픽 개최를 위해 국가올림픽위원회뿐만 아니라 정부와 민간 차원에서도 물심양면의 지원을 아끼지 않았다.

제24회 올림픽 경기대회를 서울에서 개최하기 위한 유치활동은 1979년 9월 19일 국민체육심의위원회 7인 소위원회의 유치결의에서부터 비롯되었다. 이 결의는 9월 21일 정부에 의해 정식으로 승인되었으며, 10월 8일 서울특별시장이 올림픽 유치계획을 공식발표했다. 1980년 3월 7일 문교부 체육국 주재 관계기관 회의를 계기로 올림픽 유치활동은 본격적으로 시작되었으며, 대한올림픽위원회(KOC: Korean Olympic Committee)와 서울특별시가 올림픽 유치 후보도시로 IOC에 개최국 유치 신청을 하였다. 이에 12월 15일 IOC는 대한올림픽위원회에 올림픽 유치에 따른 질의서를 보내었으며, 12월 23일 문교부에 올림픽 유치 대책협의회가 구성되어 질의응답서 작성 등 유치 신청을 위한 실무 작업이 본격화되었다.

이어 1981년 2월 13일 국제올림픽위원회로부터 서독 바덴바덴 총회에 참석할 대한민국 대표단원 규모를 통보해 달라는 요청이 왔다. 2월 26일 정식답변서를 제출하고 3월 27일 올림픽 유치대책위원회 및 세부계획안을 작성했다. 그 후 동년 4월에는 IOC의 올림픽 개최지 조사단이 방한했다. 또한 6월초에는 9일부터 11일 사이 국제 스포츠연맹(International Sports Federation, ISF) 조사단이 서울을 다녀갔으며, 7월에는 전상진 대한올림픽위원회 부위원장이 베네수엘라에서 개최된 미주 국가올림픽위원회 총회에 참석하여 올림픽 개최지 유치교섭을 벌였다. 마침내 1981년 9월 30일 바덴바덴에서 열린 제84차 국제올림픽위원회 총회에서 서울과 유치 도시 경쟁을 벌인 일본의 나고야(名古屋)를 물리치고 서울이 1988년 하계 올림픽 개최지로 선정되었다. 이 총회에서 IOC 위원들의 투표 결과 예상을 뒤엎고 52:27로 서울이 개최권을 획득했다.

인류의 화합과 번영을 모토로 하는 스포츠 대제전인 올림픽을 서울에서 개최한다는 소식은 분단국가인 대한민국을 통해 국제적 냉전의 해빙에 대한 기대를 세계에 전했다. 특히, 1980년 모스크바에서 개최된 제22회 올림픽 대회는 소련의 아프가니스탄 침공을 이유로 미국을 비롯한 서방 60여 국이 불참하였고, 1984년 로스앤젤레스에서 개최된 제23회 올림픽 대회는 소련 등 동유럽 국가 18개 국가에서 불참하였다. 이처럼 올림픽이 냉전의 정치적 대결로 중대한 시련에 빠져 있었던 시점에서, 분단국가인 대한민국에서 제24회 대회를 성공적으로 개최한다면 세계평화에 새로운 전환점이 마련된다는 상징성을 가질 수 있었던 것이다. 스포츠를 통한 동서의 화해, 그것은 이념과 체제의 갈등을 해소하고 인류의 영원한 전진을 약속한다는 의미에서 새로운 관심을 집중시켰다고 볼 수 있다.

다음으로 멕시코를 제외한 역대 올림픽 개최국이 모두 선진국이었는데, 대한민국은 선진국도 후진국도 아닌 개발도상국이라는 점에서 또다른 의미를 부여하였다. 한국은 올림픽 개최를 계기로 공산권 및 미수교국과 경제·문화·스포츠 교류를 활발히 추진하게 되었다. IOC가 서울 올림픽 개최를 결정한 것도 인류의 스포츠 대제전이 정치적인 이유로 손상되거나 변질될 수 없다는 실천적 의지를 피력한 것으로 평가되었다.

서울 올림픽에서는 과거 정치적인 이유로 함께 하지 못했던 러시아, 미국, 동독이 12년 만에 올림픽에 함께 참가하였다. 그러나 북한은 1987년 다른 국가들이 서울 올림픽의 안전에 의문을 가지고 참가를 염려하게 할 목적으로 대한항공 비행기를 격추시키는 사건을 일으켰다. 북한은 올림픽 참가 거부를 선언하고 쿠바와 함께 서울 올림픽 참가를 보이콧했다. 남한은 북한으로부터 상당한 외적인 정치적 긴장과 위협을 받았다. 이는 올림픽 경기를 방해하지 않겠다고 선언한 공산주의 우방 소련과 중국의 입장과도 부합하지 않는 것이었다. 한국은 정치 시위와 테러 행위에 대비하여 19만 명의 안전요원을 경기장에 배치하였다.

또 다른 문제는, 국가주의와 관련된 한국과 일본의 대립관계이다. 한국은 일본과 역사적으로 서로 대립하여 왔을 뿐만 아니라 일본에 의한 식민지배 역사를 경험하였다. 이에 따른 파급 효과를 우려하는 시각이 상존하였다. 서울 올림픽 관람을 원하는 일본 올림픽 관광객들이 한국에서 어떤 대우를 받을지에 대한 염려가 있었다. 한국과 일본 사이의 긴장 관계는 유도 경기에서 드러났다. 양국 선수들은 수천 명의 환호하는 관중들 앞에서 금메달을 놓고 겨루고 있었다. 한국과 일본 관중 사이의 충돌이 우려되었으나 기우였다. 결과적으로, 금메달 4개를 기대했던 일본은 러시아에 기세가 꺾이며 금메달 하나에 그쳤다.

1988년 9월 17일 토요일에 개막한 서울 올림픽은 1988년 10월 2일 일요일에 막을 내렸다. 세계 각국의 159개 국가를 대표하여 8,465명의 선수들이 참가하였고, 올림픽 사상 처음으로 여자 선수들의 수가 2천 명을 상회하여 2,186명에 달했다. 올림픽의 정치적 속성을 배제할 수는 없었지만, 미국과 소련에 의해서 반쪽 대회로 전락한 모스크바 올림픽이나 LA 올림픽에 대한 반작용으로 이전 대회에 비해 정치적 갈등 구조가 표출되지는 않았다. 오히려 올림픽의 탈정치화 무드 속에서 올림픽 운동의 확산 경향이 나타났다.

그러나 올림픽의 아마추어리즘은 이제 중요한 이슈에서 밀려나고 있었다. 올림픽 선수들은 이나 정부의 포상금으로 거액을 거머쥘 수 있었고 광고 출연이 허용되었다. 정치적 논란이 줄어든 것과 함께 아마추어 논쟁이 거의 잦아들고 프로선수들이 대회에 참여함에 따라 올림픽을 둘러싼 아마추어리즘 논쟁은 사라졌다. 테니스, 축구에 이어 농구의 프로선수 참가를 허용했고 정식으로 채택된 야구도 프로선수의 참가가 허용되어 순수 아마추어리즘이 퇴색되었다. 그러나 새로운 문제들이 불거졌다. 경기력 향상을 위한 금지 약물 복용이 주요 쟁점으로 부각되었다.[44] 제24회 서울 올림픽에서 1위를 차지한 국가는 소련으로 금메달 55개, 은메달 31개, 동메달 46개를 획득하였으며, 2위에는 금메달 37개의 동독, 3위에는 금메달 36개의 미국, 4위에는 금메달 12개의 한국, 5위에

---

[44] 가장 관심을 끌었던 종목 중의 하나인 육상에서 캐나다의 벤 존슨이 약물을 복용하지 않았더라면 육상 100m 트랙경기에서 그가 세운 9초79라는 기록이 제24회 서울 올림픽을 빛내는 가장 화려한 세계신기록이 될 수 있었을 것이다. 그러나 불행하게도 벤 존슨은 IOC에서 복용 금지약물로 발표한 아나볼릭스테로이드를 복용한 사실이 밝혀지면서 기록과 함께 금메달을 박탈당하였다.

는 금메달 11개의 서독 등으로 순위가 결정되었다

제
5
장

냉전기 한국의 스포츠 외교

한국 스포츠 외교사의 역사적 전개과정에 관한 서술을 어떻게 할 것인가에 대한 적절한 방법론의 정립은 쉬운 일이 아니다. 이와 관련하여 이른바 외교사 연구를 위한 역사적 접근방법은 특정 국가 외교의 흐름을 기술하는데 있어서 유용성을 지니고 있다. 역사적 방법은 사실적인 문헌에 근거하여 역사의 진행과정을 일목요연하게 보여준다는 점에서 중요한 의미를 갖는다. 역사적 연구의 특징은 사실의 개별성, 즉 일회적이고 반복되지 않는 특수성과 더불어 반복되고 발전하며 계속되는 과정을 파악하는 것이다. 그러나 편년적인 측면에서 사적 기술이 이루어질 경우, 역사 연구가 추구하고자 하는 지속성이나 규칙성을 찾기가 용이하지 않다. 연속적인 변화 과정이나 단속적인 변혁 과정은 하나의 류(類)에서 다른 류(類)로의 전환이라는 본질적인 변화 패턴의 변증법적 논리 속에서 파악될 필요가 있다(한국정치외교사학회 1993, 30-31).

이러한 입장에서 정부의 변화에 따른 시기 구분을 통해 한국 스포츠 외교의 변화를 역사적 맥락에 따라 살펴본다. 그럼으로써 우선 각 시기에 나타난 역사적 사실로서의 한국 스포츠 외교가 그 시대의 객관적 상황여건에 어떻게 영향을 받았는가를 이해하는 것이다. 둘째는, 역사적 사실로서 스포츠 외교를 올바로 평가하기 위해서는 환경 변화에 따른 그 시대의 역사적 상황이 요구하는 당위적 스포츠 외교의 지향성이 무엇이며, 현실의 스포츠 외교는 그것에 부합하는 것이었는지를 평가하는 것이다(한국정치외교사학회 1995). 즉, 스포츠 외교를 통해 추구하는 목표와 방향을 파악하고 평가하기 위해서는 각 시기에 따라 변모하는 국내외 환경조건과의 상호관계를 이해해야 한다.

즉, 정치, 경제, 문화 등 어떠한 부문이든 특정 국가의 다른 나라와의 관계 설정은 그 나라가 처해있는 상황조건과 역사적 발전과정에 따라 기본성격을 달리 한다고 볼 수 있다. 특히 다른 나라와의 교섭, 협상, 경쟁 등을 본질로 하고 있는 외교에 있어서 국내외 상황여건과 자체의 능력 여부에 따라 목표 설정과 수단의 선택이 크게 좌우되게 마련일 것이다. 따라서 제1공화국부터 정부의 변화에 따른 시기 구분을 통해 한국 스포츠 외교의 역사적 변천과정을 살펴본다.

자본주의체제로서 한국이라는 국가는 안정된 사회질서와 복지에 대한 요구를 충족시키기 위하여 구성된 일련의 실체이다. 한국은 가장 빠르게 산업화된 국가 중 하나이다. 특히 권위주의 정부시절의 경우, 경제에 대한 적극적인 국가개입은 한국 경제발전의 중요한 특징이라고 볼 수 있다(Amsden 2000). 또한 이와 비슷한 맥락에서 한국에서 스포츠 외교의 전개과정도 세계에서 가장 성공한 스포츠 역사 중 하나로 평가된다. 한국의 스포츠 및 스포츠 외교의 발전은 적극적인 정부의 개입을 통해서 실현된 측면이 강하다.

물론, 스포츠에 대하여 국가가 관여하는 것은 올림픽과 같은 메가이벤트(mega-event)에서의 메달 획득을 통한 자국의 국제적 위상 증대와 관련되어 있다. 스포츠에 대한 국가 개입의 형태는 각국의 특성에 따라 다르게 나타났다. 예컨대 미국은 1970년대 법 제정을 통한 간접적인 지원형태로 정부개입이 이루어졌다. 일본은 재정 지원을 통한 인프라 구축과 행정 지원 등으로 1960년대부터 개입을 했다. 중국은 1970년대 후반 중국올림픽위원회가 국제올림픽위원회에 복귀하면서부터 스포츠 부문 특히 엘리트 스포츠에 개입하기 시작하였다. 중국 정부는 엘리트 스포츠 선수들의 경기력 향상을 위하여 재정, 시설, 인력 프로그램 등을 지원하였다. 스포츠에 대한 국가 개입의 정도에 따라서 정부주도형, 혼합형, 민간주도형 등으로 구분할 수 있다.

한국의 스포츠 외교는 정부주도형 성향이 강하지만, 민간 부문의 역할과 기능이 중요하게 작용되고 있다고 볼 수 있다. 또한 스포츠 외교를 포함하여 한 국가의 외교는 국내외 정세에 많은 영향을 받는다. 프랑켈(J. Frankel)은 외교에 영향을 미치는 환경 요소를 다음과 같이 꼽고 있다. 국제적 환경 요소로는 국가들의 집합으로 이루어지는 국제사회와 국가이익, 물리적 환경, 사회적 환경, 변화의 결과 등을 지적하고 있다. 또한 국내적 환경 요소로는 국민의 역할, 여론, 정치집단 등을 꼽고 있다(Frankel 1979). 따라서 스포츠 외교를 살펴볼 때도 환경 요소가 되는 국내외 정세에 대한 분석이 필요하다. 이러한 맥락에서 분석 대상이 되는 각 시기별 스포츠 외교의 외적인 틀로 환경적 요인을 구성하고 있는 국내외 정세를 개관하고 한국 스포츠 외교의 역사적 전개과정을 파악하였다.

제1절 이승만 정부

1. 국내외 환경

제1공화국 시기는 1948년 8월 15일 대한민국 정부수립이 선포되고 나서 1960년 4월 26일 4.19혁명으로 인하여 이승만 정부가 막을 내릴 때까지의 기간이다. 1945년 제2차 세계대전 이후 성립된 얄타체제에 따라 한반도는 미·소에 의해 분할 점령되었고, 남북한은 분리 독립되었다. 이러한 상황은 이후 한국 정치체제의 성격뿐만 아니라 외교의 틀을 규정짓는 한계요인으로 작용하였다. 제1공화국 시기에 한국외교의 목표와 방향은 현실적으로 분단구조, 이념적으로 국내외 반공노선, 민족사적으로 반일노선, 지정학적으로 1949년 중화인민공화국의 수립과 소련의 이념적 적대로부터 제약을 받는 시기였다(한국정치외교사학회 편 1995).

이처럼 이승만 정부 시기의 외부환경은 전후 정치·군사질서의 재편과정에서 각종 반공체제가 형성되어 국제적인 냉전질서가 구조화된 시기였다. 따라서 한국 스포츠 외교도 이러한 제약조건에서 자유로울 수 없었다. 스포츠 외교의 주요 대상국들도 미국을 비롯한 자유주의 국가들로 제한될 수밖에 없었고, 그 구체적인 활동, 목표 그리고 달성 수단 등도 이러한 틀 속에서 표출되었다고 볼 수 있다. 또한 이승만 정부는 미군정의 지지 속에 집권하였고, 이러한 상황에서 출범한 이승만 정부는 미국의 반공산주의 정책을 통치 철학으로 계승하였고, 정권의 기반을 미군정 시대부터 세력을 구축해 온 보수우파 중심의 인사들이 차지하고 있었다.

제1공화국 시기 외교의 기저는 자유민주주의 수호를 위한 적극적 반공이라는 입장에서 전개되었다. 즉 공산국가를 무차별적으로 적대시하여 외교통로의 단절, 좌경 중립국에 대한 비우호국 규정, 할슈타인원칙의 견지, 북한과 접촉하는 행위의 비우호시, 두 가지 한국론에 대한 철저한 배격 등이다(이용희 1987, 210).

2. 이승만 정부와 스포츠 외교

일제로부터 독립한 이후 한국은 비로소 1948년에 새로운 헌법을 제정하였다. 스포츠와 관련된 정부부처로 문교부가 창설되었고, 아마추어 스포츠와 학교 체육을 담당하는 부서가 문교부 내에 설치되었다.[45] 그 시기에 스포츠 부문은 분명한 행정적 틀로 제도화되지 못하였다. 따라서 중요한 스포츠 부문은 민간 스포츠단체에 의해서 주도되었다(이학래 외 1994, 195-197). 한국전쟁 이후, 1950년대 기간 동안 민족주의는

---

45 1950년대에 모든 스포츠를 관장하는 행정 담당자는 4-5명에 불과하였다(문교부 1971).

공산주의 국가들 블록뿐만 아니라 일본에 대한 대항의 의미로 자리매김했고, 정치적 소요와 가난과 빈곤의 시대로 지칭된다. 이 시기에 스포츠 분야는 건강과 위생의 부문으로 여겨졌다. 1950년대에 스포츠에 대한 정부의 개입으로 특기할 만한 스포츠 정책은 별무하였다.

1945년 9월에 접어들면서 체육인들은 곧바로 조선체육회와 각종 경기단체들은 재건하려는 노력을 모았고, 이와 함께 각종 경기단체들을 재건하거나 창립했다. 조선체육동지회는 조선체육회 재건에 앞서 1945년 9월 5일 이상백 위원장을 주축으로 출범하였다. 조선체육동지회는 조선체육회를 재건하기 위한 준비 작업으로 농구, 축구, 서울시 일주 단축 마라톤대회를 개최하였고, 경기대회를 통해 조선체육동지회에 대한 홍보와 조선체육회 재건의 의지를 알리려는 목적을 갖고 있었다. 성공적인 대회 개최로 제2차 경기대회인 '자유광복경축 전국종합 경기대회'를 개회하여 광복 후 전국규모의 경기대회를 독자적으로 개최하였다.

또한 조선체육동지회는 11월 26일 YMCA에서 조선체육동지회 제1차 평의원회의가 열려 조선체육회 헌장을 제정하였다. 그리고 여운형을 회장으로 추대하고 임원을 선출하였다. 이날 조선체육회 재건과 함께 회장으로 추대된 여운형은 조선체육회 제11대 회장으로 취임했다. 조선체육회 재건에 힘입어 체육계는 점차 내부 진용을 정비하면서 체육 활동을 통해 사회에 활력을 불어넣고 신생 광복 국가의 위용을 내외에 과시하기 위한 노력을 펼쳐 갔다. 또한 각종 체육단체들을 재조직하거나 창립을 주도하였다.

IOC 회원국이 되기 위해서는 국내 올림픽위원회 존재와 동시에 올림픽 대회 종목의 경기단체들이 각각 국제경기연맹에 가입되어 있어야 했다. 이에 따라 조선체육회는 1946년 7월 15일에 올림픽대책위원회를 조선체육회 산하에 설치하였다. 이어 조선체육회 산하 경기단체 가운데 올림픽 종목에 해당되는 육상, 수영, 축구, 농구, 역도, 권투, 레슬링, 빙상 등 각 경기단체에게 개별 국제경기연맹에 가입절차를 밟도록 했다(대한체육회 1990, 128).

이를 바탕으로 1947년 6월 20일 국제올림픽위원회의 정식 승인을 얻어 조선올림픽위원회는 여운형을 초대 위원장으로 하여 창립되었다. 대한민국 정부가 공식 출범하기 전에 국가 단위의 올림픽위원회로서 국제올림픽위원회로부터 승인을 받았다. 이러한 경우는 IOC 역사상 유래가 없었다(이학래 2008, 794). 조선올림픽위원회는 1948년 대한민국 정부가 공식 출범하면서 대한올림픽위원회로 그 명칭이 바뀌어 오늘에 이르고 있다.

또한 최초의 IOC 위원을 배출함으로써 스포츠 외교의 새로운 장을 열게 되었다. 1947년 6월 20일 제41차 스톡홀름 IOC 총회에서 대한올림픽위원회가 IOC 회원국으로 승인을 받은 지 8년만인 1955년 제51차 파리 IOC 총회에서 당시 대한체육회장 겸 KOC 위원장을 겸하고 있던 이기붕이 한국의 제1대 IOC 위원으로 선출되었다.

광복 이후 한국 체육의 재건을 위해 노력하던 한국 체육계에 1948년 제14회 런던 올림픽 대회 참가라는 또 하나의 도전 과제가 생겼다. 스포츠 외교에 있어서 대표적인 국제경기로 가장 성대하고 정치·외교적 기능과 특성을 지닌 올림픽 대회는 세계의 모든 장벽 즉 이념과 사상, 인종과 종교, 성과 빈부의 차, 언어 등을 초월하여 세계인의 화합과 전진 및 평화를 성취하려는 지구상의 가장 성공적이고 강력한 운동의 하나이다. 이처럼 당시 체육계의 지도자들과 한국 정부는 올림픽 대회 참가의 필요성을 느꼈을 것이다. 즉 신생 독립국으로 국제적 국가 신임도를 높이고 혼란스러운 당시 한국 사회를 하나로 통합할 수 있는 가장 적합한 방법으로 올림픽 참가를 선택했다.

1956년 멜버른 올림픽은 이념 대결의 장이 되기도 하였다. 1956년 11월 헝가리 공산화를 반대하는 부다페스트 시민을 향해 소련군이 개입하여 무력 진압한 사건이 발생하였다. 이에 대한 항의의 표시로 네덜란드, 스위스, 스페인이 대회 불참을 선언했다. 비슷한 시기에 프랑스, 영국 연합군은 수에즈 운하의 국유화에 대한 보복으로 이집트를 침공, 전운이 감도는 가운데 이집트, 이라크, 레바논 등이 올림픽 불참을 선언했다. 이러한 불안 상황에서 브런디지(Avery Brundage) IOC 위원장은 "올림픽을 정치적 목적으로 이용하려는 자들에게 무릎을 꿇을 수 없다. 올림픽 경기는 원래 개인 간에 이루어지는 것이지 국가 간 경쟁이 아니다. 따라서 어떠한 희생을 치르더라도 대회는 개최되어야 한다"고 피력하며 올림픽 정신을 지킬 것을 다짐했다.[46]

---

46 올림피즘을 강조하는 브런디지 위원장의 확고한 의지에도 올림픽 경기는 국가 간 경쟁의 격렬함을 보여주었다. 헝가리는 123명의 선수단을 멜버른올림픽에 파견, 소련의 침공에 대한 시위를 벌였고, 세계 최강의 실력을 가진 헝가리 수구 팀은 소련과의 경기에서 격전을 방불케 하는 치열한 경기로 경기가 중단되고 경찰이 동원되는 사건도 발생하였다.

한반도 문제의 중요한 사건으로 대회 기간 열린 IOC 총회에서 북한의 IOC 동시 가입 요청을 놓고 표결에 붙인 결과 25대15, 기권 4표로 결정을 무기한 연기하기로 의결했다. 북한은 헬싱키 올림픽부터 임원을 파견해 IOC 가입을 시도하는 등 끈질긴 공세를 벌여왔는데 이번 결정으로 한국의 입장을 지지하는 결과가 나타났다. 북한을 지지하는 공산권 국가는 "소련의 경우처럼 남북한이 함께 올림픽에 출전하면 어떤가" 하고 의사표시를 했지만 이기붕 IOC 위원과 이상백 선수단장은 "한국의 입장은 소련과 다르며 KOC는 한국 전체를 대표하는 것인 만큼 그 이외의 어떤 단체도 인정할 수 없다"고 명확히 밝혀 북한의 가입결정 보류안이 채택되었다(대한올림픽위원회 1996, 157).

제2절 박정희 정부

1. 국내외 환경

박정희 정부 시기는 1961년 5·16군사 쿠데타 이후 박정희 대통령의 사망으로 유신체제가 종언을 고한 1979년까지의 기간이다. 1960년대 들어서면서 국제정세는 미·소대결의 첨예화에서 점차 벗어났다. 1962

년 쿠바 미사일 위기의 외교적 해결 등을 계기로 데탕트 환경이 조성되었다. 물론 미국과 소련의 영향력은 막강하였으나, 과거의 절대적 위상이 점차 완화되면서 양극화의 대립 성향은 상당 부분 이완되었다. 즉, 자본주의진영 내부에서 서유럽 국가들과 일본이 부상하기 시작하였고, 사회주의권 진영 내부에서도 중·소 분쟁이 발발하는가 하면 비동맹 세력이 출현하였다. 그러나 70년대에 접어들면서 석유파동 등의 영향으로 군사안보에 못지않게 경제안보를 중시했고 중상주의적 입장에 따른 경제민족주의가 확산되었다.

정부의 주요 관심사가 경제발전에 집중되면서, 중앙집권화 된 강력한 권위주의 통치체제가 자리 잡았다. 박정희 정부의 지배 논리는 민족주의, 발전주의, 중앙집중주의의 조합으로 이루어졌다. 민족주의는 국가발전을 지향하는 이른바 현실적 민족주의를 내세우면서 국가 이익과 국가 통합을 강조하였다. 또한 발전주의는 그 어떤 요소보다도 경제개발을 명문으로 내세우면서 추구해야 할 우선 목표로 설정하였다. 중앙집중주의는 사회부문보다 우위에서 국가주도에 따라 정책의 집행성, 효율성을 강조하였다.

발전주의의 강력한 추진에 따라 성장 제일의 국가 정책이 현실화되었다. 사회적 복지, 부의 재분배 문제 등에 대한 적절한 고려 없이 경제성장 우선 정책이 집행되었다. 쿠데타를 통해 집권한 박정희 정부는 정치적 정통성을 만회하고, 집권 기반을 공고히 하기 위하여 경제발전 5개년 계획이라는 성장을 통한 발전전략에 집중하였다. 또한 중앙집권주의는 대통령과 정부 등 국가기관으로 힘이 집중되었다. 국가주도성을 강조하였지만, 스포츠는 상대적으로 많은 예산이 투여되지 않고 국가의 목적을 위해 쉽게 활용할 수 있는 부문이었다.

2. 박정희 정부와 스포츠 외교

1960년대부터 현대 한국의 스포츠는 비약적인 성장을 하였다. 국가의 의지가 개재된 정부의 적극적인 지원 정책을 바탕으로 엘리트 스포츠가 집중 육성되었고, 한국의 스포츠 외교도 급속한 발전을 이루었다는 평가를 받는다. 정부는 근대화와 복지사회를 건설하고, 한반도의 평화적 통일에 기여하며, 나아가서 국제적 경쟁을 슬기롭게 이겨내는 중요한 원동력으로 스포츠를 강조하였다(The Korea Times 1973. 10.12). 또한 북한에 대한 우위 그리고 올림픽과 같은 국제경기에서 국가의 위상을 제고하는데 스포츠를 내세우기 위하여 엘리트 스포츠 정책을 펼쳤다. 이 시기에 정부는 스포츠를 북한과의 대결이나 국제적 인지도 제고 등의 수단으로 활용하였다. 또한 북한이나 일본과의 스포츠 경기에서의 승리는 국민들의 국가적 자긍심을 높이는데 중요한 기여를 하였다.

1960년대, 1970년대에는 생활스포츠(sport for all)와 관련된 사항은 정부의 주요한 스포츠 정책으로 채택되지 못하였다. 이 시기에는 정부가 국민의 참여를 통한 레저와 스포츠 활동에 대하여 관심과 정책적 배려를 할 수 있는 여력이 없었다. 따라서 생활체육은 정부의 관심권 밖에 있었다. 당시 가장 중요한 것은 경제발전이었으므로, 생활스포츠는 국민적 참여의 복지적 맥락의 성격보다는 노동력을 활용하고, 국방을 공고히 하는데 필요했고, 국민들의 체력 증진이 중요한 요소이었다. 또한 이 시기에 정부는 스포츠를 북한과의 대결이나 국제적 인지도 제고 등의 수단으로 활용하였다. 또한 북한이나 일본과의 스포츠 경기에서의 승리는 국민들의 국가적 자긍심을 높이는데 중요한 기여를 하였다.

또한 문교부가 3, 4공화국 기간 동안 국가 스포츠 행정을 담당했다. 문교부 내의 스포츠 관련부서의 정책담당자는 20여 명까지 증원되었다. 스포츠 외교와 관련된 행정은 문교부 내의 체육국에서 담당하였다(문교부 1971). 1964년 1월 제22대 대한체육회장[47]에 민관식이 선출되어 1971년 6월까지 재임하면서, 스포츠 인구의 저변 확대, 지도자의 자질 향상, 시설 확충, 스포츠 과학의 발전, 체육 행정의 체계화 등 5대 슬로건을 내세워 업무를 추진하였다. 그는 취임과 동시에 체육 부흥을 위한 6개년 계획을 세웠다. 그는 대한축구협회 회장(1964), 대한올림픽위원회 위원장, 대한육상경기연맹회장, 아시아경기연맹(AGF) 평의원(1968) 등을 역임하면서 한국 스포츠 외교의 초석을 닦았다(스포츠사회철학회 2004, 93).

민관식은 대한체육회장 취임 직후 체육회의 민주화 작업과 병행해

---

47 역대 대한체육회장은 1920년 초대회장 장두현이 선출되면서 일제 강점기 동안 제10대 체육회장까지 배출되었다. 해방 후 처음으로 대한체육회장이 된 여운형을 초대회장으로 간주하여 민관식 회장을 제14대 회장으로 표기하기도 하지만, 대한체육회 홈페이지에는 일제 강점기인 1920년 7월 13일에 창립하였음을 명시하고 있고, 역대회장도 일제 강점기부터 현재까지의 순서대로 역대회장을 표기하고 있다.

서 대한올림픽위원회(Korea Olympic Council)의 독자성을 회복하는 법인체 발족 작업을 하였다. 5·16을 거친 당시의 시대적 상황에서 군 출신의 김동하, 이주일, 이효 회장 체제의 체육계 조직이 중앙집권적이었음은 피할 수 없는 현실이었다. 그러나 민관식은 민정으로 복귀된 마당에 비정치적인 체육단체의 민주화와 자율화를 당연한 것으로 여겼고, 체육인의 참여 확대를 위해서는 한국 스포츠의 양대 조직체인 두 단체를 수술하지 않을 수 없었다. 대한올림픽위원회가 법인체로 발족하는 것을 계기로 KOC는 1986년 제10회 아시아경기대회와 1988년 서울 올림픽을 유치·개최하게 되었다.

한국사회에서 엘리트 스포츠는 국력의 지표로 사용되어 국민의 기량과 정신이 엘리트 스포츠 성적에 그대로 반영되어 왔으며, 험난한 국제사회의 환경을 극복해온 과정과 일치하고 있다. 이러한 과정은 엘리트 스포츠가 일제하에서는 민족적 저항으로, 해방 후에는 북한과의 외교전쟁으로, 경제발전의 시대에는 국제사회에서 선진국을 따라잡는 민족의 기상으로서의 역할을 해왔다는 사실에서 찾아볼 수 있다(민관식 1994, 13).

1970년대는 격동의 시대라고 볼 수 있다. 박정희 정부는 10월 유신이라는 영구집권의 길을 터놓은 권위주의체제를 구축하였다. 특히 7·4 남북공동성명에 따라 남북관계는 '대화 있는 대결의 시대'로 접어들게 되었지만 표면상의 상호대화와 평화를 지향하는 모습과는 별개로 물밑에서는 치열한 남북경쟁이 진행되고 있었다. 특히 제20회 뮌헨 올림픽에서는 올림픽 사상 처음으로 남북 대결이 이루어졌다. 북한은 여자배구

3, 4위전에서 남한을 누르고 동메달을 획득하였고, 전체 메달 수에서도 남한은 유일하게 유도에서 오승립 선수의 은메달이 유일했으나, 북한은 사격에서 금메달을 따내는 등 남한과의 대결에서 우위를 차지하였다.

1972년에는 김택수가 제24대 대한체육회장으로 선임되었다. 1973년 6·23선언[48]에 따라 공산권과의 문호개방정책이 취해졌다. 이에 따라 스포츠 외교에도 공산권 및 비동맹 국가들과의 활발한 스포츠 교류가 실시되었다. 김택수는 1975년 국제복싱연맹(AIBA) 집행위원에 피선되었으며, 1977년 6월 한국에서는 4번째로 IOC 위원에 선임되었다. 이 시기의 스포츠 외교에서 태권도의 국제화가 중요한 역할을 하였다. 김운용이 1971년 1월 대한태권도협회 제7대 회장으로 취임하면서 태권도는 새로운 도약기를 맞았다. 태권도계 내부의 여러 파벌을 통합하기 위해 중앙 도장인 국기원을 준공하고, 기술과 이론을 정비하고 경기규칙과 운영방법을 개선하는 등 그동안 태권도계에 누적되어온 문제들을 해결하는 새로운 전기를 맞이하였다. 이러한 국내 기반을 발판으로 1973년 세계태권도연맹이 창설되었다. 태권도가 스포츠로서 국제적으로 발전할 수 있는 계기가 마련되었다.

---

48 1973년 6월 23일 박정희 대통령이 발표한 평화통일외교정책에 관한 특별성명으로서, 총 7개 항으로 구성되어 있다. 그 주요 내용을 살펴보면, 남북한은 서로 내정에 간섭하지 않으며, 남북한의 UN동시가입 및 북한의 국제기구 참여에 반대하지 않고, 호혜평등(互惠平等)의 원칙 아래 모든 국가에게 문호를 개방한다는 것이다. 이 선언은 기존의 '할슈타인원칙'에 따른 적대적이고 폐쇄적인 통일정책을 탈피하여 정부의 적극적인 평화통일 의지를 표방하였다

이를 바탕으로 1975년 10월 국제경기연맹총연합회(GASIF: General Association of International Sports Federation)에 세계태권도연맹이 가입하면서 태권도는 세계화의 중요한 첫발을 내디뎠다. 태권도가 IOC와 함께 세계스포츠의 양대 기구인 국제경기연맹에 가입한 것은 일본의 가라테 등 유사 단체와 국제무대에서의 주도권 경쟁에서 승리할 수 있는 토대를 마련한 것이다. 김운용은 무도로서 인식되어 왔던 태권도를 단기간 내에 세계적인 스포츠로 도약시킨 인물로 스포츠 외교의 일등공신으로 평가받고 있다(강기석 2001, 135). 그 후 1976년에는 국제군인체육회에 정식종목으로 인정되었고, 1980년 모스크바 IOC 총회에서 태권도가 정식종목으로 승인을 받았다.

제3절 전두환 정부

1. 국내외 환경

소련의 아프가니스탄 침공, 미국의 보수주의 레이건 정부의 등장 등 국제정세가 새로운 냉전의 흐름으로 회귀하였다. 이러한 상황 속에서 1979년 10월 26일 박정희 대통령 암살 사건 이후 12·12 군사쿠데타를 통해 당시 전두환 보안사령관 중심의 신군부가 사실상 정부의 실권을 장악하였다. 신군부는 1980년 5월 광주민주화운동을 무력으로 진압하고 국민 참여가 배제된 상황에서 간접선거를 통해 제5공화국의 전두환 정부를 출범시켰다. 제5공화국 정권은 정통성의 결핍에 따른 체제문제에 시달리면서 이를 만회하기 위한 방안으로 스포츠를 주요한 국가적 정책 수단으로 채택하였다.

전두환 정부는 국민의 지지를 바탕으로 정부를 구성하지 못했기 때문에 국민들과 야당으로부터의 민주주의에 대한 줄기찬 요구를 받았다. 국민적 관심의 전환과 이러한 상황을 타개하기 위하여 서울 올림픽과 같은 대규모 국가적 행사가 필요하였다. 또한 정통성의 취약성을 만회하기 위하여 정치 안정과 경제발전을 통한 복지사회·정의사회 구현 등 새로운 사회를 국정 목표로 제시하였다. 이러한 맥락에서 스포츠 정책은 정치적 정통성을 뒷받침하는 수단으로 활용되었다. 또한 많은 스포츠 정책은 민간 부분의 의견 수렴이나 동의 절차를 얻기보다는 정치적 목적에 따라 선택되었다(Ham 1994).

1980년대는 이른바 '스포츠 공화국'의 시대라고 할 수 있다. 정부 주도하에 1986년 아시안 게임과 1988년 서울 올림픽 유치에 성공하였다. 전두환 정권은 서울 올림픽을 유치하면서 그것을 도쿄 올림픽에 비유하였다. 제5공화국은 마치 일본의 이케다(池田) 정권이 올림픽 이후 성장과 배분의 도약을 이룬 것처럼 서울 올림픽을 과대 포장하여 국민을 현혹시킴으로써 정당성과 도덕성의 결여를 상쇄하려고 시도하였다(박홍규 외 1992, 9). 또한 사실상 정부 주도로 출범한 프로야구의 열기는 마치 스포츠가 국가의 명운을 결정짓는 양상을 보였다. 이에 소득 수준이 나아지고 여가 시간이 늘어난 대중은 '스포츠 공화국' 체제에 기꺼이 안주하고자 하였다(강준만 2006, 156-157).

올림픽을 유치함에 따라 한국은 개방체제를 지향할 수밖에 없었다. 세계의 미디어들은 한국정부의 민주화 정책에 주목하였다. 학생운동이나 노동운동에 대해서도 더 이상 강압적인 정책을 구사하기 어렵게 되었다. 1988년 올림픽을 준비해가는 과정에서 정부는 외부의 영향에 민감할 수밖에 없었다. 따라서 정치, 경제, 사회적인 차원뿐만 아니라 스포츠 분야에서도 개혁 조치가 가시화되었다.

2. 전두환 정부와 스포츠 외교

제5공화국 정부에서 스포츠 정책의 특징적인 측면으로 스포츠 단체나 아시안 게임, 올림픽 조직위원회에 대한 투자에 정부의 적극적 개입이 이루어졌다. 서울이 올림픽 개최지로 결정되었을 때의 상황은 긍정적이지는 않지만, 올림픽의 개최를 통해 세계 정치 상황의 변화가 나타났다. 이에 정치적 사건에 스포츠의 영향력이 표출되었다. 한국정부는 북한과 쿠바를 제외한 사회주의 국가들을 서울 올림픽에 참가시키는 성과를 올렸다. 이러한 성과는 한국이 중국이나 동유럽 국가들과의 관계를 변화시키는 중요한 계기가 되었다.

이에 따라 전두환 정부는 이른바 올림픽 공화국, 스포츠 공화국이라고 지칭되었다. 1986년의 아시안 게임과 1988년 서울 올림픽을 효과적으로 치르기 위하여 체육부가 독립된 정부 부처로 창설되었으며, 정부 주도로 국제 스포츠 행사의 원활한 개최와 엘리트 스포츠를 장려하였다. 전두환 정부는 스포츠 정책을 국내외적으로 적극 추진하였다. 서울은 84년 아시안 게임과 88년 올림픽을 개최하는 도시로 성가를 높였다. 이러한 국제 스포츠 행사에 전두환 정부는 중국과 소련을 참가시키기 위한 외교 노력을 경주하였다. 이를 통하여 이 지역에서의 한국의 위상을 새롭게 정립시키려 하였다. 한국과는 전혀 외교적 관계가 없었던 사회주의의 두 거인인 중국과 소련의 대회 참가 수락은 북한과의 긴장 상태를 해소하는데 기여하는 측면이 있었다.

또한 국내정치 차원에서 전두환 정부는 국제 스포츠 행사의 성공을 통하여 정치적 갈등을 완화하려는 생각을 가지고 있었다. 제5공화국 정부는 대중의 관심을 높이기 위하여 스포츠를 활용하였다. 이를 통하여 애국심을 고양시키고, 국민적 통합을 증진시키려 하였다. 88 서울 올림픽 유치 성공이 바로 제5공화국 스포츠 외교를 상징한다고 볼 수 있다. 1988년 제24회 하계 올림픽을 서울에 유치하려는 운동이 일기 시작한 것은 1978년 서울에서 개최된 세계 사격선수권 대회를 성공적으로 치르면서 올림픽도 개최할 수 있다는 자신감을 얻은 결과였다. 실제로 세계 사격선수권 대회 기간 중 한국을 방문했던 많은 세계 스포츠계의 주요 인사들로부터 "한국은 올림픽을 치를 만한 능력이 있다"는 평가를 받았다. 1979년 2월 체육회장 겸 KOC 위원장으로 박종규가 취임하면서 조

상호, 김세원 두 전직대사를 부회장으로 맞아들여 스포츠 외교력을 강화하고, KOC 안에 실무연구반으로 전문 위원실을 설치, 올림픽 유치에 대한 구상을 구체화하기 시작했다. 3월에는 제24회 올림픽 서울 유치 건의안을 정부에 제출했다.

문교부는 1979년 8월 3일 올림픽 유치 문제를 국민체육진흥심의위원회에 상정했고, 당시 신현확 경제기획원장관을 위원장으로 박찬현 문교부장관, 박종진 외무부장관, 정상천 서울특별시장, 윤일균 중앙정보부차장, 박종규 KOC 위원장, 김택수 IOC 위원으로 구성된 7인소위원회의 검토를 거쳐, 79년 9월 3일 제24회 서울 올림픽 유치 계획을 의결하였다. 79년 10월 8일 정상천 서울특별시장은 박종규 KOC위원장, 김택수 IOC 위원, 정주영 전국경제인연합회장, 박충훈 한국무역협회장 등이 배석한 가운데 세종문화회관에서 내외신 기자회견을 갖고 88년 제24회 올림픽을 서울에 유치하겠다고 정식 발표했다.

그러나 1979년 10·26사태가 일어나 올림픽 유치 운동은 일단 잠잠해졌으나, 1980년 9월 제5공화국 정부가 출범하면서 올림픽 유치 의사를 통보하면서 새로운 국면을 맞게 됐다. 오스트레일리아의 멜버른이 유치 포기를 공식 발표하고, 올림픽 영구 개최론을 들고 나왔던 그리스의 아테네가 신청서 제출을 포기함으로써, 88년 제24회 올림픽 유치 경쟁은 서울과 나고야의 대결로 압축됐다. 12월 4일 IOC는 한국의 수도 서울이 일본의 나고야(名古屋)시와 함께 제24회 올림픽 공식 유치 신청도시가 되었음을 발표했다. KOC는 81년 7월 11일 베네주엘라 카라카스에서 열린 범미주 올림픽연합총회에 직업외교관 출신의 전상진 부위원장을 옵서버로 파견, 12명의 IOC 위원과 접촉해서 호의적인 반응을 얻었다. 7월 12일에는 김운용 세계태권도연맹 총재가 북중미 및 유럽 순방 교섭 길에 올라 해외 태권도 사범들의 헌신적인 협조를 받으며 IOC 위원 13명과 접촉하여 서울을 지지해달라고 호소했다.

이에 앞서 외무부는 5월 25일 IOC 위원이 거주하는 나라 공관에 올림픽 유치 교섭을 벌이도록 지시하고 교섭 상황과 IOC 위원들의 동향을 계속 보고하도록 했다. 이 훈령에 따라 재외공관원들이 펼친 활동은 그때까지 한국의 올림픽 유치 진의를 의심하던 많은 IOC 위원들에게 유치 의사를 명백히 인식시켰고, 각종 정보의 수집분석 및 설득 작전 등으로 올림픽 유치 가능성을 크게 높이는 성과를 거두었다.

미주와 대양주의 IOC 위원들은 대체로 서울에 호의적이었으나 공산권과 유럽 및 중동지역 IOC 위원들은 나고야 쪽으로 기운 듯했다. 또한 아프리카와 남미지역위원들은 태도를 분명히 밝히지 않고 있었다. 따라서 관건은 이들 중립적 인사들을 서울 유치 찬성표로 만드는 것이었다. 한국은 IOC 총회 3주일 전에 107명의 대규모 유치단을 구성한 후 총회 10일 전에 파견하여 중립 지역 IOC 위원들은 물론 체육계 정부 고위인사와 연쇄 접촉하고 서울 지지를 요청했다. 또한 올림픽 전시관을 통한 홍보와 마지막 프레젠테이션을 통해 나고야의 우세 분위기를 반전시키는 계기를 마련하였다. 적극적인 스포츠 외교를 펼친 결과, 1981년 9월 30일 예상을 뒤엎고 서울 52표, 나고야 27표라는 반전 드라마를 펼쳐 올림픽의 서울 개최를 성사시켰다(전상진 1990).

냉전 시기 한국의 스포츠 외교사의 전개과정을 간추려 보면 다음과 같다. 이승만 정부 시기의 스포츠 외교는 민간 부문 스포츠 외교의 기본 틀을 만드는 시기였다. 따라서 정부 차원의 제도적 뒷받침을 동반한 스포츠 외교는 이루어지지 않았다. 당시 정권의 실세였던 이기붕이 초대 IOC 위원으로서 활동하였지만 국제적인 스포츠 외교 무대에서는 당시 IOC 위원장과의 친분을 바탕으로 상당한 역량을 발휘했던 이상백이 중요한 역할을 수행하였다.[49]

박정희 정부 시기는 스포츠 외교를 위한 정부 차원의 역할이 증대되었으며, 민간 부문에서는 대한체육회, 대한올림픽위원회 등이 제도적으로 정착되었다. 동시에 스포츠 외교의 일선에서는 대한체육회장을 역임한 민관식, 김택수 IOC 위원을 비롯하여 세계태권도연맹 총재였던 김운용이 활발한 활동을 전개하였다. 특히, 이 시기의 스포츠 외교는 올림픽과 같은 국제경기에서 국가적 위상을 제고하는 데 초점이 맞추어졌다. 이를 이루기 위해서 정부 차원의 스포츠 진흥과 엘리트 스포츠 정책이 적극적으로 수행되었다. 또한 스포츠 부문에서는 남북 대결에서의 승리를 체제의 우월성을 입증하는 수단으로 활용하였다.

전두환 정부 시기의 스포츠는 정권의 취약한 정통성을 만회하고 정치적 안정을 얻기 위하여 이용하였다. 그러나 이 기간 동안 한국의 스포츠 외교는 1986년 아시안 게임이나 1988년 서울 올림픽 등 많은 국제 스포츠 대회에서 괄목할만한 성과를 올렸다. 서울 올림픽은 한국 스포

---

49 이상백은 한국의 초대 IOC 위원인 이기붕의 사망 후, 1964년 동경올림픽 개회에 앞서 열린 IOC 총회에서 한국의 제2대 IOC 위원이 되었다(정동구 외 2005, 86).

츠 역사에서 중요한 변화의 계기를 마련하였다. 한국은 정치, 경제 등 여러 분야에서 비약적인 상승을 경험하였다.

탈냉전 이후 올림픽과 같은 메가 스포츠 이벤트 개최에 대한 국가 간의 경합은 더욱 심화되고 있다. 많은 나라들이 올림픽을 유치하기 위한 경쟁에 나서게 되면서 어떻게 하면 자국에 올림픽을 유치할 수 있는가에 관심을 기울이게 되었다. 올림픽 유치 성공은 스포츠 외교에서 최고의 성과로 여겨지므로, 많은 도시들이 대외적으로 자기 도시를 홍보하고 성공적인 유치를 위해 국가 차원의 총체적 노력을 기울인다.

여러 국가들은 스포츠를 사회 경제적 발전, 국가 이미지 구축, 그리고 정치·경제적 자유화의 지원 등 다른 목적으로 활용하였다. 이 과정에서 국가의 역할이 증대되고, 스포츠를 통한 외교 문제가 중요하게 부각되었으며, 스포츠가 다양한 외교적 기능을 수행하게 되었다.

제
6
장

탈 냉전기 올림픽과 스포츠 외교

제1절 탈 냉전기 올림픽과 국제관계

냉전은 1989년 몰타(Malta)에서 열린 미·소 정상회담에서 공식적으로 종결되었으며, 1991년 소련연방이 해체되고 소련 위성국가들이 독자노선을 선언할 때 사실상 와해되었다. 이제 국제질서는 다시 하나로 통합되었다. 소련진영 내에서 운영되던 국제질서, 즉 소련과 그 위성국들 간의 국제질서는 붕괴되고 미국이 주도하던 '자유진영'의 국제질서에 통합되었다. 냉전의 공식 종결로 국제질서는 새로운 탈 냉전질서(post-cold war order)로 전환되었다.

반세기 동안 미국과 패권을 다투던 소련의 붕괴로 국제질서가 미국 중심의 구조로 재정립되면서 주도적 지위를 더욱 강하게 굳힌 미국은, 전 세계를 자유민주주의 이념과 시장경제체제가 지배하는 하나의 공동체(world community of free-market democracy)를 재구성하려는 입장에 경도되었다. 1992년에 내놓은 미국의 탈 냉전시대의 대외정책 틀인 관여와 확장(engagement and enlargement) 정책은 이러한 미국 구상의 선언이었다. 즉, 미국의 위상은 다른 어떤 나라도 도전할 수 없는 군사력 우위와 세계로 확장된 자본주의 경제력의 우월성을 바탕으로 아직

민주화되지 않은 국가들의 민주화를 촉진하겠다는 선언이었다.

소련의 붕괴로 세계적 차원에서의 냉전은 종언을 고하였다. 하지만 아시아 내에서는 냉전이 지속되고 있었다. 사회주의 이념에 바탕을 둔 일당지배 체제를 유지하고 있는 나라로 중국, 북한 등의 국가가 동북아 냉전 체제에 축을 이루고 있다. 미국은 중국과 선택적 협력을 하는 '전략적 동반자' 관계를 수립하였고, 북한에 대한 개방과 개혁을 도모하는 강온 양면의 정책을 구사하였지만, 한반도 냉전 구조는 유지되었다.

냉전의 종식으로 올림픽에 대한 정치적 개입의 여지가 현저하게 줄어들었지만 올림픽을 둘러싼 새로운 문제들이 부상하였다. 가장 중요한 문제는 올림픽 선수들의 약물 복용과 올림픽의 상업화 문제였다. 과거 올림픽 대회가 냉전적 국제질서의 영향에 따라 정치적 반목과 참가 거부로 점철되었던 반면, 탈냉전의 국제정세에 따라 이러한 과거의 굴레로부터 해방되면서 올림픽 정신은 냉전의 그림자에서 벗어날 수 있게 되었다. 올림픽 성화는 세계 평화와 우호의 상징이 되었다.

이러한 분위기 속에서 IOC는 올림픽 대회의 간격을 4년에서 2년으로 줄이는 결정을 하였다. 1992년 바르셀로나 올림픽과 같은 해 알베르빌(Albertville) 동계 올림픽이 열린 이후로 하계 올림픽과 동계 올림픽을 번갈아 가면서 2년에 한 번씩 개최하도록 한 것이다. 1994년 동계 올림픽이 릴레함메르(Lillehammer)에서 개최되었고, 애틀랜타(Atlanta)는 1996년 올림픽을 개최하였다. 1998년 일본의 나가노(Nagano) 동계 올림픽, 2000년 시드니 올림픽, 2002년 솔트레이크 시티(salt lake city) 동계 올림픽이 뒤를 이었다. 이 결정은 경제적 문제와 올림픽에 대한 대중들의 관심을 함께 고려한 결정이었다. 올림픽에 대한 관심이 높았으므로 IOC는 세계 시민 모두가 2년 주기의 올림픽을 공감할 뿐만 아니라 올림픽으로 인한 수입이 4년보다는 2년에 한 번씩 생기는 것이 IOC와 올림픽 대회에 경제적 이득을 줄 것이라 판단했다.

제2절 바르셀로나 올림픽(1992) – 시드니 올림픽(2000)

1. 바르셀로나(Barcelona) 올림픽(1992)

바르셀로나 올림픽에는 전 세계 170개 국가에서 9,364명의 선수들이 참가하였다. 136개국에서 2,708명의 여자 선수들이 86개 종목에 걸쳐 출전하였다. 바르셀로나 올림픽에 참가한 참가국들의 면면을 보면 탈냉전 이후 전개된 영토의 변경, 신생국의 등장 등 전 세계 각 지역의 지정학적 변화를 반영하고 있었다. 아프리카의 나미비아가 처음으로 올림픽 무대에 등장하였고, 유고슬라비아는 분리되어 크로아티아, 보스니아헤르체고비나, 슬로베니아 세 팀으로 출전하였다. 소련이 해체됨에 따라 발트 해 연안 국가들이 제2차 세계대전 이후 처음으로 독립 국가 자격으로 올림픽에 참가할 수 있었다. 이에 에스토니아, 라트비아, 리투아니아가 바르셀로나에 선수단을 파견하였다. 또한 인종차별정책을 철폐한 남아 공국가올림픽위원회(NOCAS; National Olympic Committee of South Africa)가 IOC의 초청을 받아 수십 년 만에 올림픽 무대에 복귀하였다. 이러한 사례들은 바르셀로나 올림픽의 역사적 의미를 부각시키는 장면 이었다.

개회식은 몬주익 스타디움(Montjuic Stadium)에서 7만의 관중들 이 지켜보는 가운데 진행되었다. 바르셀로나 올림픽은 근대 올림픽 사상 처음으로 '금연'을 선언한 대회이기도 했다. 바르셀로나 대회는 정치적, 사회적 이슈가 배제된 역대 가장 평화로운 대회였다. 5명의 선수들이 금 지 약물에 양성반응을 보이긴 했지만, 로스앤젤레스 대회의 17명에 비하 면 줄어든 수치다. 스페인으로부터 분리 독립을 원하던 특정 지역의 문 제가 우려되었지만 기우로 판명되었다. 미국은 1908년 런던 올림픽 이후 참가했던 역대 올림픽 중에서 가장 많은 108개의 메달을 차지하였다. 독 립국가연합(CIS: Commonwealth of Independent States)[50]으로 출전 한 구소련 출신 선수들이 다시 한 번 가장 많은 메달을 차지하였다. 그러 나 독립국가연합을 대표한 선수단은 한시적인 팀이었고 바르셀로나 올 림픽 이후에는 해체되었다.

---

50 소련의 붕괴 이후 1991년 12월 21일 옐친 러시아 대통령의 주도로 11개국 정상이 벨 로루시의 수도 민스크에 모여 연합 설립에 서명함으로써 1922년의 소연방조약을 폐 기하고 탄생했다. 참가국은 러시아를 비롯해 우크라이나·벨로루시·투르크멘·아제 르바이잔·아르메니아·우즈베크·키르기스·카자흐·타지크·몰다비아 등 11개국이 다.

바르셀로나 대회에서는 역대 가장 많은 종목의 경기가 치러졌다. 25개의 종목에서 257개의 세부 종목이 대회에 포함되었다. 야구, 배드민턴, 여자 유도가 처음으로 올림픽 정식종목으로 채택되었다. 시범경기 종목으로 펠로타(Pelota)[51]와 태권도 등이 포함되었다. 1989년 IOC가 하계, 동계 올림픽에서 시범종목 경기를 없애기로 결정함으로써 이 종목들은 올림픽 최후의 시범종목이 되었다.

미국 농구팀은 많은 언론과 관중의 집중 조명을 받았다. 미국 팀은 NBA 선수들로 구성되었고, 아마추어리즘이 또 다른 논란으로 등장하였다. 언론은 미국 '드림팀'의 다른 종목 선수들과 비교되는 천문학적인 연봉 액수를 강조하기도 하였다. 매직 존슨(Magic Johnson), 마이클 조던(Michael Jordan), 찰스 바클리(Charles Barkley), 래리 버드(Larry Bird), 데이비드 로빈슨(David Robinson) 등이 포진한 미국 팀은 경기를 압도하였고 결승전에서 크로아티아를 117대 85로 누르고 금메달을 차지하였다. 가장 인상적인 장면 중 하나는 여자 10,000미터 달리기였다. 경기 내내 나란히 달리던 남아공 선수와 에티오피아 선수는 경기가 끝나고도 한참을 함께 달렸다.

바르셀로나 올림픽의 주제를 "일치"로 정했던 IOC 위원장 사마란치의 얼굴에 미소가 넘쳤다. 독립국가연합을 대표해서 출전한 민스크 출

---

51 펠로타는 코트에서 가운데가 고무로 된 공, 장갑, 라켓이나 배트 등을 이용하여 경기를 펼치는 구기종목으로서 16세기경 유럽에서 인기를 얻었으나, 그후 인기를 잃었고 스페인의 바스크(Basque)에서 성행하며 세계 여러 곳에서 다양한 형태로 행해진다 (http://preview.britannica.co.kr/bol/topic.asp?article_id=b23p2498a).

신의 비애틀리 츠쳐보(Viatli Chtcherbo)는 6개의 금메달을 차지하였다. 미국의 칼 루이스(Carl Lewis)는 멀리뛰기에서 3회 연속 금메달을 차지하였고, 400m 릴레이에서도 금메달을 목에 걸었다. 미국의 게일 데버스(Gail Devers)는 100m 달리기에서 우승하였다. 테니스에서 미국의 기지 페르나데즈(Gigi Fernadez)와 매리 조 페르나데즈(Mary Joe Fernadez)는 복식에서 우승하였고, 남자 농구에서 리투아니아는 독립연방국가연합을 82대 78로 누르고 동메달을 차지하였다.

한국과 일본의 경쟁은 남자 마라톤에서도 이어졌다. 한국의 황영조가 2시간 13분 23초로 1위로 골인하였고, 바로 뒤를 이어 일본의 모리시타(Koichi Morishita)가 2시간 13분 45초로 2위를 차지하였다. 남자배구에서 미국은 동메달을 차지하였다. 복싱에서는 쿠바가 7개의 금메달을 휩쓸며 다시 한 번 올림픽 복싱 강국임을 확인하였다. 미국의 히스페닉계 출신의 복서 호야(Oscr De La Hoya)는 독일의 마르코 루돌프(Marco Rudolph)를 누르고 132파운드 체급에서 우승을 차지하였다. 죽음을 앞둔 어머니에게 금메달을 선사하기로 약속한 호야는 우승을 차지한 후 미국 국기와 함께 어머니를 위해 멕시코기를 흔들었다.

제25회 대회인 1992년 바르셀로나 올림픽은 카탈루냐(Catalunya)의 스페인으로부터의 분리 독립 요구와 바스크 분리주의자의 테러 위협 등으로 위험이 예상됐으나 별다른 문제없이 치러졌다. 바르셀로나 대회는 30년 만에 처음으로 경기 불참을 선언한 나라 없이 치러진 성공적인 대회였다. 또한 베를린 장벽의 붕괴와 함께 동·서독의 독일이 단일팀으로 출전했고, 소련은 독립국가연합이라는 이름으로 마지막 단일팀을 구성하여 참가했다(양동주 2010).

또한 남아공도 아파르트헤이트를 폐기하고 최초로 인종이 통합된 팀을 구성해 올림픽 대회에 참가하였다. 또한 1980년 모스크바 올림픽 대회 이후 불참했던 쿠바와 북한, 보스니아공화국도 UN의 지원 하에 무사히 올림픽에 참여함으로써 정치·외교적 이유로 보이콧 없이 치러진 올림픽으로 기억된다. 말하자면 냉전의 국제질서가 사라지고 새로운 국제 정치 외교 상황이 올림픽 무대에도 그대로 투영되었다.

또한 이 대회에서는 테니스, 축구에 이어 농구의 프로선수 참가를 허용했고 정식종목으로 채택된 야구도 프로선수의 참가가 허용되어 아마추어리즘의 퇴색이 가속화되었다. 더불어서 한국 스포츠의 역량이 최고조에 달해 괄목할만한 성과를 내었다. 황영조는 마라톤에서 베를린 올림픽의 손기정 선수가 일장기를 달고 세계를 제패한 이래 한국 선수로는 처음으로 올림픽에서 우승하는 등 세계 10위권의 경제대국의 위상에 맞게 국위를 선양하는데 기여하였다.

2. 애틀랜타(Atlanta) 올림픽(1996)

1996년 제26회 애틀랜타 올림픽은 근대 올림픽으로 올림픽 경기가 부활한 이후 100주년을 기념하는 대회로 자리매김했다. IOC는 이 중요한 행사의 개최지를 놓고 미국의 애틀랜타와 그리스의 아테네 두 도시를 고려하였다. 그리스는 고대 올림픽의 발원지이며 최초의 근대 올림픽이 1896년 아테네에서 시작되었으므로 아테네가 개최지가 되어야 한다고 강력하게 주장하였다. 올림픽에서 차지하는 아테네의 상징성과 역사성은 IOC의 결정에 어려움을 주었지만, 미 대륙에서 다시 올림픽을 개최하기로 결정하였다.

애틀랜타 올림픽 조직위원회(ACOG: Atlanta Committee for the Olympic Games)가 올림픽 개최지로 애틀랜타를 결정하도록 IOC에 호소한 사항 가운데 하나는 애틀랜타 지역 주민들 대부분이 소수인종으로 구성되었다는 점이었다. 이 지역 주민의 60% 이상이 유색인종이었다. 애틀랜타는 다양한 인종, 다양한 신념의 사람들로 구성된 도시이며, 이러한 인종 구성의 다양성을 통합으로 이끌고 있다는 점을 강조해 높은 평가를 받았다. 전 세계 선수들이 극복하기 어려운 인종과 민족의 장벽을 무너뜨리고 한자리에 모이는 것은 올림픽의 정신과 일맥상통하고, 애틀랜타는 이 정신을 잘 구현하는 후보 도시였다. 또한 애틀랜타는 올림픽 운동에 깃든 성취와 협력 정신을 많은 시민들과 공감하고 있다는 점에서 이상적인 올림픽의 개최지로 평가받았다.

올림픽 성화 봉송(Torch Relay)은 1932년과 1984년 올림픽 주경기장으로 사용된 로스앤젤레스 콜로세움(Coloseum)에서 시작되어 전미국을 순회하였다. 성화 봉송은 약 15,000마일, 43개 주를 거치며 이어졌다. 도시든 시골이든 가는 곳마다 많은 인파의 환영을 받은 성공적인 행사였다. 언론매체들도 큰 관심을 보이는 가운데, 언론매체들은 매일 성화가 어디를 달리는지 지도와 함께 안내 사항을 알려주었다. 경찰관이

성화 봉송 주자를 에스코트하는 가운데, 주자들은 달리기도 하고, 걷기도 하고, 혹은 휠체어를 타고 성화 릴레이를 이어갔다. 이러한 장면은 성화 봉송을 지켜보던 미 국민들에게 진정한 올림픽 정신을 깨우쳐주었다.

애틀랜타 올림픽은 1996년 7월 19일 개막식과 함께 시작되었다. 197개국 11,000명의 선수들이 새로 지어진 경기장에서 열린 개막식에 참가하였다. 파킨슨 병을 앓고 있는 1960년 로마 올림픽 복싱 금메달리스트인 무하마드 알리가 거대한 올림픽 경기장의 성화대에 개막식 성화를 점화하였다. 클린턴 대통령은 개막식에 참가하여 제26회 애틀랜타 올림픽 개최를 선언하였다.

이러한 올림픽의 긍정적인 요소와 더불어 또 다른 과제가 등장했다. 올림픽이 미국 자본주의와 상업주의(commercialization)에 밀려 제23회 LA올림픽에 이어 '자본주의 기업 올림픽'으로 변색되었다는 점이다.[52] 미국 NBC 방송은 세계 35억 시청자들에게 개막식을 생중계하였다. NBC는 올림픽 대회를 170시간 이상 중계하였다. 대부분은 생중계였으며 일부 경기는 녹화로 방송되기도 하였다. 텔레비전 중계권으로 IOC에 지불된 금액은 시간이 지나면서 급속히 증가하게 되었다. NBC는 4억5천6백만 달러를 제26회 올림픽 방송 중계권료로 지불하였다. 1960년

---

52 애틀랜타 올림픽의 상업주의화 문제는 비단 미국뿐만 아니라 전 세계의 관심거리였다. 특히 대회기간 동안 NBC가 끊임없이 내보냈던 광고가 주목을 받았다. 그러나 NBC는 거대기업이었고 여느 기업과 마찬가지로 이윤추구가 목적이었다. 따라서 NBC는 IOC에 지불한 돈을 거둬들이고 추가 이윤을 내기 위해 대회기간 동안 광고 시간을 판매한 것이다.

로마 올림픽 중계를 위해 중계권료로 CBS가 지불한 금액이 고작 3십9만4천 달러였는데 불과 30여년 만에 엄청난 금액이 올림픽 중계를 위해 투자되었다.[53]

애틀랜타 올림픽의 상업화 문제는 비단 텔레비전 중계 문제에 그치지 않았다. 특정 기업이 올림픽 공식 후원기업으로 선정되면 그 기업의 제품은 전 세계 시청자들의 눈에 그대로 노출되었다. 예컨대, 개막식 행사를 치루기 위해 특별히 제작된 30여 대의 GM(General Motors Chevrolet) 트럭이 무용수들과 연기자들을 끊임없이 실어 나르는 장면이 비춰졌다. GM은 공식 후원업체로 등록되어 쉐비(Chevy) 트럭을 개막식에서 전시하기 위해 4천만 달러를 ACOG에 지불하였다. 공식 후원업체가 되기 위해 지불한 4천만 달러 외에도 GM은 올림픽 대회 방송 중 자동차와 트럭 광고를 위해 5천만 달러를 지불하였다. 이외에도 애틀랜타는 거대 음료회사 코카콜라의 고향이다. 코카콜라는 올림픽 기간 동안 방송광고를 위해 NBC에 6천만 달러를 지불하였다.

다국적 기업뿐 아니라 많은 기업체들이 어떤 방식으로든 올림픽과 관련해서 자사 제품을 홍보하였다.[54] ACOG에 많은 돈을 투자하여 공

---

53 2000년 시드니 올림픽 중계를 위해 NBC는 IOC에 7억 1,500만 달러를 지불하기로 합의하였다.

54 올림픽 주경기장 주변의 100주년 올림픽 공원(Centennial Olympic Park)은 올림픽 운동과 올림픽 정신의 상징과 같았다. 그런데 그곳은 다양한 상업적 이해관계의 장이기도 하였다. 이곳에서도 IOC와 미국 올림픽위원회(USOC)는 후원금을 지불하지 않은 단체는 올림픽 이름을 사용하지 못하도록 철저한 조사와 감시를 했다.

식 올림픽 기업으로 등록된 기업들은 대회기간 동안 자사 로고와 제품을 여러 경기장에서 전시할 수 있었다. 대회 참가 선수들 중에는 신발·의류회사와 광고 계약을 맺고 있는 선수들도 적지 않았다. 이 선수들은 경기 중 특정 회사의 신발과 옷을 입고 있었으므로 관중들뿐 아니라 수백만 시청자들에게 제품과 회사 로고를 알리고 광고하게 되었다.

올림픽 대회가 세계에서 가장 값비싼 스포츠 행사인 것은 분명한 사실이다. 올림픽 준비와 개최 비용은 비약적으로 늘어났고 그로 인해 재정적 뒷받침이 없는 국가나 도시는 더 이상 올림픽 개최를 고려할 수 없게 되었다. 경제적 여건이 좋은 나라의 개최 도시들은 올림픽 대회를 위한 재정 마련을 위해 중앙 정부의 지원은 물론 민간 부문의 대규모 투자를 유인하기 위한 시책을 펼 수밖에 없었다. 민간 기업들은 대회를 위해 수억 달러를 IOC나 올림픽 조직위원회에 제공하고, 올림픽 대회를 상업적으로 이용하였다. 언론과 대중들은 올림픽 상업화에 부정적인 인식을 가졌지만 비용을 감당하기 위해서는 올림픽을 통해 수익을 보증하는 올림픽 공식 후원권을 기업에게 판매할 수밖에 없었다. 올림픽의 이상과 상업주의로 흐르는 오늘날 올림픽의 딜레마라 할 수 있다.

3. 시드니(Sydney) 올림픽(2000)

IOC는 솔트레이크(Salt Lake City) 스캔들[55]로 인하여 개혁적 초치들을 강구하고 있었지만 2000년 9월 15일 개막된 시드니 올림픽의 개막식 때까지도 이 문제가 해소되지 않고 있었다. IOC와 솔트레이크 올림픽 조직 위원회는 사태의 조속한 마무리를 위해 많은 노력을 기울였다. 따라서 IOC는 시드니 올림픽 운동의 긍정적인 측면을 더욱 부각시킴으로써 성공적인 행사를 기원했다. 과거 오스트레일리아는 1956년 멜버른이 올림픽을 개최한 경험이 있었다. 호주에서의 두 번째 올림픽 개최 도시로서 시드니는 1960년대 후반을 지나면서 새로운 변모를 시도하였고 이제는 호주의 중심 도시로서 손색이 없었다. 항만과 항구가 완비되어 있고 아름다운 공원과 녹지가 확보되었다. 1990년대에 이르러 시드니

---

55 2002년 동계 올림픽 개최지를 선정할 당시 올림픽을 유치시키기 위해 벌어진 IOC 위원 간 뇌물 공여사건을 말한다. 2002년 동계 올림픽 개최지로 선정된 솔트레이크시티가 올림픽 개최지 선정을 위해 IOC 위원들을 매수한 사실이 1998년 기자들에 의해 폭로되었다. 솔트레이크시티 동계 올림픽 조직위원회가 기금 100만 달러 이상을 IOC 위원들과 그 가족들에게 직간접으로 건넨 사실이 밝혀졌다. 조사 결과, 전체 IOC 위원 가운데 5분의 1에 해당하는 24명의 위원이 솔트레이크시티로부터 각종 유무형의 혜택을 받은 것으로 드러났다. 이후 IOC 집행위원회가 열려 뇌물스캔들과 관련된 IOC 위원 6명을 축출키로 결정하였고, 집행위원회 소집 전에 문제가 불거진 3명의 위원이 사의를 표명해 총 9명의 IOC 위원이 직위를 박탈당했다. 이에 따른 IOC 개혁안도 통과됐다. IOC 위원을 개인 75명, 각국 올림픽위원회 15명, 경기단체장 15명, 선수위원 10명 등 총 115명으로 구성하고, 정년은 70세(기존 위원은 80세)로 단축하고, IOC 위원의 유치도시 방문을 금지하는 내용이었다.

는 경제와 관광의 중심지가 되었다. IOC는 2000년 올림픽 개최를 위하여 시드니를 선택했다. 1993년 베이징이 1, 2, 3차 투표에서 가장 많은 득표를 했으나 4차 투표에서 시드니가 역전하면서 개최권을 얻었다. 이 대회는 새 천년 들어 처음으로 열린 올림픽 대회였다.

2000년 시드니 올림픽은 호주 사회 내에서 원주민과 백인들 간의 화해를 이끌어냈다. 올림픽 개막을 앞두고 호주에서는 원주민과 백인들 간의 갈등이 사회 문제로 표면화될 조짐을 보이고 있었다. 호주는 1900년대 초부터 백인 사회가 원주민 사회보다 더 나은 삶의 질을 보장한다는 구실로 원주민 가정의 자녀들을 강제적으로 백인 가정에 입양시켜 백인 전통을 습득케 하는 방식으로 강압적인 동화정책을 추진해 왔다. 그런데 1990년대 중반 연방정부 주관으로 이 문제에 대한 종합적인 검토가 이루어졌다. 원주민 문화에 대한 말살정책에 대한 비판적 입장의 보고서가 발표되었다. 여기에는 장기적으로 원주민 사회에 유해한 영향을 미쳤음을 인정하는 입장이 개진되었다. 또한 이 보고서는 정부 당국의 사과와 함께 당시 강제 입양된 자녀들과 그들 가족에 대한 보상을 권고하였다.

2000년 4월초 원주민부 장관이 상원에 제출한 소위 '도둑맞은 세대'(the Stolen Generation)에 관한 보고서가 언론에 유출되면서 이 문제가 급격하게 이슈화되었다. 당시 이 보고서에서 원주민부 장관은 강제 입양된 원주민 아동은 소수에 불과하기 때문에 이들을 '도둑맞은 세대'로 칭하는 것이 부적절하며, 그러한 정책 자체가 합법적이고 선의에 의한 것이었다고 주장하였다(Elder 2006, 196). 이와 같은 정부의 태도는 직접적인 피해자였던 원주민들의 분노를 초래하였고, 일부 단체들은 올림픽을 통해 호주 정부의 잘못된 정책을 세계 여론에 공론화하기 위한 기제로 활용하려 했다. 당시 이러한 분위기에 대해 언론의 입장은 양분되었다. 한편에서는 그와 같은 원주민들의 주장이 정당한 것이며 문제의 공론화가 국가 인식을 전환시키는데 도움이 될 것이라고 보았다. 다른 한편에서는 이러한 행동이 국가 분열을 조장하고 호주의 대외 이미지를 저해하는 유해 요소가 될 것으로 우려하였다. 원주민들은 대회 개막을 앞두고 올림픽 개최지인 시드니 도심에서 시위행진을 벌였다.

하지만 그러한 행동이 올림픽 방해와 같은 운동으로 비화되지 않았고, 시위대와 당국 간 물리적 충돌도 없었다. 불화 국면은 개막식 행사의 절정인 성화 점화를 위한 최종 주자로 호주 원주민인 단거리 육상선수 프리먼(Cathy Freeman)이 호명되면서 일순간에 반전되었다. 비록 원주민과 백인들 간의 진정한 화해가 달성되기까지 많은 시간 필요하겠지만 올림픽 조직위원회의 이러한 상징적 선택은 호주 사회가 인종 간 불화를 넘어서 화합으로 가는 긍정적 신호와 기회를 제공하였다. 프리먼은 호주 사회의 화해의 상징으로 여겨졌을 뿐만 아니라, 개인적으로도 올림픽 성화 점화를 한 대회에서 금메달을 획득한 유일한 선수로 기록되었다. "나는 단지 행복해서 나가서 뛰는 사람일 뿐이며, 가장 중요한 것은 우리 모두 동일하다"는 것이라고 그녀는 한 인터뷰에서 대답했다(Elder 2006, 188). 올림픽을 앞두고 나온 이러한 사려 깊은 대답은 올림픽이 대립과 갈등의 공간이 아닌 화합과 통합의 공간임을 의미하는 것이었다.

200개국을 대표하는 11,147명의 선수들이 대회에 참가하였다. 보도진이 오히려 선수들보다 많았다. 대략 17,000명의 언론 관계자들이 시드니 올림픽을 보도했다. 미디어 전문가들은 전 세계 37억 명에 가까운 사람들이 올림픽을 시청했다고 평가했다. 국가 간 교류와 협력의 장으로서 세계의 이목을 집중시킨 스포츠 제전이었다.

또한 동티모르가 독립 이후 처음으로 이 대회에 출전하였다. 이 대회에서는 한국이 종주국인 태권도가 올림픽 정식종목으로 채택되었다. 또한 2000년 6·15남북공동선언에 따라 시드니 올림픽은 한반도 평화의 상징을 스포츠 외교의 무대에서 펼친 대회였다. 남북한은 분단 이후 처음으로 개회식에서 한반도기를 앞세우고 공동 입장을 했다. 한반도 지역에 냉전체제의 새로운 변화를 모색하여 교류 협력의 질서를 만들어가는 계기가 되었다.

제3절 아테네 올림픽(2004) – 베이징 올림픽(2008)

사우디 출신의 오사마 빈 라덴(Osama bin Laden)이 조직한 국제 테러단체인 알 카에다(Al-Qaeda)에 의한 2001년 9월 11일의 테러는 탈냉전 시대의 미국의 대외정책 수행에 심대한 영향을 미쳤다. 미국은 독립 이후 최초로 본토에 대한 직접 공격을 당하였고, 공격의 주체가 주권국가도 아닌 실체가 불분명한 지하 테러 조직이라는 점에서 엄청난 충격을 받았다. 기존의 모든 국제법 질서나 규범을 무용지물로 만들면서 미국 민간인들에 대하여 자행된 엄청난 테러 행위였다.

알 카에다의 테러 공격은 근대 이후의 웨스트팔라티아 체제에 대한 중대한 도전이었다. 국가 간의 합의나 주권국가 중심 체제를 무시하는 행동이었기 때문이다. 9·11 테러 공격은 현존 질서의 지배 이념, 규범, 조직, 질서 등 모두에 대한 직접적인 도전이란 점에서 주목하지 않을 수 없다. 국가 중심 체제의 안정적 유지라는 지배 이념에 대한 도전이며 기존의 국제 규범에 대한 도전이며 국제연합 등 국제 평화와 안정을 위한 국제적 틀에 대한 위협이고, 국가 정규군을 무력화시키는 공격이었다는 점에서 9.11테러는 현존 국제질서 자체에 변혁을 초래할 만큼 큰 파급효과를 초래하였다.

미국은 9·11 사태 이후 바로 소위 '테러와의 전쟁'을 선포하면서 강력한 조치를 예고하는 일방적인 대외정책을 표명하였다. 우선 전 세계를 기존질서를 준수한다는 의지가 확인된 이르바 '문명국가' 군과 이 질서에 도전하는 '테러지원국'으로 양분하고, 문명국가 간에는 과거처럼 기존질서를 그대로 유지하겠으나 테러지원국에 대해서는 문명국에 적용하는 규범을 일체 적용하지 않고 모든 수단을 다해 무력화시키겠다고 선언하였다. 미국은 핵확산금지조약에 의하여 핵 비보유국에는 핵무기를 쓰지 못하게 되어 있으나 테러지원국에 대해서는 핵무기도 필요하면 사용하겠다고 공표했고 테러지원국에 대해서도 선제공격을 할 수 있음을 내비쳤다. 국제질서는 9·11테러 이전과 이후로 대비되면서 새로운 긴장 국면이 조성되었다.

1. 아테네(Athens) 올림픽(2004)

제28회 올림픽은 고대 올림픽 발상지이자 1894년 제1회 근대 올림픽경기대회가 열렸던 그리스 아테네에서 108년 만에 열렸다. 2004년 8월 13일부터 8월 29일까지 16일에 걸쳐서 총 202개국 1만 625명의 선수들이 참가하였다. 아테네 올림픽의 테마는 '올림픽 정신으로의 복귀'이다. 구체적인 실천 과제들은 다음과 같이 제시되었다. 기술적으로 탁월한 올림픽, 그리스의 전통과 현대적 조화를 통한 올림픽 이상 표현, 올림픽의 상업주의 요소 관리, 그리스의 문화·자연 유산에 대한 전 세계 홍보, 현대 그리스의 업적과 미래의 잠재력 확인, 자연환경 보호 및 환경에 대한 이해, 선수·관객·시청자 등 올림픽 참여자를 위한 독특한 올림픽 경험 기회 제공 등이다.[56]

9·11 테러는 아테네 올림픽에도 막대한 영향을 끼쳤다. IOC는 테러 사건에 이은 미국의 '테러와의 전쟁' 선포에 따라 이라크 공습 및 팔레스타인에 대한 이스라엘의 정책 지원으로 미국 선수단 등에 대한 테

---

56 아테네 올림픽의 상징적 마스코트는 빛과 음악의 신이자 아폴론의 다른 이름인 '페보스(Phèvos)'와 아테네의 수호신이자 지혜의 여신인 '아테나(Athēna)'이다. 두 신은 올림픽의 진정한 가치인 참여·우애·평등·평화를 상징한다. 엠블럼은 올리브 가지로 만든 관을 바탕으로 디자인한 '코티노스(kotinos)'이고, 이는 고대 도시국가인 아테네의 상징으로, 올림픽 챔피언에게 주어지던 상이다(http://www.olympic.org/athens-2004-summer-olympics).

러 가능성을 우려했다. 이에 따라 아테네 올림픽의 보안 대책은 군사작전을 방불했다. 그리스 당국은 무려 15억 달러에 달하는 보안 예산을 투입하고, 경기장 경비를 위해 올림픽 참가 선수의 7배에 달하는 7만 명의 보안요원을 배치하였다. NATO(North Atlantic Treaty Organization)는 군함을 파견하여 그리스 해역을 순찰했고, 요격 미사일과 공중 조기 경보기도 가동되었다.

개회식은 주경기장인 올림픽스타디움에서 열렸다. 식전 공개행사는 '인간 중심의 올림픽(unique olympics on human scale)'을 주제로 그리스의 신화와 철학, 올림픽의 순수한 정신을 현대의 첨단기술과 접목한 행사로 펼쳐졌다. 올림픽종합스포츠센터(OAKA) 안에 있는 올림픽스타디움은 평균 5만 5000명을 수용했다. 보도진만 해도 전 세계에서 2만여 명이 참가하였고, 자원봉사자 수는 4만 5천여 명이었으며, 올림픽 기간에 전 세계 텔레비전 시청자 수는 40억 명, 관광객 수는 150만 명 정도로 추산되었다.

이 대회는 202개 회원국이 모두 참여한 올림픽으로, 개최국인 그리스가 가장 먼저 입장하였다. 2000년 시드니 올림픽에서도 개회식에 공동 입장했던 남북한은 대형 한반도기를 흔들며 84번째로 올림픽 스타디움에 공동 입장하여 올림픽을 통한 지구촌의 화합분위기 조성에 일조하였다. 한국은 임원진 109명, 선수 267명 등 총 376명의 선수단이 참가하였고, 금메달 9개, 은메달 12개, 동메달 9개로 종합 메달 순위 9위를 차지하였다. 전체 28개의 경기종목과 301개 세부 종목에서 진행되었다. 미국이 총 103개의 메달로 종합 메달 순위 1위, 러시아가 총 92개의 메달로 2위, 중국이 총 63개의 메달로 3위에 올랐다. 금메달 순위에서는 미국이 금메달 35개로 1위를 차지하였고, 금메달 32개의 중국이 금메달 28개의 러시아를 앞질렀다.

아테네 올림픽에서는 메달 획득을 위해 국적을 인위적으로 바꿔 출전시킨 사례가 많았다. 올림픽 대회에서의 메달 획득과 같은 성공적 성과를 국위 선양과 국력의 상징으로 활용하려는 국가가 기량이 좋은 외국 선수들에게 거액을 제공하는 등 인센티브를 통해 국적 변경을 유도하거나, 일부 선수는 개인의 이익을 위해 국적을 변경하여 올림픽에 나서는 경우가 있었다.

2. 베이징(Beijing) 올림픽(2008)

'하나의 세계, 하나의 꿈(One World, One Dream)'이라는 슬로건을 내건 제29회 하계 올림픽은 2008년 8월 8일부터 8월 24일까지 중국 베이징에서 개최되었다. 축구, 요트, 10km 마라톤, 수영 등은 중국의 다른 도시에서 행해졌다. 특히 승마 마장마술 경기는 홍콩에서 개최됨으로써 베이징 올림픽은 1956년 멜버른 올림픽에 이어 두 개의 국가 올림픽위원회(NOC)가 주최하는 사상 두 번째 올림픽이 되었다. 개회식에서는 이명박 한국 대통령, 부시 미국 대통령, 후쿠다 일본 총리, 푸틴 러시아 총리, 사르코지 프랑스 대통령을 비롯하여 세계 각국의 수뇌가 참석하여, 외교적으로 일정한 성과를 거두었다. 대회 기간 중에는 당초 우려했던 것보다 큰 문제는 발생하지 않았고, 중국은 금메달의 수에서 미국의 36개를 뛰어 넘는 51개를 획득하여, 각국별 금메달 획득 수에서 처음으로 1위가 되었다.

　자국에서 처음으로 개최되는 올림픽을 위해 400억 달러 이상의 천문학적인 금액을 투자한 중국은 수개월간 철저한 비공개로 개회식을 준비해왔다. 그런데 이 과정에서 중국 정부가 자국민들에 대해 취한 강제조치는 국가 폭력의 다른 사례로 꼽을 수 있다. 올림픽 개최를 앞두고 베이징시 당국은 도시정비 및 건설 사업을 위해 주민들에 대한 대량 강제퇴거를 실시하였다. 이러한 사실이 이슈화되자 중국 정부는 강제 퇴거된 6천여 가정에 대해 적절한 보상 등의 조치가 취해졌다고 발표하였다. 그러나 한 주거권 및 퇴거 단체는 강제 퇴거당한 중국인들의 숫자가 150만에 달한다고 주장하였다. 이들 중에 외국인 관광객들이 입국하기 전에 도시를 '정화'하기 위한 계획의 일환으로 걸인, 행상인, 매춘부들이 대거 포함되었던 것으로 알려져 중국의 열악한 인권 관행을 확인시켜 주었다. 더욱이 중국 당국은 대회 기간 중 잡음을 없애기 위해 50여 명 이상의 야권 인사들을 사전에 구속시켰으며, 천안문 사태의 악몽이 재현되는 것을 우려하여 대회 기간 중 천안문 광장에서의 TV 생중계를 제한한다고 발표하였다. 중국의 새로운 국제적 위상을 갖는 강대국으로의 부상과 역사적 자긍심의 과시 이면에는 권위주의 체제의 취약한 인권의식이라는 어두운 그림자가 드리워져 있었다.

　한편, 티베트인들의 인권과 자유 회복을 돕기 위해 1994년 조직된 국제학생단체인 '자유 티베트를 위한 학생'은 베이징 올림픽 유치 신청 이후 줄곧 중국의 티베트 강점과 인권 침해 문제를 이슈화하기 위하여 국제적인 차원에서 캠페인을 벌였다. 이들은 또 비록 언론의 광범위한 관심을 받지는 못했지만 올림픽 개최 기간 중 공개 외신 기자회견을 열고, 티베트 국기를 게양하는 등의 활동으로 국제적 관심 제고를 꾀하였다.[57] 중국 공안 당국은 이들을 불법 행위로 체포하거나 억류하였다. IOC는 국제엠네스티(AI) 등 인권단체의 비난 속에서도 올림픽의 비정치성 원칙을 주장하며 티베트 사태와 중국의 인권 탄압에 대한 입장 표명을 회피하였다.[58]

이러한 중국 내의 경우와 다르게 다르푸르 문제는 더욱 국제화된 이슈였다. 이 문제는 인권과 경제적 이해가 밀접하게 관련되어 있었기 때문에 국제사회의 관심 또한 컸다. 1990년대부터 지속적인 산업성장을 지탱하기 위한 에너지원으로서 석유 자원의 안정적 공급을 강조해 온 중국은 특히 아프리카 산유국들과의 유대 강화를 추구해 왔다. 이러한 점에서 수단은 중국에게 중요한 에너지 협력 파트너로 전략적 의미를 갖고 있었다. 수단은 중국 석유 에너지 수요의 10%를 공급하고 있으며, 이는 수단에서 생산되는 석유의 70%에 해당한다. 이와 함께 중국은 또 오랫동안 수단과 군사교류를 해 왔다. 국제인권단체인 '휴먼라이트워치'

---

57 "Beijing: Press Conference." *Free Tibet 2008*, 2008년 8월 22일, http://freeti-bet2008.org/globalactions/pressconference.

58 "IOC, 티베트 발언금지령 위반 처벌." 『KBS News』, 2008년 4월 8일, http://news.kbs.co.kr/sports/moresports/2008/04/08/1539997.html.

(Human Rights Watch)에 따르면 중국은 1960년대 말부터 꾸준히 수단에 무기를 판매해 왔으며, 1990년대 수단의 내전이 가열되면서부터는 대전차 지뢰, 탄약, 전차, 헬리콥터, 제트전투기 등을 제공하는 등 무기 판매량이 크게 증가하였다.[59]

그런데 2000년대 초 내전 과정에서 다르푸르 지역에서 대량 학살과 난민 문제가 발생하고 이에 대한 국제적 관심이 고조되면서 중국과 수단과의 관계가 쟁점으로 부상하기 시작하였다. 즉, 중국이 수단에 판매한 무기들이 내전 당사자들 간의 무력 갈등을 격화시켰다며 중국이 다르푸르 비극의 당사자라고 지목하였다. 중국에 대한 책임 추궁과 함께 무기 수출 중단, 그리고 중국의 수단 정부에 대한 영향력 행사를 요구하는 목소리가 높아지기 시작한 것이다. 이러한 가운데 UN 등 국제기구의 분쟁해결을 위한 노력에 수단 정부가 비협조적인 태도를 보이면서, 미국 등 주요국들과 활동가들은 수단과 정치·경제적 고리가 강한 중국의 수단 정책에 대한 변화를 촉구하며, 이를 올림픽과 연계시키려는 움직임을 보이기 시작하였다.

따라서 이러한 압력은 자국에게 주어진 기회를 성공적으로 마무리하여 글로벌 세력으로의 부상을 과시하려 했던 중국에게 적잖은 부담으로 작용하였다. 결국 중국은 올림픽을 목전에 두고 이를 무마하기 위

---

59 "China–Sudan Trade Relations Complicate Darfur Crisis." *Public Broadcasting Service*, 2006년 4월 25일, http://www.pbs.org/newshour/ updates/china–darfur–04–25–06.html.

한 조치로서 수단 정부의 부적절한 행동을 비판하며 UN 결의를 준수할 것을 촉구하는 등의 변화된 제스처를 보여주었다. 이에 대해 일부에서는 중국이 지금까지 전통적으로 주장해 왔던 타국의 국내 문제 불간섭주의 원칙을 넘어서는 것이라고 해석하기도 하였다. 하지만 중국은 더 나아가 관련 단체나 조직이 요구했던 수단 내 석유 부문에 대한 투자 제한이나 무기 판매 중단과 같은 구체적 조치를 취하는 것은 거부하였다(Morrison 2008, 187).

2008년 베이징 올림픽에도 정치적 요인이 개입되었다. 티베트 독립 시위, 다르푸르 사태, 대만 문제 등 중국 정부 정책에 대한 불만이 정치적으로 표출되면서 대회 불참 운동이 개막 직전까지 나타났다. 세계 여러 곳에서 베이징까지 전달되는 올림픽 성화 봉송 방해 사건이 계속 벌어졌다. 브라운(J. G. Brown) 영국 수상, 하퍼(Stephen Harper) 수상은 개회식에 불참하였고, 부시 미국 대통령은 개회식 전날 태국을 방문해 가진 기자회견에서 중국의 인권정책에 대한 비판적 입장을 피력하였다(양동주 2010, 254-255).

제

7

장

탈 냉전기 한국의 스포츠 외교

제1절 노태우 정부

1. 국내외 환경

1980년대 후반부에 들어서면서 국제 환경은 엄청난 지각변동을 겪게 되었다. 1985년 소련에서 고르바초프 서기장의 등장을 계기로 시작된 개혁 개방의 물결은 동유럽 사회주의권에 엄청난 파급효과를 낳았고 사회주의체제의 일방적인 붕괴현상이 노정되었다. 이른바 냉전 질서로 지칭된 세계적 차원의 정치·이데올로기 대립이 종식을 고하게 되었다. 이에 따라 구소련의 해체, 동·서독 통일 등 전환기적 변화를 가져왔다. 제5공화국 전두환 정부에 뿌리를 둔 제6공화국은 급변하는 국제질서에 적극적으로 대응해야 했다.

이른바 북방정책은 중국·소련·동유럽 국가·기타 사회주의 국가 및 북한을 대상으로 하는 외교정책으로, 중국·소련과의 관계 개선을 도모하여 한반도의 평화와 안정을 유지하고, 사회주의 국가와의 경제협력을 통한 경제이익의 증진과 남북한 교류·협력 관계의 발전을 추구하며,

궁극적으로는 사회주의 국가와의 외교 정상화와 남북한 통일의 실현을 목적으로 했다(Kim, 1993). 북방정책이 본격적으로 정부의 대외정책의 기조로 설정된 것은 노태우 정부가 출범하면서부터였다. 이에 따라 제6공화국 정부는 1989년 2월 헝가리와 수교했고, 1990년 9월 소련과 수교했으며, 1991년 9월 남북한이 국제연합에 동시 가입하였고, 1992년 8월 중국과의 수교가 이루어지는 등 외교적 성과를 거두었다

2. 노태우 정부와 스포츠 외교

1988년 간접선거 방식의 대통령 선출이 아닌 국민의 직접선거로 헌법 개정을 해서 출범한 제6공화국의 노태우 정부는 1988년 서울 올림픽을 성공적으로 개최하였다. 서울 올림픽은 160개국으로부터 온 13,000명 이상의 선수와 임원이 참가하여 지금까지의 올림픽 중에서 가장 큰 제전으로 치러짐으로써 한국의 국제적 위상을 제고하였다. 서울 올림픽 이후 정부는 올림픽진흥공단을 설립하는 한편, 스포츠 정책의 중요성을 강조했다. 이제는 스포츠가 사회적 복지에 기여하는 것으로 여겨졌다. 이러한 맥락에서 정부는 국가의 첫 번째 정책 목표로서 선진 복지사회 구현을 내세웠다(체육부 1989).

서울 올림픽 이후 정부는 많은 동구권 국가들과의 외교관계 개선에 노력을 기울였다. 또한 한국 기업들은 이들 사회주의 국가들과의 무

역을 통해 경제교류를 촉진할 수 있는 기회를 열었다. 서울 올림픽은 북방정책을 구체화시킬 수 있는 분위기와 동력을 제공한 측면이 있다(Kim 1993, 40).

이러한 흐름 속에서 북한과의 스포츠 분야에서의 협조가 이루어졌다. 축구와 탁구에서 단일팀 구성을 위하여 노력하였다. 이에 상응하여 북한도 지금까지의 폐쇄적인 정책에서 탈피하기 시작하였다. 한국 정부는 독일의과 같은 방식에 입각하여 북한에 대한 우위를 바탕으로 평화적으로 한반도 통일 문제에 접근한다는 정치 목적을 전제로 스포츠 정책을 마련하였다.

이러한 정책을 통해 한국은 개방되고 민주화된 사회로서 세계의 주요 스포츠 대회를 유치할 만한 국가임을 과시하였다. 특히 축적된 자본을 바탕으로 엘리트 스포츠를 집중적으로 육성하여 여러 국제대회에서 괄목할만한 성과를 거두었다. 1986년 서울 아시안 게임에서는 중국에 이어 2위를 차지하였고, 1990년 아시안 게임에서도 다시 중국 다음으로 일본을 앞질러 2위 자리를 지켰다. 올림픽의 메달 경쟁에서도 1988년 서울 올림픽에서는 세계 4위를 차지하였고, 1992년 바르셀로나 올림픽에서는 7위를 차지하는 개가를 올렸다.

1989년 정부는 스포츠를 통해 대중건강, 사회·교육·문화 발전을 중심으로 선진 사회로의 진입을 구현시키는 정책에 우선순위를 두었다 (C. K. Chung 1989, 267). 급속한 산업화에 따른 부작용을 해소하고, 분배 정의를 증진시키기 위한 복지사회 프로그램과 더불어 정부는 이러한 문제들에 대처하고 복지를 향상시키는 것이 필수적이라고 보았다. 그러나 정부는 정치경제적 목적을 가지고 엘리트 스포츠와 생활 스포츠 (sport for all) 정책을 결합시켰다. 생활 스포츠 정책의 결과는 엘리트 스포츠 정책과 비교해서 별로 성공적이지 못했음이 드러났다.

제2절 김영삼 정부

1. 국내외 환경

소련 및 동유럽의 사회주의체제가 몰락하면서 미국은 정치, 군사적인 차원에서는 유일한 초강대국 지위로 부상하였다. 냉전 종식과 더불어 경제적 차원에서는 미·소 양극 체제(bi-polarity)에서 다극 체제 (multi-polarity)로 전환되었다. 국제 역학 구조의 측면에서는 기존의 양극 체제가 소멸하고 미국이 서방국과 협력하여 세계질서를 주도해나가는 체제로의 변환이 나타났다. 통일 독일, 경제 부국 일본, 고도 경제성장 중국 등이 국제관계의 주요 행위자로서 등장하게 되었다.

한국의 경우도, 1980년대 말부터 국내정치 체제의 민주화와 경제 성장에 따라 한국의 국제 위상이 격상되면서 외교적 선택의 자율적 공간이 확장되었다. 1996년 12월 한국은 29번째 경제협력개발기구(OECD:

Organization for Economic Cooperation and Development) 회원국이 되었다. OECD 가입으로 한국은 경제발전과 함께 정치 민주화를 동시에 추구하여 국제사회에서 책임 있는 중심국가가 될 수 있는 기틀을 마련하였다. 그러나 동시에 경제적 차원에서는 또 다른 그림자가 드리워졌다. 한국은 40여 년간 정부 주도 경제개발 정책에 따라 고도 경제성장을 이루었으나, 무역, 자본 자유화 등에 따른 급격한 세계화 현상에 효과적으로 대응하지 못하고 국내의 정치·경제적 문제점이 누적되면서 1997년 말 외환 위기를 맞아 국제통화기금(IMF) 긴급 구제 금융을 지원받기에 이르렀다.

2. 김영삼 정부와 스포츠 외교

문민정부로 지칭되는 김영삼 정부는 신자유주의적 세계화의 흐름 속에서 '작은 정부'를 내세우며 문화부와 체육청소년부를 통합하여 문화체육부를 발족시켰다. 문화체육부는 국민의 여가 생활과 문화체육생활을 중시하며 대중화 및 국민적 공감대 형성을 목표로 하였다. 이러한 문민정부의 체육정책은 민간단체의 위상을 강화하고 그동안 양적인 팽창을 중심으로 했던 체육정책의 질적 전환을 모색하였다. 문민정부의 체육정책은 제1차 국민체육진흥 5개년 계획(1993-1997) 수립으로 집약되었다. 이를 통해 국민 체육의 중요성을 강조하며, 생활 체육에 특별한 관심을 보였지만, 기본적으로 국가 주도형 엘리트 체육 정책을 그대로 유지하였다.

한편, 스포츠 외교 차원에서는 올림픽 이상의 정치·경제적 파급효과를 갖는 월드컵 축구대회를 한국에 유치하는 성과를 올렸다. 한국의 월드컵 유치는 정부의 검토 사안 정도로 머물러 있었으나, 1992년 말 국회의원 정몽준이 축구협회장에 취임하면서 월드컵 유치를 공식화했다. 이홍구 평화통일자문위원회 수석부위원장을 유치위원장으로 1994년 3월 월드컵유치위원회를 공식 발족하였고, 9월에 국무회의에서 정부 차원의 유치 활동 지원을 결의하면서 민관 합동의 월드컵 유치 외교가 펼쳐졌다. 이후 주요 해외공관에 월드컵 유치 전담반을 구성하여 유치 활동을 지원하는 등 본격적인 유치 외교에 돌입하였다.

이미 일본은 월드컵 단독 개최를 전제로 1988년 3월부터 준비를 시작했고, 89년 11월에 월드컵 유치 의사를 공식 표명하였다. 이에 따라 91년 6월에 2002 월드컵 유치위원회를 발족시켰고, 93년 1월에는 월드컵을 개최할 15개 도시도 발표하였다. 이러한 상황 속에서 2002 월드컵 유치를 위한 스포츠 외교 과정에서 정몽준 대한축구협회장이 아시아지역 FIFA 부회장에 당선되었다. FIFA 부회장은 월드컵 개최지 결정 투표권을 갖는 21명의 집행위원에 포함되기 때문에 집행위원들과의 인적 교류를 원활히 할 수 있고 이를 통해 유치 활동에 중요한 역할을 수행할 수 있었다. 월드컵 대회 유치를 위하여 정몽준은 활발한 스포츠 외교를 전개하였다. 1995년 독일의 프랑크푸르트 《알게마이네 차이퉁 Allgemeine Zeitung》지는 특집기사를 통해 "한국은 끈기 있고 과감한 자세로 일본

이 가지고 있는 한계에 대해서도 과감한 공격을 가하고 있다"고 긍정적
인 평가를 하였다.

1994년 11월 한국의 2002월드컵 유치 신청이 FIFA에 공식 채택되
면서 한·일간의 본격적인 유치 경쟁이 치열하게 전개되었다. 일본은 경
제력, 외교력, 국내 준비여건 등을 앞세워 적극적인 유치 활동을 전개하
였고, 아벨란제(Jean Havelange) FIFA 회장도 일본 개최를 지지하는 태
도를 보였다. FIFA 집행위원이 소속된 19개국의 재외공관은 물론 주요
해외공관에 월드컵 유치를 위한 전담반이 구성되었고, 월드컵 유치 위원
회는 각 대륙연맹회의와 국제 축구대회를 누비며 한국의 월드컵 유치 의
지와 당위성을 설파하였다.

이후 중남미 지역과 아프리카 지역의 집행위원 중 한국 지지를 밝
히는 위원들이 나타났고, FIFA 내의 반 아벨랑제 인사들을 중심으로 개
혁 주장이 상당한 지지를 얻고 있었다. 특히 아벨란제 회장에 도전했다
가 회장 출마를 철회했던 유럽축구연맹(UEFA: The Union of Euro-
pean Football Associations) 요한슨(Johansson) 회장이 내걸었던 국
제축구연맹 개혁안이 하야투 아프리카연맹 회장과 정몽준 FIFA 부회장
의 적극적인 지지로 채택되어 FIFA 내의 새로운 세력권을 형성하게 되었
다. 이러한 연대가 한국의 월드컵 유치에 주요한 요인으로 작용하였다.

1996년 5월31일 FIFA는 스위스 취리히에서 집행위원회를 열고 요
한슨 유럽축구연맹회장이 제안한 2002년 월드컵 공동 개최안을 한·일
양 당사국이 모두 수용하는 조건으로 만장일치로 통과시켜 2002년 월
드컵 대회의 한·일 공동개최를 최종 확정하였다. 21세기를 여는 첫 월드

컵인 제17회 대회는 1930년 우루과이에서 제1회 대회가 개최된 이래 아시아 대륙에서 최초로 열리게 되었으며 공동개최 역시 처음이었다.

한편, 1994년 9월 프랑스 파리에서 개최된 제103차 국제올림픽위원회 총회에서 태권도가 올림픽 정식종목으로 채택되었다. 특히 1993년 국제올림픽위원회 프로그램 위원회의 채택 부결과 북한의 방해, 그리고 올림픽 종목을 노리는 다른 종목의 비협조로 불리한 여건이었으나, 김운용 국제올림픽위원회 부위원장의 끈질긴 노력으로 총회에 참석한 85명의 IOC 위원들의 전원 찬성으로 정식종목에 채택되었다.

이러한 결실을 위한 스포츠 외교의 노력은 1970년대부터 시작되었다. 1973년 세계태권도연맹(WTF)을 창립한 이후 75년 국제경기연맹총연합회(GAISF) 가입을 시작으로 76년 국제군인체육회(CISM) 가입, 80년 IOC 승인 종목 채택, 82년 아프리카게임 정식종목 채택, 83년 팬암게임 정식종목 채택, 86년 서울과 94년 히로시마 아시안 게임 정식종목 채택, 88년 서울과 92년 바르셀로나올림픽 시범종목 채택 등으로 태권도의 세계화를 추진한 지 20여년 만에 올림픽 종목 채택이라는 커다란 성과를 내게 되었다. 태권도의 올림픽 정식종목 채택은 우리 문화를 전 세계에 전파하는데 그치지 않고 경기력에서도 최소한 올림픽에서 2-3개의 금메달을 획득할 수 있어 태권도는 한국 스포츠의 올림픽 대회 상위권 유지에 결정적인 역할을 하였다.

제3절 김대중 정부

1. 국내외 환경

탈냉전 시대의 도래와 사회주의권의 붕괴로 한국 외교정책의 지형에 커다란 변화가 일어났다. 남북한 간의 긴장 완화는 한국 외교의 탄력성 증대와 함께 외연의 확장에도 기여하였다. 또한 북한 요인에 대한 경직적 대응 양상도 완화되었을 뿐만 아니라, 국민들도 이념적 쟁점화에 극단적인 성향을 보이지 않았다. 김대중 대통령 당선에 따른 국민 정부의 출현은 50년만의 여·야간 수평적 정권교체라는 점에서 현대 한국 헌정사에 한 획을 그었을 뿐만 아니라, 한국 민주주의를 한 차원 높게 성숙시키는 계기가 되었다.

이에 따라 수많은 시민단체의 등장과 역할은, 외교정책을 포함한 폐쇄적인 국가정책 영역의 빗장을 풀기 시작하였다. 이러한 경향은 대북정책, 대미정책 등 외교정책, 경제정책 등에서 두드러졌다. 이러한 흐름 속에서 소위 햇볕정책을 통한 대북정책을 추진하여 국내 정치적 기반을 보다 확고히 하였다. 이러한 정책 전환을 통해 남북 분단 이후 최초로 2000년 6월 15일 남북정상회담이 개최되는 등 남북관계의 해빙무드는 노벨평화상과 같은 외교정책 분야의 성공적 결실로 이어졌다.

2. 김대중 정부와 스포츠 외교

IMF 구제금융에 따른 경제위기 속에서 출범한 김대중 정부는 정부 행정의 효율적인 수행을 위하여 정부조직의 전체적인 틀을 축소하면서 작은 정부를 지향하였다. 전체적인 정부조직의 축소에 따라 체육조직의 축소도 이루어졌다. 더불어 지방화, 민간화, 다원화라는 환경변화에 부응해 체육정책을 수립·집행할 수 있도록 체육 업무의 분권화와 민간 주도를 추진하였다.

국민의 정부는 제2차 국민체육진흥5개년계획(1998-2002)을 수립하고 제반 정책을 추진하였다. 즉, 21세기는 체육·여가 생활의 만족이 삶의 질을 향상시키는데 더욱 큰 비중을 차지할 것으로 예측하고 체력과 비만관리 등 국민건강 증진, 다양한 생활체육 활동 기회 부여, 여가 활동 기회 확대 등 건강한 체육 복지사회를 구현하기 위해서 정부가 보다 종합적·체계적으로 국민의 생활체육 활동을 활성화하려는 의지를 내포하고 있다.

또한 생활체육과 전문체육의 두 축이 상호연계 발전되도록 체육 발전의 틀을 마련하고자 하였다. 특히 이 계획은 21세기 들어 처음으로 열리는 2002 월드컵축구대회를 성공적으로 개최하여 국가 재도약의 계기로 활용해야 한다는 인식하에 경기장 시설 확보, 숙박·방송·보도시설 확보, 다양한 문화행사 준비, 범국민적 참여분위기 조성 등의 정책을 마련하였다.

김대중 정부 시기 스포츠 외교의 특기 사항은 남북한 간의 스포츠 교류가 활성화될 수 있는 계기가 마련되었다는 점이다. 2002 월드컵의 경우도 남북 분산 개최와 단일팀 구성이 논의되면서 정몽준 대한축구협회장이 FIFA 부회장과 함께 북한을 방문하여 남북 분산개최 등 현안을 논의하였으나 무산되었다. 그러나 2002년은 남북스포츠 교류에 있어서 획기적인 해였다. 그동안 남한에서 열렸던 국제행사에는 무조건 불참하던 북한이 대규모 선수단을 이끌고 2002년 부산아시안 게임에 응원단과 함께 참가하였다. 또한 남북태권도 시범단 교류가 있었고, 태권도의 이질성 극복을 위한 공동학술대회도 개최하는 등 스포츠 외교와 관련된 민간 교류에 의미 있는 변화가 노정되었다.

제4절 노무현 정부

1. 국내외 환경

참여정부로 지칭되는 노무현 정부는 탈냉전의 조류가 강화되고, 미국의 부시행정부 등장 이후 일방주의 패권외교 성향이 전 세계적으로 비판 받는 가운데 집권하였다. 이러한 상황 속에서 기존 정부와는 차별화된 전략을 추구하였다. 수평적 대미관계, 협력적 자주국방, 실용적 균형 외교 등의 전략은 탈냉전의 흐름 속에서 한국의 대미 자율성 증대에 대한 국민의 욕구와 미국의 일방주의 외교정책에 조응하여 국내정치의 지지 기반을 확충할 수 있는 계기를 제공하였다.

이전 정부에 비해 노무현 정부의 외교정책 결정은 국민들 사이에서 종종 논쟁의 중심에 서게 되었다. 이러한 현상은, 우리 사회가 민주주의로 발전되면서 외교정책 결정 과정의 전반적인 형식과 작동방식을 새롭게 변화시켰음을 반증하는 것이었다. 또한 노무현 대통령의 취임은 긍정적이든 부정적이든 한국사회 엘리트 순환구조에 많은 영향을 미쳤다. 노무현 정부에 들어와 학연, 지연을 넘어 이른바 비주류 세력들이 제도권에 대거 진입하고 전통적 엘리트 순환구조를 파괴시켰다. 또한 탈권위적 경향이 확산되면서 정책결정 과정에서 이념적, 정책적 다양성이 표출되었으나, 정제된 모습을 보여주지는 못했다.

국내의 상황 변화는 무엇보다 새로운 세대의 등장에 따라 촉발되었다. 흔히 월드컵 세대 혹은 P 세대[60]라고 불리는 20-30대 젊은 층이 월드컵을 거치면서 우리 사회의 주요한 사회세력으로 떠올랐다. 한국전

---

60 2002년 월드컵축구대회, 대통령선거, 촛불시위 이후 달라진 대한민국 변화상의 원인을 분석하면서 등장한 특정 세대를 지칭하는 용어로서 2002년 현재 17세 이상 39세 이하의 연령층을 가리키는 말이다. 정치적 민주화와 유목성, 정보화, 부유함 등 비교적 자유로운 정치체제 아래서 성장한 세대로, 자신이 사회를 변화시킬 수 있다고 믿는 적극적이고 긍정적인 가치관을 가지고 있다. 여기서 P는 참여(participation)·열정(passion)·힘(potential power), 패러다임의 변화를 일으키는 세대(paradigm-shifter) 등 P로 시작되는 4개의 영어 단어를 뜻한다(제일기획 2003).

쟁의 폐허와 1950년대와 60년대의 경제적 결핍을 경험하지 않은 채 고도성장 시대 이후의 경제적 풍요와 민주주의 시대에 성장한 이들 젊은 세대들은 기성세대와는 확연히 구분되는 세계관을 갖고 등장하였다. 특히 이들 탈냉전 세대의 등장은 2002년 월드컵이라는 상징적 사건을 통해 이루어졌다. 이 세대들은 수평적이고 동등한 한미관계, 남북한 간의 화해와 협력을 한국외교의 지향점으로 이해하고 있다. 또한 양적, 질적으로 성장한 시민단체의 참여가 확대되면서 외교를 포함한 정책결정 과정의 주요한 행위자로 등장하였다.

2. 노무현 정부와 스포츠 외교

노무현 정부의 체육정책 기조는 '참여정부 국민체육 5개년 진흥계획'의 틀에서 찾아볼 수 있다. 이 계획의 주요 목표로 다음 사항들을 들수 있다. 첫째, 생활체육 참여율의 획기적 제고(50%)를 통한 국민건강 증진 및 삶의 질 향상. 둘째, 세계 10위 이내의 경기력 유지를 통한 국위선양. 셋째, 스포츠 산업 육성을 통한 국가 발전 및 지역균형 발전. 넷째, 국제 체육교류의 실질화로 국가이미지 제고. 다섯째, 남북 체육교류 활성화로 남북화해 분위기 구축 등이다. 특히, 스포츠 외교 차원에서는 국제 스포츠 행사 유치를 통한 국가 위상 제고, 태권도 종주국의 위상 강화를 위한 국가 간 체육교류 확대, 국제 체육행사 남북 단일팀 구성 참가 및 남북 간 스포츠 교류 행사를 통한 민족화합기반 조성 등을 추진하였다.

1988년 하계 올림픽을 서울에 유치하고, 대회를 성공리에 마침으로써 한국 스포츠 외교의 성가를 높인데 이어 2000년 10월에는 IOC에 2010년 평창에서의 동계 올림픽 유치를 신청하였다. 이후 2002년 8월 캐나다 밴쿠버(Vancouver), 오스트리아 잘츠부르크(Salzburg), 스위스 베른(Bern)과 함께 IOC에서 공식 후보도시로 선정되었다. 개최지가 결정된 2003년 7월 체코 프라하 총회에서 평창은 1차 투표에서 51표를 얻어 1위로 통과하는 저력을 보였지만, 과반수 득표를 얻지 못해 실시된 2차 투표에서 53표를 얻는데 그쳐 56표를 얻은 밴쿠버에 역전패 하였다.

이후 2004년 12월 대한올림픽위원회는 평창을 2014년 동계 올림픽 개최 후보도시로 다시 결정했고, UN총회 의장을 역임했던 한승수 유치위원장을 중심으로 동계 올림픽 유치위원회를 구성하여 재도전에 나섰다. 2006년 6월 IOC 집행위원회를 통과한 평창은 유치 신청한 7개 도시 가운데 오스트리아 잘츠부르크, 러시아의 소치(Sochi)와 함께 공식 후보도시로 선정되었다. 평창은 2007년 유치 신청 파일(bid pile)을 신청하고 2월14일부터 나흘간에 걸쳐서 IOC 조사평가위원회의 실사를 받으면서 국민들의 뜨거운 유치 열망을 전하였다. 또한 IOC 위원과 기업들을 중심으로 활발한 동계 올림픽 유치를 위한 스포츠 외교를 전개하였다.

그러나 7월 과테말라에서 열린 제119차 IOC 총회의 개최지 선정 결선투표에서 또 다시 패배를 맛보았다. 4년 전의 실패를 반복하지 않기 위해서 치밀한 준비를 했지만 결국 '1차 투표 선두에 이은 결선투표 2

위 탈락'의 과정을 되풀이 하고 말았다. 평창은 대륙별 분포에서 가장 많은 유럽의 IOC 위원들을 껴안는데 또 다시 실패했다.[61] 한편 두 차례에 걸친 동계 올림픽 유치를 위한 스포츠 외교전에서는 실패를 맛보았지만, 2007년에는 2014년 인천 아시안 게임과 2011년 대구 세계육상선수권대회의 유치에 잇따라 성공하는 스포츠 외교의 성과를 거두었다.

탈냉전의 과정에서 출범한 제6공화국은 국민의 직접선거에 의해 정부를 구성하여 전임 정부에서 끊임없이 제기된 정통성 문제에서 어느 정도 벗어났다. 정부의 스포츠 정책은 서울 올림픽 이후에 엘리트 정책에서 벗어나 생활스포츠 부문에 대한 정책적 관심이 커졌다. 스포츠 외교가 북방외교와 북한과의 관계 개선에 상당한 역할을 담당하였다. 또한 문민정부는 신자유주의 논리에 따른 '작은 정부'를 내세우면서 체육행정 조직을 축소 조정하고, 팽창된 생활체육의 장에도 시장경제의 논리가 도입되었다. 또한 2002 한·일 월드컵 공동유치라는 올림픽 개최에 버금가는 스포츠 외교의 성과를 거두었으나, IMF 구제금융 요청으로 그 빛이 바랬다. 국민 정부 시기 스포츠 외교의 특징은 남북 간의 관계개선이 이루어지면서 스포츠 교류가 활성화될 수 있는 계기가 마련되었다는 점

---

61 유럽의 벽은 높았고 러시아의 공세는 거셌다. '판박이 역전패' 뒤에는 또 다시 유럽이 있었다. IOC 실사보고서나 해외 언론 등에서 선두로 평가를 받은 평창이었지만, 막판 유럽에 위치한 2개 도시의 끌어내리기 협공을 결국 막아내지 못했다. 대다수 유력 언론 매체들도 평창의 우세를 예상했지만 결과는 예상 밖의 방향으로 흐르고 말았다. 그러나 무엇보다도 푸틴 대통령과 세계 최대의 러시아의 에너지기업 가즈프롬(Gazprom)의 막판 로비가 표심에 막대한 영향을 미쳤다는 평가가 나왔다.

이다. 참여정부의 경우, 두 차례의 동계 올림픽 유치 시도가 실패로 돌아
갔지만, 2011년 세계육상선수권 대회와 2014 아시안 게임 유치에 성공하
였다.

제

8

장

올림픽과 스포츠 외교의
변화와 전망

제1절 국제관계의 변화와 올림픽

1. 올림픽과 스포츠 외교

탈냉전 이후 올림픽과 같은 메가 스포츠 이벤트 개최에 대한 국가 간의 경합은 더욱 심화되고 있다. 많은 나라들이 올림픽을 유치하기 위한 경쟁에 나서면서 어떻게 하면 자국에 올림픽을 유치할 수 있는가에 관심을 기울이게 되었다. 올림픽 유치에 성공하는 것은 스포츠 외교에서 최고의 성과로 여겨지므로, 많은 도시들이 자기 도시를 대외적으로 알리고 성공적인 유치를 하는데 국가적 차원의 총체적 노력을 기울인다.

메가 스포츠 이벤트는 국가이미지 제고, 국민의 자부심 고양, 경제적 효용성 등의 가치가 인정되면서 각국 정부는 각종 국제 스포츠대회를 유치하고 성공적인 개최를 위하여 적극적으로 간여하게 되었다. 2014년 동계 올림픽 개최를 위하여 러시아 푸틴 대통령은 직접 스키를 타고 현장 실사단과 동행하는가 하면, 2002년 동계 올림픽을 개최한 솔트레이크 시티는 4번의 도전 끝에 개최지로 결정되었고, 2000년 하계 올림픽 개최지인 시드니, 2004년 하계 올림픽 개최지인 아테네 등도 두 번의 도전 끝에 개최지로 낙점되었고, 한국의 평창은 3번째 도전 만에 동계 올림픽 개최지로 선정되었다.

이러한 과정에서 국가의 역할이 증대되고, 스포츠를 통한 외교 문제가 중요하게 부각되었을 뿐만 아니라, 스포츠가 다양한 외교적 기능을 수행하게 되었다. 한국은 올림픽에서 괄목할 만한 성적을 올리는 등 스포츠 강국이지만, 스포츠 선진국이 되기 위해서는 스포츠 외교의 확충이 필요하다. 즉, 스포츠 부문은 사회부문의 핵심적인 영역으로 자리매김 되었고, 이제는 본격적으로 선진국 진입에 대비해 스포츠 외교의 국내적 토대 구축의 필요성이 대두하고 있다(유호근 2009, 182).

국가는 대내적으로 스포츠 외교정책 정립, 관리, 행정지원 등 구심적 역할을 수행하고 있다. 그렇지만 정부 부문과 민간 부문으로 분리, 이원화되어 있기 때문에 스포츠 외교 조직의 통합 운용 능력의 향상 방안이 모색되어야 할 것이다. 또한 각 경기단체에 독립적으로 스포츠 외교 담당 업무를 수행하는 조직이나 인력 확충도 필요하다. 나아가서 스포츠 외교 역량 강화를 위한 법적, 제도적 개선 방안이 도출되어야 한다. 또한 스포츠 외교 조직의 경쟁력, 효율성 제고 등 역량 강화를 위한 개선이 수반되어야 한다. 이를 위해 전문성 향상 및 대표성 증대를 위한 방안도 모색되어야 할 것이다. 대외적으로 우리 스포츠 외교는 다양한 국제 글로벌 네트워크에 참가하는 전 방위 네트워크 외교를 전개해야 한다. 이를테면 국제 스포츠 기구에 참여 인사의 수를 늘리기 위한 노력도 수반되어야 할 것이다.

올림픽과 같은 범세계적 스포츠 행사의 개최장소 선정 등의 권한은 국제 스포츠기구에 있다.[62] 따라서 국제 스포츠기구를 외교 무대로 하는 더욱 적극적인 대처가 필요할 것이다. 특히 올림픽을 주관하는 IOC는 8년 임기의 위원장 1명과 4년 임기의 부위원장 4명, 집행위원 10명 등 15명으로 구성된 IOC 집행위원회(Executive Board)[63]를 구성한다. 또한 IOC 총회는 IOC의 최고 의결기관이며 올림픽헌장 개정, 동·하계 올림픽 개최 도시 선정, 올림픽 정식종목(Olympic Programme) 결정 및 IOC 위원 선출 및 퇴출 등을 결정하며, 각종 국제 스포츠 관련 단체들에 대한 유·무형의 협조와 조정을 통한 제반 영향력을 발휘한다. 따라서 IOC 위원은 국제 스포츠 계에서 최고 의결권과 스포츠 외교 및 국제협력 등 다방면에 괄목할만한 영향력을 행사하기 때문에 IOC 위원이 곧 스포츠 외교력이라는 등식이 성립한다고 볼 수 있을 정도로 그 영향력은 엄청나다고 볼 수 있다.

스포츠 외교의 무대가 바로 IOC다. IOC는 2009년 10월 UN총회에서 UN의 옵저버 지위(Observer Status)를 획득하였다. 2008년 이태

---

62 FIFA에서는 축구 월드컵개최지를 결정하는 것처럼 각 스포츠를 관장하고 있는 국제 스포츠 기구에서 개최지 선정을 자체의 선정 절차와 규정에 따라 결정한다.

63 1회 연임이 가능하며 이 경우에는 4년 추가되는 1명의 IOC 위원장을 포함하여 4년 임기의 부위원장 4명과 선출직 6명 및 당연직 4명의 위원(ANOC 회장, ASOIF 회장, AIOWF 회장, IOC 선수위원장 각각 1명씩) 등 15명으로 집행위원회를 구성한다. IOC 집행위원회는 IOC 위원 후보 추천권, 올림픽 정식종목 후보종목 추천권, IOC 총회 의안 준비, IOC 재정 및 행정관리 세부준칙 제정 및 관리 감독 등 중추 역할을 수행한다.

리가 발의하고 25개국이 동의한 IOC의 UN 옵저버 지위부여 결의안은 스포츠 관련 국제기구로는 처음으로 UN의 공식단체로 등록된 것이다. 이로써 IOC는 이제 UN에서 발언권을 부여 받게 되었으며 UN 회의에 공식적으로 참석할 수 있고, 결의안에 대한 제안권 및 서명권도 주어졌다. UN 내에서 IOC는 EU(European Union), ADB(Asian Development Bank) 및 아랍연맹(Arab League)이 속한 그룹의 일원이 되었다. 이는 IOC가 UN 네트워크의 중요한 파트너로 격상되었음을 의미한다. 《타임》(The Times)지는 IOC가 세계정치의 헤드 테이블에 착석할 수 있는 위상을 확보했다고 평가하고 있다. 국가브랜드 확충의 중요한 장이 되고 있는 올림픽의 개최 여부는 전적으로 IOC 총회에서 위원들의 결정에 달려있다. 대륙별 IOC 위원들의 숫자는 <표 4>에서 보듯이 유럽에 편중되어 있다. 이러한 IOC 위원의 지역적 편중은 IOC 위원장의 선출, 올림픽 개최지 선정 등 IOC의 중요한 정책결정 과정에서 공정성 문제에 대한 의문을 제기하였다.

〈표 4〉 대륙별 IOC 위원 분포

분 류	오세아니아	유럽	미주	아프리카	아시아
IOC 위원 수	5	43	20	13	22
IOC 위원 1인당 인구 (백만 명)	7	16	48	62	147

(출처: 『서울신문』 2014. 11. 22)

2. 국제관계의 변화와 스포츠

20세기까지의 국제관계가 지정학과 국력을 축으로 하는 패러다임이었다면, 21세기의 탈현대 국제사회는 개방된 소통 과정을 통한 설득과 이미지, 그리고 매력에 근거한 영향력을 축으로 하는 새로운 패러다임으로 전환하고 있다.[64] 말하자면 과거의 국제정치가 하드파워(hard power)에 기초한 국제관계였다면, 오늘의 국제관계는 소프트파워(soft power)가 국제관계의 중요한 요소로 부각되고 있다.

특히 스포츠는 소프트파워를 구성하는 주요한 요소로 꼽을 수 있고, 국가의 안팎을 넘나드는 정치·사회 현상으로 부각되었다. 이에 따라 스포츠와 정치는 밀접한 상관관계를 맺고 있다(유호근 2009). 개방과 국가 간 경계 낮추기로 구현되고 있는 세계화 시대에, 스포츠는 한층 더 국가 단위의 경계 영역을 허물면서 상호 영향을 주고 있다. 이를 테면 국가 내부적으로는 통합과 소통의 기제 등으로 기능하지만, 국가 외부적으로는 외교적 자원의 원천으로 상호의존적 교류의 의미가 강조된다.

근대 국민국가가 역사의 전면에 등장하면서부터 민족국가와 그 지도자들은 국제관계를 주도적으로 이끌어 가려는 열망을 가지고 있었다. 이러한 목적을 달성하기 위하여 민족국가들은 경제적 힘, 군사적 힘, 그리고 정치적 힘이라는 세 가지의 지주에 의존하였다. 경제적 힘은 자국

---

64 http://keaf.org/project/sub/sub.html?seq=26.

이 가지고 있는 자원이나 다른 나라와 유리한 조건으로 경제적 교류를 할 수 있는 능력 등으로부터 파생된다. 군사적 힘의 유효한 원천은 인적·물적 자원에 기초한다. 정치적 힘은 자국의 지도자나 제도의 선택적 우월성이나 조합에 의해서, 혹은 자국민의 의지, 또는 타국으로부터 얻을 수 있는 지원 등에 기반을 두고 있다.

<표 5>에서는 강대국의 힘의 원천으로 작용했던 주요 요소들이 변화되고 있는 양상을 보여주고 있다. 물질적인 차원의 유형의 힘의 요인들이 점차 비물질적 차원의 무형의 힘의 요소들로 변화되고 있는 것을 알 수 있다.

〈표 5〉 강대국과 힘의 원천의 변화

시기	강대국	힘의 원천
16세기	스페인	금, 식민지 무역, 용병부대, 왕실과의 유대
17세기	네덜란드	무역, 자본시장, 해군
18세기	프랑스	인구, 농업, 공공행정, 군대
19세기	영국	산업, 정치적 단합, 금융, 해군, 자유주의적 규범, 군사 요충지(섬)
20세기 이후	미국	보편적 문화, 초국가적 커뮤니케이션, 경제규모, 과학기술의 우위, 군사력과 동맹관계, 자유주의적 국제체제

(출처: Nye 1990)

이러한 오늘날 힘의 기반들이 세계사회의 급속한 변화 양상과 맞물려 막대한 변화를 경험하고 있다. 민족국가는 세계사회의 국면을 맞으면서 힘과 영향력에서 심각한 도전을 받고 있다. 전통적인 의미에서 힘으로 치부되었던 것 자체가 새로운 형태나 속성으로 재편되고 있다. 특히 냉전 종식과 함께 양극 적대나 동맹에 근거했던 권력 관계는 사회주의 블록이 해체되면서 재구성되고 있다. 그러한 변화는 국제체제 속에서 다른 행위자들에 영향을 미치기 위하여 군사적 자원과 같은 강제력에 의존하는 것을 회피하는 경향이 점증하고 있다(유호근 2010).

또한 이제 힘의 관계적 맥락이 더욱 중요한 의미를 갖게 되었다. 힘의 관계적 접근에 따르면, 힘은 사회적 행위자의 조합에 따른 상호작용의 관점에서 측정되고 평가된다. 나이(Nye 1990)가 주장하는 소프트파워의 개념은 최소한 관계적 차원에서 정보화 시대에 힘을 이해하는 하나의 방식이 되고 있다. 소프트파워는 강제보다는 유인을 통하여 원하는 결과를 도출해낼 수 있는 능력이다. 다른 행위자들이 특정한 바람직한 행위를 산출해내는 규범이나 제도에 동조하게 유도한다. 한 국가는 세계 정치에서 자국이 원하는 결과를 얻을 수 있는데, 이는 다른 국가들이 그의 가치를 동경하고 따르며 그 번영과 개방의 모습을 자신들의 발전방향으로 이해하고 그 국가를 따르길 바라기 때문이다.[65]

나이가 처음 제시한 소프트파워는 군사적 강압이나 경제적 유인책을 사용하는 대신 다른 국가들이 자발적으로 자신의 의도와 의지를 따르도록 만드는 능력을 의미한다. 소프트파워는 다른 국가들이나 국제정치 행위자들이 '자신이 원하는 바를 원하도록 만드는 능력', 다른 이들

---

[65] 미국의 영향력 증대가 하드파워보다는 소프트파워인 설득을 통한 영향력 확대를 강조하고 있다(Nye 2002)

의 선호나 취향에 영향을 미칠 수 있는 능력을 말한다. 이러한 권력의 요소를 매력이라고 부를 수 있다(하영선, 남궁곤, 359).

발전단계가 상이한 다양한 국가들이 혼재해 있는 오늘날의 세계에서 군사력, 경제력 그리고 소프트파워 등 세 가지 자원은 정도의 차이는 있지만 지속적인 상관관계를 맺고 있다. 정보화 혁명과 경제의 글로벌화의 추세가 더욱 가속화하면서 세계는 점점 협소하게 되고 이에 따라 세 가지 파워 자원의 상호 연관성 속에서 소프트파워가 차지하는 비중은 더욱 커질 것이다(나이 2009, 70-71).

〈표 6〉 힘의 속성 비교

분류		행위	주요 수단	정부의 정책
하드파워	군사력	강제, 억지력, 보호	위협, 군사력 행사	강압적 외교, 전쟁, 동맹
	경제력	유인, 강제	보상, 제재	원조, 매수, 제재
소프트파워		매력, 아젠다 설정	제반가치, 문화, 제반정책, 제도	일반 외교활동, 쌍무적·다변적 외교활동

(출처: 나이 2009)

소프트파워는 강제나 보상보다는 사람의 마음을 끄는 힘으로 원하는 것을 얻는 능력을 말한다. 이런 힘은 한 나라의 문화와 그 나라가 추구하는 정치적 목표, 제반정책 등의 매력에서 비롯된다. 다른 나라 사람들이 보기에 특정 국가의 정책이 정당하다고 여길 때 그 나라의 소프트파워는 강화되는 것이다. 매력은 강제보다 효과적인데, 가령 민주주의와 인권, 개인적인 기회 보장과 같은 사람들이 공유하는 가치는 쉽게 사람들을 매료시키는 힘이 강하다(나이 2004, 9).

제2절 스포츠 외교와 기능주의적 함의

1. 소프트 파워와 스포츠

소프트파워는 소통과 설득을 강조하고 매력(attraction)을 통해 영향력을 확장한다. 소프트파워가 작동하는 기제를 살펴보면 첫째는 유인과 설득의 기제이다. 즉, 이것은 내가 원하는 것을 남이 원하게 만드는 능력이다. 그렇게 하려면 타자를 끄는 힘으로서의 매력이 작용해야 한다. 이를테면 자기 가치, 이념, 문화, 실천 등에서 우러나오는 호소력이 타자를 움직일 때 발현된다. 이 과정은 자발적·준자발적 동의의 과정이며, 주관적이고 정서적인 과정이다. 이러한 매력은 누구를 겨냥하는가에 따라 다르게 작동하기 때문에 소프트파워는 관계적 성격을 갖는다(김상배 2009, 115-116).

올림픽 시작 이후 지난 100여 년 동안 올림픽은 모든 스포츠의 경쟁의 장이었다. 올림픽 경기를 통해 많은 도시, 주변 지역들, 심지어는 국가 전체가 공동의 무대에 참여하고 성공 개최를 위한 노력을 경주한다.

이러한 올림픽, 월드컵과 같은 메가 스포츠 이벤트[66] 유치는 다른 국제 스포츠 행사 개최와 유사한 속성을 지니지만, 실제 규모나 전체 미디어 청중의 다국적 속성 그리고 다른 스포츠 행사 보다 더 많은 국가들과 방송, 인쇄 미디어들이 참여한다. 또한 이를 통한 정치적 통합의 시도와 사회의 긴장 완화, 국가 간 우호증진, 그리고 경제적 이익의 확장이라는 긍정적 측면들이 더욱 부각되고 있다.

둘째로는 소통의 기제이다. 새로운 세기에 들어서면서 전쟁보다는 오히려 테러가 더욱 중요한 세계적 이슈로 등장하였다. 21세기가 시작되면서 테러 공포가 가중되고 있다. 이에 미국은 하드파워를 총동원하여 대응하고 있으나 원하는 결과를 얻지 못하고 있다. 테러에 대한 하드파워 대응은 또 다른 물리적 대응을 불러오고, 이는 또 다시 공격으로 이어지는 하드파워 사용의 악순환에 빠져들고 있다.

하드파워가 국제정치 무대에서 갈등을 해결하는 방식으로서의 유용성이 상실되고 있는 만큼 반대로 소프트파워의 실효적 측면이 강화되고 있다고 볼 수 있다. 소프트파워는 타자가 보는 자기 이미지와 이념, 정책에 대한 평가로 정체성의 문제와 깊은 관련이 있다. 자기정체성은 타자와의 끊임없는 상호 주관적 소통과 관계의 결과이다. 자기 스스로 규정하는 정체성과 타자가 규정해주는 정체성이 일치할 때 소프트파워는 발휘될 수 있다.

---

66 올림픽이나 월드컵은 수많은 대중들에게 호소할 수 있는 극적인 성격을 지니는 국제적 차원의 대규모 문화(상업적 및 스포츠를 포함하는) 행사로서 메가 스포츠 이벤트로 지칭된다(Roche 2000).

스포츠가 사회구성원을 집합시키고 조직의 일체감을 조성한다는 사실에서 스포츠는 소통을 통한 사회통합 기능을 수행한다고 볼 수 있다. 스포츠는 경쟁과 대결을 통해서 즐거움을 만끽하는 대중 위락으로서 자리 잡고, 관중은 한 팀을 응원함으로써 자신이 속해 있는 집단과 일체감을 갖게 되므로 사회 통합과 화합을 이루게 한다. 스포츠 활동에는 참가자 개인을 그 팀이나 클럽으로 융화시키기에 충분한 상호 인간관계의 결속이 개재되어 있기 때문이다. 나아가서 스포츠는 서로간의 우애를 형성하고 연대의식을 조성함으로써 이러한 사회적 거리를 좁혀주는 촉매작용을 한다. 따라서 스포츠는 우호적인 인간관계를 형성하고 강화시키기 때문에 인간소외나 고립과 같은 사회적 괴리 현상을 해소하는 데도 긍정적인 역할을 수행한다고 볼 수 있다(유호근 2010, 150).

스포츠 영역은 다른 어떤 분야보다 세계화가 일찍이 이루어지면서 스포츠는 국제관계에서 소프트파워의 중요한 요소로서 그 위상이 부각되고 있다. 이에 따라 많은 나라들은 스포츠를 통한 소프트파워의 확대에 경쟁적으로 몰입하고 있다. 올림픽, 월드컵과 같은 이른바 메가 스포츠 이벤트의 개최지를 둘러싼 각국의 유치 경쟁도 국제사회에서 스포츠를 통한 개최국의 정치적, 경제적, 문화적 위상의 강화를 통해 소프트파워의 획득이나 보존을 위한 각축의 측면으로 비쳐진다.

동·하계 올림픽이나 월드컵 등은 지구촌의 대다수 국가들이 대표팀을 보내 대회에 참가함은 물론, 매우 높은 TV 시청률을 보여주고 있다. 이렇게 높은 시청률이 나타나는 이유는 그만큼 세계인들이 국제 스포츠 행사가 주는 매력에 빠져 있음을 상징적으로 보여주고 있다. 사회적, 문화적, 언어적, 이념적 장벽을 넘어서 사회통합과 국민화합에 이바지하면서, 국가이미지 제고를 통해 유무형의 사회 경제 효과가 증폭되고 있기 때문으로 보인다.

〈표 7〉 메가 스포츠 이벤트 시청자 수   (연 인원)

분 류	2006 독일월드컵	2006 토리노동계 올림픽	2008 베이징올림픽	2010밴쿠버 동계 올림픽
참가국	32개국	85개국	205개국	91개국
기 간	30일	15일	15일	17일
시청자	262억 명	306억 명	490억 명	400억 명

(출처: 이찬영 2010)

2. 스포츠 외교의 기능주의적 함의

스포츠 외교 혹은 스포츠를 통한 교류와 협력에 관한 이론적 의미는 기능주의적 관점에서 찾을 수 있을 것이다. 기능주의 논리는 정치적 단위체의 통합으로의 진행에 몇 가지 특징적 측면을 내포하고 있다. 우선 통합 대상체제 간의 관계는 상호 의존성이 늘면서 복잡한 새로운 단위의 구조로 전이된다. 둘째는 관계의 양상이 일회적 행사에 그치는 것이 아니라 반복성이 있는 정례화의 단계로 전환될 수 있으며, 다음으로 기능주의적 통합 과정은 단계성이 있으므로 장기적인 차원에서 점진적으로 나타난다. 이에 따라서 정치적 독립 단위체 간 스포츠 교류 협력의 장에서 이러한 특징들이 표면화된다면 기능주의 관점에서 통합 가능성이 제고되고 있다고 볼 수 있을 것이다.

기능주의 이론은 두 사회 간에 기능적인 상호의존 관계가 생기면 공통의 통합이익이 생겨나고 이 공동이익은 두 사회를 불가분의 관계로 만들어 통합 촉진의 가장 큰 요인이 되면서 동시에 한 부문에서 형성된 기능적 협조관계는 다른 분야의 협력관계를 이끌어 낸다는 것이다. 통합 방법으로는 국민의 필요를 충족시킬 수 있고 국가 간의 갈등으로부터 비교적 자유로운 기능적·기술적 차원의 협조를 도모한다. 이를 통해 국가들은 상호 이익을 얻으면 보다 큰 협력을 유발할 수 있는 다른 영역들로 확산되고 궁극적으로는 정치적 통합에까지 이룰 수 있다는 점진적 단계의 통합 방법을 추구한다.

어느 한 국가가 다른 국가와 스포츠 경기를 하게 되면 공식적 외교 관계가 성립되어 있는 국가 간의 관계라 해도 양국 및 해당 정부에 대한 정치적 인정의 의미를 내포하고 있다. 반대로 다른 나라와의 스포츠 교류를 거절하거나 해당 국가 운동선수들에게 비자 등을 거부함으로써 스포츠 교류를 인정하지 않는다면 정치적 불인정의 의미로 해석하기도 한다(Strenk 1977). 예를 들면 남북한 간의 스포츠 교류 및 체육회담 등은 남북 간의 이해와 친선 및 평화를 촉진하는 수단으로 활용된다. 스포츠는 상호교류 및 신뢰를 증진시킴으로써 모든 인류를 한 곳으로 모을 수 있으며 국가 간 상호작용을 통하여 국제 이해, 친선 및 평화를 증진시키는데 긍정적인 공헌을 할 수 있다(김범식 1996).

특히 분단국에 있어서 스포츠 외교나 스포츠 교류가 이처럼 중요한 이유는 동·서독의 경우처럼 분단의 원인이었던 이데올로기 갈등과 정서적 적대감을 상당 부분 해소하는데 직접적인 효과를 줄 수 있기 때문이다. 바로 이러한 측면이 스포츠의 기능적 효용성일 것이다. 스포츠는 비정치적 문화현상일 뿐만 아니라 신체가 직접 부딪히는 인간적 접촉을 통해 서로의 실체를 확인하고 포용하는 결과를 낳는 특징이 있다. 이러한 측면은 경기에 임하는 선수들뿐만 아니라 경기를 지켜보는 관중들도 마찬가지이다. 올림픽 경기를 통해 인류애의 고양이 이루어지고, 세계 평화의 실현이 기대되는 이유도 이러한 요인에 있다고 할 수 있다(정동성 1998, 223-225).

스포츠 교류는 강압이나 명령이 아닌 선의의 경쟁과 화합의 차원에서, 그 구체적 행위의 연장선상에서 이해할 수 있다. 스포츠 교류를 통해 이데올로기적 편집성이나 이질적 가치체계를 뛰어넘어 국가 간 교류를 촉진시킬 수 있다. 그럼으로써 상호 인식 부족이나 소통의 단절에 따른 적대감의 증폭으로 인해 발생할 수 있는 마찰 가능성을 축소하는 동시에 상호적으로 국가 목표 추진을 위한 우호적 환경을 조성해주는데 이바지할 수 있다. 스포츠는 경쟁과 대결을 통해서 즐거움을 만끽하는 대중 위락으로서 자리 잡고, 관중은 동일 팀을 응원함으로써 자신이 속해 있는 집단과 일체감을 갖게 되면서 사회통합 기능을 수행한다. 말하자면 독립된 사회 간 거리의 간격을 좁혀주는 촉매작용을 한다(Brockmann 1969).

동·서독 관계에서 스포츠는 정치의 진전에 앞서서 선도적 역할을 담당했으며, 정치 또한 동·서독의 스포츠 관계 진전에 있어 결정적인 순간에 도움을 주었다(송병록 2004, 140-141). 동독과 서독의 스포츠 교류는 변화무쌍한 국내외 정세에 민감하게 반응하면서 신장되거나 위축되었었다. 예컨대 동독이 스포츠를 정치적 수단이나 선전도구화한 부분이 흔히 지적되고 있으나 서독의 스포츠도 국내정치와 국제정세로부터 완전히 자유롭지는 못했다. 동독은 국제적으로 승인을 받지 못했던 1950년대와 1960년대에 스포츠를 외교적 승인을 얻기 위한 수단으로 적극 활용하였다. 1951년 동독의 독일체육위원회와 서독의 독일체육연맹 간에 체육교류가 시작되어 1956년 호주의 멜버른(Melbourne)에서 개최된 제16회 올림픽과 이탈리아의 코르티나담페초(Cortina d'Ampezzo)에서 개최된 제7회 동계 올림픽 경기대회에 공동선수단을 파견하였다. 1957년에는 각 종목에 걸쳐 1,530회의 교환경기가 열렸고 참가 인원은 3만 5,800명에 달했다.

동·서독은 1960년 로마, 64년 도쿄 대회까지 연속으로 같은 국기와 국가를 갖고 올림픽에 출전했다. 이때까지 동·서독은 올림픽을 앞두고 수백 번의 회의와 예선전을 치르며 민족의 동질성을 확인했다. 그런데 1961년 동독의 베를린장벽 설치로 양국관계가 급속히 냉각되어 1962년부터 4년간 도쿄 올림픽 선발전을 제외하고 모든 스포츠 교류가 중단되기도 했다. 이후 동독은 1965년에 개최된 IOC 총회에서 동독의 국가올림픽위원회를 국제적으로 공인받았다. 이에 따라 1968년 멕시코올림픽에는 동독이 독자적으로 올림픽에 출전, 위기를 맞기도 했다. 당연히 스포츠교류도 67년에는 88회, 68년 46회, 70년 10회로 줄어들었다.

1969년 연정을 통해 집권한 브란트(Willy Brandt) 수상은 69년 10월의 성명에서 최초로 두 개의 독일 국가를 언급했으며 동독 정권과 대등한 토대에서 만날 것, 그리고 독일 문제는 유럽의 평화질서의 테두리 내에서 스스로 결정해서 해결해야 한다고 밝혔다. 전통적인 힘의 정치와 동독을 승인하지 않는 정책으로부터의 탈피가 시작된 것이다. 아데나워 시절의 서독만이 독일의 유일한 대표임을 주장하는 입장[67]과 이와 연계된 소위 '할슈타인 독트린'[68]은 포기되었다.

1970년대 초 동·서독 간의 통행조약, 기본조약 등의 체결은 정치적 관계의 정상화는 물론이고 양독 관계 전반의 활성화에 기여하였다. 1970년 3월 19일 서독의 브란트 수상은 동독에서 동독국가평의회 의장 빌리 쉬토프(Willi Stoph)를 만났고, 쉬토프는 같은 해 5월21일 서독을 방문하여 브란트를 만났다. 이 두 번의 정상회담은 양독 관계 정상화를 위한 발판이 되어 동·서독 화해와 대화 분위기를 조성했다. 1972년 5월에는 동·서독 간의 통행조약이 체결되었다. 같은 해 12월 21일에는 동베

---

67 1949년부터 1960년대 말까지 서독(독일연방공화국)은 독일제국의 유일한 권리 승계자로서 유일한 합법적 대표자라는 주장을 했다. 동독에서는 국민들의 자기결정권 행사가 불가능하고, 또 사회주의통일당의 독재가 존재하는 반면, 독일연방공화국에서는 국민에 의해 자유롭게 선출된 정부에 의해 통치가 이루어진다는 점을 그 논거로 삼았다. 따라서 동독사회주의 통일당 정권과의 공식적 접촉은 거부되었다.

68 1955년 아데나워 정권에서 외무장관을 하던 할슈타인(Walter Hallstein)의 이름이 붙여진 이 원칙은, 제3국의 동독 승인을 막기 위한 정책으로, 제3국과 동독과의 외교 관계 체결은 서독 정부에게 비우호적 행위로 간주한다는 것이다. 이를 통해 서독 정부는 독일에서의 유일한 대표라는 점을 외부세계에 관철시키려 했다. 이 원칙은 1960년대 후반까지 서독 정부의 기본적인 정책이었다.

를린에서 동독과의 기본조약이 체결되었는데, 이 조약은 동·서독이 동등한 권리의 기초에서 정상적인 선린관계의 발전, UN의 목표와 원칙들에 대한 존중, 국경에 대한 상호불가침, 무력 포기, 상호 무역상주대표부 설치, UN 가입 및 양국의 독립성 등을 규정하고 서독의 단독 대표성을 포기한 획기적인 것이었다.

동·서독 간의 교류협력이 활성화될 수 있었던 배경에는 무엇보다도 접근을 통한 변화를 표명한 서독 정부의 신동방정책이 결정적인 역할을 하였다. 특히 슈미트(H. Schmidt) 총리의 현실주의적 독일정책, 즉 통일을 향한 전제조건이 양측에 존재하지 않은 상황에서의 무의미한 통일 논의보다는 통일 여건의 조성 차원에서 양독 관계의 실질적 개선에 초점을 맞춘 독일정책이 교류 협력의 활성화에 기여하였다(Griffith 1978).

독일 통일의 과정에서 동·서독 간의 스포츠 교류가 어느 정도 기여했는가에 관해서는 양론이 있다. 스포츠가 동·서독 간의 화해를 촉진시키고 통합과정의 선도적 기능을 수행했다는 입장이 있는 반면, 스포츠 교류가 국내외 정치 상황에 의존했을 수밖에 없기 때문에 제한적인 역할을 담당했을 뿐이라는 관점이 있다. 실제로 동·서독의 스포츠 교류는 국내외 정세 변화에 따라 민감하게 반응하였다. 그럼에도 불구하고 독일 통일의 과정에서 동·서독의 스포츠 교류는 국내외 정치 상황에 의존해서 수행된 측면이 있지만, 다른 한편으로 분단된 양쪽 국민들의 화해를 촉진시키고, 통합과정에서 동질적 연대감을 축적시키는 긍정적 기능을 발휘했다고 볼 수 있다.

예컨대 동독이 국제적 승인을 획득하지 못했던 1950년대와 1960

년대에는 외교 승인을 얻기 위한 수단으로 스포츠를 적극 활용하였다. 또한 미소 간의 대립구조가 스포츠를 통해 극명하게 표출된 1980년 모스크바 올림픽이나 1984년 로스앤젤레스 올림픽도 동·서독의 스포츠 교류에 영향을 미쳤다. 서독은 1980년의 모스크바 올림픽을 보이콧하였고, 동독도 역시 1984년 로스앤젤레스 올림픽 참가를 거부하였다. 이렇게 보면 쉬운 분야 혹은 기술 분야로부터의 통합 효과가 확산(spillover)되어 정치 통합으로 이른다는 기능주의적 통합 논리는 한계를 가질 수밖에 없음을 동·서독의 스포츠교류를 통해서 읽어낼 수 있다.

그러나 동·서독 간의 스포츠 교류가 동·서독 국민들의 민족의식 고취, 동포애 함양, 민족 정체성에 대한 이해, 상호이해를 증진시키는 사회문화 기능을 수행하였다는 점은 부인할 수 없는 사실일 것이다. 특히 1972년 동·서독 간에 맺어진 기본조약은 스포츠 교류의 새로운 장을 열어주는 계기가 되었다. 예를 들면 스포츠 교류를 위한 제도적 장치가 마련되고 정치로부터의 독립 필요성이 어느 정도 제기된 측면이다.

제3절 스포츠 외교의 전망과 과제

1. 스포츠와 국가이미지의 연계

국가이미지는 이미지의 개념을 국가를 대상으로 적용한 것이며, 스포츠 현상과 밀접한 상관 관계를 맺고 있다. 즉, 국가이미지는 특정 국가에 대해 일반적으로 갖고 있는 대중적 인식의 총체이다. 스포츠는 대중들의 인지적 에너지를 시간적 동시성을 가지고 광역화된 공간에 분출시키는 중요한 기제로 작동한다. 1976년 유네스코는 "모든 형태의 스포츠는 매우 광범위하고도, 강력한 하나의 사회현상이며, 특히 그 영향력이 매우 큰 사회 현상으로 대두하고 있다"라고 스포츠의 성격을 규정하였다. 그 후 현재에 이르기까지 스포츠는 더욱 강력하고 광범위하며 영향력 있는 정치사회의 기제로 자리 잡았다. 또한 스포츠는 현대 사회의 주류를 이루고 있는 대중문화의 한 형태이지만, 문화영역 밖, 특히 정치영역에서도 중요한 주제로 다루어지고 있다. 스포츠는 그 독특한 정치적 상징성을 띠어 왔다(양순창 2007, 323).

좋은 국가이미지에 기초한 소프트파워를 가짐으로써 동반되는 장점은 여러 가지가 있다. 일례로 국제 신용과 투자자 신뢰 회복, 국제 신용등급 향상, 국제 정치적 위상 증대, 제품 수출의 신장, 국가 자신감 회복, 국제 협력체제 강화, 세계 시장 접근의 용이성 등을 꼽을 수 있다. 따라서 국가이미지 향상을 통해서 정치, 경제, 문화 등 부수적인 효과를 높일 수 있다는 것이다(Pantzalis and Rodrigues 1999).

스포츠가 국가이미지 형성의 중요한 요소로 작용하는 이유는 과학 기술의 발전에 따라 국가를 넘어서서 불특정 다수의 대중을 대상으로 시간적 일체성과 공간적 광역성을 가지고 영향을 미칠 수 있기 때문이다. 즉 올림픽만큼 집단적 의식과 감정을 분출시키면서 일시에 수많은 사람들의 시선이 집중되는 국제적 무대가 펼쳐지는 행사는 흔치 않다. 이런 이유 때문에 국가들은 종종 스포츠 경기의 결과를 자국의 대외 인식을 변화시키기 위한 수단으로 활용해 왔다. 냉전 시기 동안 소련은 올림픽 경기에서 우위를 확보하면서 자국의 이미지를 세계에 부각시키려 하였다.

스포츠가 국가이미지에 미치는 영향은 국제관계에서 주변적 범주에 머물러 있던 약소국들의 경우 더 크다고 알려져 왔다. 이들 국가들은 국제사회에 알려질 기회가 별로 없었고, 오히려 과거의 식민지, 전쟁, 경제적 곤궁 등과 같은 부정적 이미지가 각인되어온 경우가 많다. 따라서 정치 경제적으로 주변적 지위에 머물러 있는 국가에서 개최되는 국제 스포츠 행사는 세계인들에게 새로운 국가이미지를 심어줄 수 있을 것이다.

이를테면 1968년 제19회 올림픽은 올림픽 역사상 처음으로 개발도상국인 멕시코의 수도 멕시코시티에서 개최되었다. 그런데 멕시코 올림픽은 올림픽 개최를 둘러싸고 이에 반대하는 국내적 소요, 유혈사태까지 동반되었으며, 또한 올림픽 개최를 위한 사회 경제적 인프라 등이 제대로 갖추어지지 않은 상태였다. 그럼에도 불구하고 멕시코는 올림픽을 개최하려 하였다. 멕시코의 입장에서는 개도국에서 최초로 올림픽을 개최하였다는 사실을 국제사회에 각인시키고자 하였다. 올림픽을 국가이미지, 나아가서 국가브랜드 가치 증대의 중요한 수단으로 활용함으로써 국제적 지위 향상과 인정을 도모하였다고 볼 수 있다(유호근 2008, 47).

중국의 경우도, 스포츠를 통해 다양한 문화적 매력을 표출하고 있다. 이는 책임 있는 대국의 평화적 이미지를 고양하려는 노력의 일환으로 볼 수 있다. 베이징 올림픽 개막식의 선수단 입장식에서는 그동안의 관례와는 달리 알파벳 국가명 순서가 아닌 중국어 간체자 획순이 사용되었다. 이는 차이나 스탠다드(China Standard)를 내세움으로써 자국의 문화역량을 확고히 하겠다는 의지를 드러낸 것이다. 올림픽 개막식 공연에서는 종이·인쇄술·나침반·화약 등 중국의 4대 발명품을 영상과 공연을 통해 보여주면서 중국 문화의 유구함과 찬란함을 역설하였다. 이외에도 전통악기, 태극권 무술 공연, 경극 공연 등으로 중국의 문화적 매력을 표출하였다(채하연 2009, 327-328).

밴쿠버 동계 올림픽의 경제적 가치는 20조 2,000억 원으로 평가받았다. 우선 첫 번째로 지적할 수 있는 것은 국가이미지 홍보효과라고 볼수 있다. 즉 대외언론 노출에 따라 대략 1조 2,096억 원의 국가이미지 홍보 효과를 유발할 수 있다. 김연아와 같은 세계 언론의 주목을 한 몸에 받는 선수들의 선전으로 국가이미지 개선 및 국가브랜드의 상승효과를 얻을 수 있다. 이렇게 보면 한국의 국가이미지가 1% 포인트 이상 제고된 것으로 추정하고 있다(이찬영 2010).

스포츠를 통해 형성되는 국가 이미지는 한 대회에서의 성과나 일시적인 흥행을 통해서가 아니라 지속 가능한 성취와 노력이 수반되어야 한다. 긍정적인 국가이미지 나아가서 경제성을 동반한 순기능적인 특정한 국가브랜드의 형성은 일순간 전력을 다해 질주하여 결승점에 도달하는 단거리 경주가 아닌 꾸준히 힘을 비축하고 유지함으로써 목적지를 향해 조금씩 다가서는 장거리 경주와 같다. 미국, 러시아, 중국, 독일, 이탈리아, 브라질, 프랑스, 영국 등이 스포츠 분야에서 강한 국가이미지를 형성하고 있는 것은 이들 국가가 일시적으로 뛰어난 성적을 거두었기 때문이 아니라 수많은 국제경기에서 거의 항상 상위 기록을 유지해 오고 있기 때문이다(설규상 2010, 43).

이처럼 소프트파워의 구성요소로서 국가이미지는 중요한 함의를 갖는다. 보이는 것보다 보이지 않는 부분이 더욱 강하다는 나이의 지적처럼 국가이미지는 소프트파워의 주요 구성 요소로 국가의 대외관계 전개에 중요한 영향을 미친다.

2. 스포츠 외교의 공공외교적 함의

외교는 교섭에 의한 국제관계의 관리이다. 말하자면 국가의 영토적 경계를 넘어서는 초국가적 행위의 연결망 속에서 이러한 국가의 구성원인 집단, 개인 등에 의해서 다른 행위자들과 상호교섭 하는 행위이다. 물론 대부분 외교적 행위들은 힘의 배분(distribution of power)(Waltz

1979)이나 사회적 가치의 확정 등과 같은 기본적인 쟁점과 관련이 있다.

이와 같이 외교는 국가 목표와 국익을 달성하기 위한 수단이고, 스포츠 외교는 그 하위 개념으로서 외교 수행에 스포츠를 이용함으로써 국가 이익을 극대화하려는 정책 선택 및 집행이라고 이해할 수 있다. 말하자면 생존, 번영 그리고 국가 위신 등 국가 이익을 스포츠 부문을 통해 달성하려는 것이라고 볼 수 있다. 특히, 스포츠의 발전이나 변화 과정에서 국가의 역할이 중요하게 부각되면서 스포츠와 관련된 국가의 대외적 행위의 맥락이 강조되고 있다. 2012년 영국 런던의 하계 올림픽이나 2014년 러시아 소치의 동계 올림픽 유치 과정은 정부가 주도하는 스포츠 부문에 대한 외교 사례를 극명하게 보여주고 있다.

그런데 21세기 들어 국제관계의 변화 현상 가운데 하나로, 국가의 주권을 위임받은 특정한 대표에 의해서 수행되는 전통적 외교 수행 방식에서 벗어난 이른바 공공외교 방식이 일상화되고 있다. 말하자면 공공외교는 국민들의 이익을 증진하고 가치를 높이기 위해 다른 국가의 국민들과 직접적인 관계를 맺는 과정이라고 정의할 수 있을 것이다(Paul 2003). 또는 자국의 목표와 정책뿐만 아니라 사상과 이상, 제도와 문화에 대한 이해를 증진시키기 위하여 정부가 타국의 대중과 의사소통하는 과정이라고 이해할 수 있다(Tuch 1990).

공공외교란 타국 정부의 국민들에 대한 직접적 접근방식을 의미한다. 이른바 타국 국민들의 마음을 사는 일이 공공외교의 목표이다. 설득해야 할 대상들의 마음을 얻는 것이 정책의 궁극적 목표이기 때문이다. 공공외교는 하드파워의 보조적 수단이기도 하지만 공공외교라는 소프트파워 없이 하드파워의 방법만으로 성공하기 어렵다. 또한 공공외교는 전통적인 외교 개념과 구분된다. 전통 외교가 국가나 그 밖의 국제 행위 대표자들 사이의 관계라면 공공외교는 다른 사회의 일반대중 및 비공식적인 특정 집단, 기구, 개인을 대상으로 한다는 점에서 다르다고 할 수 있다(Melissen 2008).

스포츠 외교는 전통적 외교의 맥락과는 구별되면서 공공외교와는 친화성을 갖는 독특성이 함축되어 있다. 기존의 정치, 군사 외교 등 전통적 국제관계의 차원과는 차별성을 보이면서 공공외교적 함의를 담고 있다. 예를 들면, 첫째로 스포츠 외교는 국제 스포츠 행사의 개최, 스포츠 선수들의 교류, 주요 스포츠 관련 인사들의 방문 등의 기능적 분야에서 수행된다. 둘째로는 시민사회와의 연계성의 측면이다. 정치, 안보관련 외교의 경우는 일반적으로 시민사회와의 연관성보다는 정책 결정과 집행자들을 중심으로 이루어져야 효율적으로 수행될 수 있다. 그렇지만 스포츠 부문은 시민들의 관심사와 직결되어 있다. 올림픽이나 월드컵 개최, 대표팀 간의 국제경기, 국내선수들의 해외진출 등은 국민들의 주요 관심사라 할 수 있다. 셋째로 스포츠 외교에는 초국가적 행위자, 비정부 행위자들이 개입할 가능성이 높다. IOC나 FIFA와 같은 국제 스포츠 기구는 올림픽과 월드컵 등과 관련해서 지배적 힘을 발휘하고 있다. 다른 스포츠 종목을 관할하는 국제 스포츠 기구들 역시 초국가적 차원에서 기능을 수행하고 있다.

스포츠 외교정책의 구체적 투사의 장이나 하나의 형태로서 다음 사례들을 꼽을 수 있을 것이다. 우선 첫째는 국제 스포츠 대회 개최이다.

이는 다자간 협력과 공존의 틀로서 이해할 수 있는 요소가 있다. 올림픽과 같은 대규모 스포츠 행사의 개최는 스포츠 외교 부문에서 교류 형식의 외교에 못지않게 중요한 의미를 갖는다. 또한 올림픽이나 월드컵과 같은 대규모 스포츠 행사를 개최하려면 정치적 안정과 더불어 경제 능력도 갖추어야 한다. 올림픽과 같은 국제 스포츠 행사와 관련된 경제 효과는 '수십억 달러짜리 게임'이라고 지칭하듯이 거대한 사업[69]이라고 할 수 있다.

올림픽이나 월드컵 같은 국제경기의 규모가 확대됨에 따라 이들 행사를 주최하는 국가에서는 많은 관중을 수용하고 각종 편의시설을 제공하기 위해 스포츠 시설의 규모가 점점 대형화 되는 추세에 있다. 따라서 스포츠와 관련된 건설 산업은 대규모 공사로 인한 막대한 자본 투자와 함께 도로나 숙박시설 등의 부대시설 확충, 건설 노동력 창출, 경기 회복의 밑거름, 그리고 차후 관광산업의 기반 조성 등과 같은 다목적 경제활동으로 이어질 수 있다.

국가 간의 친선과 협력을 도모하여 세계평화의 이상을 추구한다는 올림픽 개최를 통하여 국제적으로 그 국가의 매력을 제고한다는 차원에서 상당한 효과를 거둘 수 있다. 실제로 국제정치에서 국가 간의 협력을

---

69 LA 올림픽은 MLB 커미셔너 출신인 위버로스를 대회 조직위원장으로 영입하여 미국이라는 거대시장을 배경으로 마케팅을 전개한 결과 올림픽 사상 최초로 사상 최대의 흑자를 기록하였다. 여기에는 34개의 공식후원업체(Official sponsors), 64개의 공식공급업체(Official Suppliers), 65개의 상품화권자(Licences)가 참여하였다. 또한 TV 중계권은 150개국에 판매되어 2억8천7백만 달러의 수입을 올렸다.

증진시키기 위해서는 일차적으로 이미지 개선이 필요하다. 또한 이미지 개선뿐만 아니라 우호적인 국제환경이 조성되면서 외국과의 경제교류도 증대될 것이다. 한국의 올림픽과 월드컵 개최의 경우[70]에도 이러한 긍정적 파급효과가 있었다.

둘째로 국가 간의 활발한 스포츠 교류는 대중들의 인식 전환에도 영향을 미친다. 즉 대결보다는 협력, 갈등보다는 선린의 관계를 지향하게 된다. 물론 스포츠 경기 자체는 경쟁적인 속성을 가지고 있지만, 이러한 경쟁을 위한 만남의 장에서 상호 간의 이해와 친선을 도모할 수 있다. 국가 간 스포츠 교류는 상대와의 친선과 우호 관계를 증진시킨다. 1971년 미국과 중국 간의 탁구 교류를 비롯하여 동독과 서독의 통합과정에 있어서 스포츠 교류는 상호 불신을 해소하고 협력 기반을 다지는데 중요한 역할을 수행하였다. 남북한 스포츠 교류도 이러한 맥락에서 살펴볼 수 있다. 국가 간의 스포츠 교류가 원활히 이루어지는 것은 상호 간에 갈등적인 요소가 적다는 의미로 이해할 수 있고, 갈등 요인들이 존재한다고 해도 협력적인 방법을 통해 해소하려는 의지를 표명한 것으로 해석할 수 있다.

---

70 또한 스포츠는 우리나라를 세계 속에 홍보하는 역할을 하고 있다. 특히 우리가 유치하고 성공적으로 개최한 여러 국제대회는 한국의 존재를 알리고, 한국의 역동적 이미지를 세계에 확산하는 데 중요한 역할을 담당했다. 일례로 1988년 서울 올림픽을 통해 대한민국이 세계에 알려지기 시작하였고, 2002년 월드컵을 통해 우리 국민의 열정과 질서의식을 전 세계에 보여줄 수 있었다.

3. 스포츠 외교의 지향성: 전망과 과제

올림픽을 주관하고 있는 IOC가 국제관계 영역에서 점차 영향력을 확대시키는 행위자의 하나가 되었음을 부정할 수는 없다. 많은 국가들이 자국의 특정 목표 추진의 일환으로 올림픽 유치라는 값비싼 선택을 마다하지 않는 가운데 이러한 과정에 결정권을 행사하는 것은 전적으로 IOC이기 때문이다. 이런 점에서 IOC는 국가들이 얻는 구체적 이득의 존재 여부와 상관없이 올림픽 개최지 선정 과정에서 유치를 희망하는 국가 행태를 일정 정도 제약할 수 있는 힘을 갖고 있다.

하지만 IOC는 일단 개최지가 결정된 다음에는 자의든 타의든 국가 행위에 더 이상 영향력을 행사하지 못했음을 확인할 수 있다. 베이징 올림픽을 앞두고 중국 정부의 티베트 사태에 대한 강경 진압이 국제적 관심사로 떠올랐을 때 로게 IOC 위원장의 비폭력주의 가치에 대한 언급은 이를 대변해준다. "폭력은 올림픽의 이상과 양립하지 않음을 명백히 말했다. 우리는 군대도 경찰도 없다. 우리가 가지고 있는 유일한 무기는 가치이다. 우리는 오직 가치로만 싸울 수 있을 뿐이다." IOC는 국가들이나 심지어는 올림픽 주최국에 대해서조차, 어떠한 제재를 가하거나 행동을 교정케 할 수 있는 수단이 없다.

올림픽 운동은 스포츠를 통한 평화 증진이라는 목적론적 이상 속에서 국가 간 화합에 일정 정도 공헌한 것이 사실임에도 불구하고 현실 정치의 벽을 극복할 수 없는 내재적 한계 때문에 올림픽을 정치적으로 이용해 온 세력들 간의 불화라는 이중성을 노정해 왔으며, 이러한 구조적 특성은 국가 중심적 국제체제의 본질이 변하지 않는 한 타파하기 어려울 수밖에 없을 것이다.

이제 소프트파워의 주요한 원천으로 국제 스포츠 교류가 갖는 의미를 몇 가지 되짚어 본다. 우선, 스포츠 교류는 강압이나 명령이 아닌 선의의 경쟁과 화합의 차원에서, 그 구체적 행위의 연장선으로 이해할 수 있다. 스포츠 교류를 통해 이데올로기적 편집성이나 이질적 가치체계를 뛰어넘어 국가 간 교류를 촉진시킬 수 있다. 그럼으로써 상호 인식 부족이나 소통의 단절에 따른 적대감의 증폭으로 인해 발생할 수 있는 마찰 가능성을 축소하는 동시에 국가 목표의 상호 추진을 위한 우호 환경을 조성하는데 이바지할 수 있다. 또한 스포츠 경기 자체는 경쟁적 속성을 갖지만, 이러한 경쟁을 위한 만남의 장 속에서 서로 이해와 친선을 도모할 수 있다. 또한 스포츠는 공유의 장, 통합의 장이기도 하며 소통의 장이기도 하다(유호근 2010).

또한 과거 국제관계가 지정학과 국가의 하드파워적 힘을 기축으로 한 패러다임이었다면, 20세기를 넘어서 오늘날 탈현대의 국제사회는 개방된 상호 소통 과정을 통한 설득과 이미지 교환, 그리고 매력에 근거한 영향력을 바탕으로 새로운 관점으로 이행되고 있는 것은 분명한 사실이고, 바로 이것이 오늘날 공공외교가 갖는 의미이다. 그렇다면 스포츠는 이러한 공공외교의 속성을 다양한 차원에서 함축하고 있다. 우선, 공공외교의 중요한 요소로서 국가이미지 혹은 매력이 스포츠를 통해 재구성되고 확장된다고 볼 수 있다.

특히 올림픽 같은 대규모 국제 스포츠 행사는 그 행사를 주최하는 국가의 이미지를 생동적이고 시각적으로 표현해줄 뿐만 아니라 전 세계를 대상으로 동시적으로 전파된다. 따라서 그 국가에 대한 고정관념이나 인상을 획기적으로 탈바꿈시킬 수 있는 기회가 된다. 베이징 올림픽이나 남아공 월드컵의 경우가 이러한 대규모 국제 스포츠 행사를 국가이미지 제고, 나아가서 새로운 국가이미지의 재구축 그리고 사회통합이라는 정책 목표를 스포츠에 접합시킨 사례라 할 수 있다.

이렇게 형성된 국가이미지는 국제관계에서 국가의 위신과 명성을 제고하는 한편 정치·경제적 이익을 얻을 수 있는 촉매 역할을 하는 유용한 외교 전략으로 이해되고 있다. 이 때문에 많은 국가에서 자국의 국가이미지를 높이기 위한 다양한 정책 대안들을 모색하거나 제시해 왔다. 그 중에서도 스포츠는 짧은 시간에 지구촌 수많은 대중들의 관심을 모을 수 있다는 점에서 효과적인 수단으로 활용될 수 있다. 국가이미지 구축의 중요한 요소로서 스포츠는 다른 어떤 요인들보다도 중요하게 작용하고 있음을 지금까지의 논의를 통해 이해할 수 있을 것이다.

무엇보다 스포츠를 통해 국가이미지를 고양하기 위한 다양한 노력들이 선행되어야 할 것이다. 우선 국제 스포츠 무대에서 한국의 위상을 높이기 위해서는 국제 스포츠 외교 무대에서 활동할 수 있는 참여자들을 확충하는 것이 필요하다.[71] 스포츠 활동이나 메가 스포츠 이벤트 유

---

71 평창은 2011년 7월 6일 밤 12시 20분(이하 한국시각) 남아프리카공화국 더반 국제 컨벤션센터에서 진행된 제123회 IOC 총회 2018년 동계 올림픽 개최지 결정에서 독

치를 통하여 한국을 인식시키고 한국의 이미지 가치를 높여야 한다. 특히 한류로 통칭되는 한국 문화의 세계화 과정을 통해 아시아 중심국가로서 다양한 문화를 포용하면서 공연문화와 스포츠 축제를 접목시키는 대규모의 민간교류를 활성화시키는 방안도 염두에 두어야 할 것이다.

최근 들어 공공외교가 급격히 부상한 또 다른 이유 중의 하나는 외교의 주체와 대상으로서 대중들의 힘과 영향력이 소위 '피플 파워'라고 부를 수 있을 만큼 부각되었다는 점이다. 이렇게 볼 때 월드컵이나 올림픽 경기 같은 이른바 메가 스포츠 이벤트는 지구촌의 많은 대중들에게 호소력이 있고 극적인 성격을 지니는 세계적 차원의 대규모 스포츠 행사이다. 이러한 대규모 국제 스포츠 행사들은 행사 자체만의 의미를 넘어선다. 실제로 정치, 사회, 문화, 외교 등 각 분야에서 국가 간의 관계를 설정하고 촉진하는 종합적인 국제 행사로서 세계적으로 광역화된 공공외교의 장이 펼쳐지는 것이다.

따라서 스포츠를 통한 교류와 협력을 공공외교의 차원에서 엮내기 위해서는 민간 부문과 정부 부문 간의 거버넌스의 틀을 정립할 필요가 있다. 이러한 거버넌스 구조에서 정부 및 민간차원에서 스포츠를 바탕으로 한 소프트파워 자산을 가공하여 다른 국가와의 관계에 적용할

일 뮌헨과 프랑스 안시를 제치고 유치를 확정지었다. 이로써 평창은 지난 2010, 2014년 대회 유치 실패를 극복하고 세 번째 도전 만에 유치에 성공했다(『중앙일보』 2011. 7. 7). 한국은 평창 동계 올림픽 개최가 확정됨으로써 세계 4대 스포츠 행사(Grand Slam)를 모두 석권한 세계에서 5번째(이탈리아, 일본, 독일, 프랑스 및 한국) 국가로 자리매김하게 되었다.

수 있는 스포츠 공공외교 프로그램을 만들어야 한다. 특히 올림픽 등의 참가를 통해 타국들에 비해 경쟁우위를 갖는 특정 종목 분야에서 집중적으로 구체적인 프로그램들을 개발하는 것도 정책적 함의를 지닐 수 있을 것이다.

한편, IOC에 따르면 올림픽 정신의 궁극적 목표는 인간 존엄성 보존과 관련된 평화로운 사회 확립 촉진에 대한 전망을 갖고, 인류의 조화로운 발전을 임무로 스포츠를 모든 곳에 두는 것이다. 이러한 철학적 사고는 곧 스포츠가 상호 이해와 존중, 우호, 단결을 통해 보다 평화롭고 보다 나은 세계를 건설하는데 기여하도록 한다는 것을 의미한다. 이는 올림픽이 다른 어떠한 스포츠 경쟁보다 보편적이고 일반적인 성격으로 자리매김 하는데 결정적인 역할을 했다. 이러한 성격 때문에 올림픽은 참가하는 지구촌 국가들 간의 상호작용 공간으로서의 역할을 하고 있다. 어떤 국가에게는 올림픽이 자국의 국가 목표 추구를 위한 유용한 장으로, 다른 국가에게는 올림픽이 자국의 대외 이미지를 고양시킬 수 있는 효과적인 외교 수단으로 간주되어 왔다. 또한 올림픽은 비국가 행위자들에게는 인류사회 공통의 가치나 신념을 지구 시민들에게 확산시킬 수 있는 유용한 통로로 기대를 받았다. 그리고 바로 이와 같은 점들 때문에 올림픽이 비록 정치를 배제하고 스포츠맨 정신을 통해 인류의 화합과 평화라는 공동 목표를 추구해 나가는 독특한 운동이라고 주장하고 있지만 실제로는 그곳에서 다양한 정치적 상호작용이 이루어지는 정치 활동의 장이 되고 있다. 이 안에서 행위자들 간의 이해가 충돌할 때 올림픽은 곧 정치의 희생양이 된다.

올림픽이 도덕성에 눈감고 있다는 비판을 받아오면서까지 정치로부터 해방되어 '경기는 계속되어야 한다'는 입장을 고수해오고 있는 이유는 이제까지의 올림픽 역사 속에서 그것이 정치와 만나는 곳에서는 거의 예외 없이 불화가 잉태되었다는 것을 경험했기 때문이다. 반면, 올림픽은 비정치성에 대한 지나치게 경직된 태도 때문에 오히려 불화를 초래했었다는 사실 역시 확인할 수 있다. 비정치성에 대한 집착이 올림픽이 정치로부터 생존하기 위한 불가피한 선택이기는 하지만 이상과 실제 사이의 괴리는 끊임없이 올림픽 운동의 대의를 괴롭혀 왔다.

올림픽이 정치와 만날 수밖에 없는 이유로, 그것이 접근이 쉽고 세간의 이목을 끌 수 있다는 점, 동맹 및 지지자들의 잠재적 유효성을 증대시킬 수 있다는 점, 집단적 요구를 배척할 수 있는 해당 국가나 정부의 능력을 감소시킬 수 있다는 점, 집단적 주장을 촉진하고 정치적 기회를 확대시키는 특별한 상징적 의미를 갖고 있다는 점 등을 지적하고 있다 (Cottrell & Nelson 2010, 733-734). 올림픽 운동은 스포츠를 통한 국가간 교류와 협력의 확장, 국제평화와 친선의 증진 등 목적론적 이상 속에서 국가 간 화합에 일정한 공헌을 한 것은 사실이다. 그럼에도 국익에 따른 국제정치의 본질적 속성이 작용하는 현실 정치의 장벽이라는 내재적 한계가 있다. 이 때문에 올림픽을 정치적으로 이용해 온 세력들 간의 갈등에 따른 합종현횡 혹은 세력 대립이라는 이중성을 노정해 왔다. 국익을 바탕으로 한 국가 중심적인 국제체제의 근본적 속성이 변화하지 않는 한 이러한 구조적 특성을 타파하기는 어려울 것이지만, 올림픽과 같은 통합의 장을 통한 국가 간 교류와 협력의 확장 메커니즘으로서 스포츠 외교의 기능적 의미는 더욱 강조되어야 할 것이다. 특히 지구촌에서 유일한 냉전의 고도(孤島)로 남아 있는 한반도에서는 그 의미를 새롭게 인식하여야 할 것이다.

부록 1. 올림픽과 국제정세

시기별 특징	연도	올림픽 대회	국제정치 정세
제1차 세계대전 전후	1896 ~ 1936	- 1896년 아테네 올림픽 - 1900년 파리 올림픽 - 1904년 세인트루이스 올림픽 - 1908년 런던 올림픽 - 1912년 스톡홀름 올림픽 - 1920년 안트베르펜 올림픽 - 1924년 파리 올림픽 - 1912년 암스테르담 올림픽 - 1932년 LA 올림픽 - 1936년 베를린 올림픽	• 1900년대 - 제국주의 - 러·일 전쟁 - 러시아 혁명 • 1910년대 - 제1차 세계대전 발발 - 루마니아 통합 - 러시아 공산주의 정부 수립 • 1920년대 - 제1차 세계대전 이후 공산주의의 확장 - 독일 히틀러와 나치즘의 권력 장악 - 전체주의 체제 등장 - 일본의 중국 침략
제2차 세계대전 후	1940 ~ 1944	- 제2차 세계대전으로 올림픽 대회 한시적 중단	• 1940년대 전반 - 제2차 세계대전 - 나치 독일의 덴마크, 노르웨이, 프랑스 등 침공 - 일본의 진주만 습격 이후 미국의 제2차 세계대전 참전
냉전	1948 ~ 1988	- 1948년 런던 올림픽 - 1952년 헬싱키 올림픽	• 1940년대 후반 - 제2차 세계대전 종식과 UN 창설(1945) - 냉전 시작(1946) - 베를린 봉쇄(1948) - 소련의 1차 핵실험(1949) • 1950년대 - 한국 전쟁

냉전	1948 ~ 1988	– 1956년 멜버른 올림픽	– 냉전의 첨예화
			– 수에즈 위기
		– 1960년 로마 올림픽	• 1960년대
		– 1964년 도쿄 올림픽	– 베트남 전쟁
		– 1968년 멕시코 올림픽	– 쿠바 미사일 위기
			– 냉전 강화
		– 1972년 뮌헨 올림픽	• 1970년대
		– 1976년 몬트리올 올림픽	– 석유 위기
			– 이스라엘에 대한 팔레스타인의 테러
			– 이라크에서 후세인의 권력 장악
		– 1980년 모스크바 올림픽	• 1980년대
			– 고르바초프, 냉전 종식과 소련의 개혁
		– 1984년 LA 올림픽	개방 주도
		– 1988년 서울 올림픽	– 베를린 장벽 붕괴
			– 이란·이라크 전쟁
			– 소련의 아프가니스탄 침공
			– 인종차별 정책에 반대하는 국제 연대의 신장
탈냉전	1992 ~ 2008	– 1992년 바르셀로나 올림픽	• 1990년대
			– 독일 재통일
		– 1996년 애틀랜타 올림픽	– EU 출범
			– 남아공 아파르트헤이트 종식
			– 냉전 종언
			– 국제 테러 행위 증가
			– 중동 평화협상
			– 체첸 전쟁 시작
			– 코소보 전쟁 발발
		– 2000년 시드니 올림픽	• 2000년대
		– 2004년 아테네 올림픽	– 이스라엘, 팔레스타인 갈등의 지속
		– 2008년 베이징 올림픽	– 9·11 테러
			– 미국의 대이라크 전쟁

부록 2. 현대 올림픽 연혁

회수	연도	개최지	참가국	인원(명)	종목	비고
1회	1896년	그리스 아테네	14	241	9	
2회	1900년	프랑스 파리	24	997	19	
3회	1904년	미국 세인트루이스	12	651	16	
4회	1908년	영국 런던	22	2,008	22	
5회	1912년	스웨덴 스톡홀름	28	2,407	14	
6회	1916년	독일 베를린에서 유치했으나 제1차 세계대전으로 무산				
7회	1920년	벨기에 안트베르펜	29	2,626	22	
8회	1924년	프랑스 파리	44	3,089	17	
9회	1928년	네덜란드 암스테르담	46	2,883	16	
10회	1932년	미국 로스앤젤레스	37	1,332	14	
11회	1936년	독일 베를린	49	3,963	19	손기정, 남승룡이 일본 국적으로 출전, 마라톤 금메달과 동메달 획득
12회	1940년	일본 도쿄에서 유치했다가 핀란드 헬싱키로 변경되었으나 세계대전으로 무산				
13회	1944년	영국 런던에서 유치했으나 제2차 세계대전으로 무산				

14회	1948년	영국 런던	59	4,104	17	우리나라, 대한민국 국명으로 최초 출전
15회	1952년	핀란드 헬싱키	69	4,955	17	
16회	1956년	오스트레일리아 멜버른	72	3,314	17	
17회	1960년	이탈리아 로마	83	5,338	17	
18회	1964년	일본 도쿄	93	5,151	19	
19회	1968년	멕시코 멕시코시티	112	5,516	20	
20회	1972년	서독 뮌헨	121	7,134	21	
21회	1976년	캐나다 몬트리올	92	6,084	23	레슬링의 양정모가 대한민국 최초로 금메달 획득
22회	1980년	소련 모스크바	80	5,179	21	냉전 시대의 여파로 우리나라 불참
23회	1984년	미국 로스앤젤레스	140	6,829	23	금메달 10개, 은메달 6개, 동메달 7개의 성적으로 메달 순위 종합 10위 달성
24회	1988년	대한민국 서울	159	8,391	23	성공적인 올림픽 개최와 함께 메달 순위 종합 5위로 역대 최고 성적
25회	1992년	스페인 바르셀로나	169	9,356	32	한국은 24개 종목에 344명의 선수단 파견, 금메달 12개, 은메달 5개, 동메달 12개로 종합 7위

26회	1996년	미국 애틀랜타	197	10,318	26	한국, 양궁 단체전 랭킹라운드에서 남녀 부문 모두 세계신기록 수립
27회	2000년	오스트레일리아 시드니	199	10,651	28	남북한 동시 입장, 한국 종합 12위
28회	2004년	그리스 아테네	201	10,625	28	8월13일~29일 개최, 남북한 동시 입장
29회	2008년	중국 베이징	204	10,942	28	한국은 267명의 선수 참가, 금메달 13개, 은메달 10개, 동메달 8개를 획득 종합 메달 순위 7위

참고문헌

구영록. 1996.『한국의 국가이익』. 서울: 법문사.

국회도서관입법조사국. 1982.『올림픽자료집』. 서울: 국회도서관.

김도균. 2007. "2018 평창동계 올림픽 유치 재도전과 국제 스포츠계의 동향과 전망."『2018 평창동계 올림픽 재도전을 위한 대토론회』. 서울: 한국체육학회.

김방출. 2005.『스포츠와 체육의 역사·철학』. 서울: 도서출판 무지개사.

김범식. 1996. "국가연합단계의 남북한 체육교류 방안."『스포츠과학논집』. 서울: 한국체육학회.

김상배. 2009.『소프트파워와 21세기 권력』. 파주: 한울.

김운용. 2002.『세계를 향한 도전』. 서울: 연세대학교 출판부.

김유경. 2011.『선진 일류국가 진입을 위한 국가이미지의 효율적 관리 방안 연구』. 서울: 한국방송광고공사 광고진흥국.

김필동. 2007.『일본·일본인론의 재발견』. 서울: 제이앤씨.

노희덕. 1999.『세계체육사』. 서울: 서울대출판부.

대한올림픽위원회. 1996.『KOC 50년사』.

대한체육회. 1990.『대한체육회 70년사』.

데이비드 골드블랫, 조니 액턴. 문은실 역. 2012.『올 어바웃 올림픽 : 역사와 기록, 규칙과 상식 그리고 승자와 패자』. 서울: 오브제.

류준상. 1999. "올림픽과 정치와의 관계."『한국레저스포츠학회지』제3호.

멜리센, 얀. 박종일 외 역. 2008.『신공공외교: 국제관계와 소프트파워』. 고양: 인간사랑.

문화관광부 체육국. 1999.『국제체육기구편람』. 서울: 문화관광부.

문화체육관광부. 2004-2009.『체육백서, 2008』. 서울: 문화체육관광부.

사이몬 안홀트. 김유경 역. 2003.『국가브랜드, 국가이미지: 글로벌 브랜드를 만들기 위해 기업과 정부가 할 일』. 서울: 커뮤니케이션북스.

삼성경제연구소. 2007.『스포츠 산업 강국으로의 변신』.

서울 올림픽 대회조직위원회. 1990.『제24회 서울 올림픽 대회강요』. 서울: 서울 올림픽 대회조직위원회.

서울언론인클럽. 1984.『올림픽 영웅들: 아테네에서 '88 서울 올림픽까지』. 서울: 연합보도사.

서울특별시. 1990.『제24회 서울 올림픽 대회백서: SEOUL 1988』. 서울: 서울특별시.

설규상. 2010. "스포츠 정치와 국가브랜드: 국가브랜드 제고 도구로서 스포츠의 역할과 기능을 중심으로."『사회과학논집』. 41(2). 서울: 연세대학교 사회과학연구소.

송병록. 2004. "스포츠와 정치: 동·서독 스포츠 교류가 남·북한 통합에 주는 함의."『한·독 사회과학 논총』. 제14권, 2호.

스포츠사회철학회. 2004.『체육·스포츠 인물』. 서울: 21세기교육사.

안민석·정홍익·임현진 편저. 2002.『새로운 스포츠 사회학』. 서울: 백산서당.

양동주. 2010.『스포츠 정치학』. 파주: 동명사.

양순창. 2007. "중국 스포츠 외교의 전개과정과 특징에 관한 연구."『대한정치학회보』. 제14집, 3호.

옥광·김재수. 2010. "2008년 베이징 올림픽과 동북아시아의 정세."『한국체육교육학회지』. 1집, 4호. 한국체육교육학회.

유재웅. 2008.『국가이미지: 이론·전략·프로그램』. 서울: 커뮤니케이션북스.

유호근. 2007. "남북한 스포츠 교류의 정치적 함의: 기능주의적 시각을 중심으로."『세계지역연구논총』. 제25집, 제1호.

유호근. 2008. "올림픽 유치의 정치학."『2008 한국정치학회 연례학술회의발표논문』.

유호근. 2009. "스포츠와 정치 그리고 국가." 『동서연구』 제21권.

이규식. 1983. "올림피즘(Olympism)과 그 가치의 실용주의적 접근." 『한국체육학회지』. 제22권, 제2호.

이기현. 2008. "베이징 올림픽의 정치경제학." 『2008 한국정치학회 연례학술회의 발표논문』.

이상룡. 1988. 『올림픽: 올림피아에서 서울까지』. 서울: 가람출판사.

이안재. 2004. "올림픽 효과의 극대화방안." 『CEO Information』. 서울: 삼성경제연구소.

이우영 외. 2001. 『남북한 평화공존을 위한 사회·문화 교류·협력의 활성화 방안』. 서울: 통일연구원.

이찬영. 2010. 『벤쿠버 동계 올림픽의 경제적 효과』. 서울: 삼성경제연구소.

이학래. 2008. 『한국현대체육사』. 서울: 단국대학교 출판부.

이호영 외. 2009. 『스포츠 외교론』. 서울: 시간의 물레.

임현진. 2002. "전지구화, 한국사회 및 스포츠." 『계간 사상』, 제14권, 제2호.

정준영. 2003. 『열광하는 스포츠 은폐된 이데올로기』. 서울: 책세상.

제일기획. 2003. "대한민국 변화의 태풍-'젊은그들'." 『마케팅해부학보고서』. 서울: 제일기획.

조삼섭 외. 2007. 『국가 해외홍보 기능 강화방안 연구』. 서울: 숙명여자대학교 산학협력단.

조지프 S. 나이. 홍수원 역. 2009. 『소프트파워』. 성남: 세종연구원.

주디스 스와들링. 김병화 역. 2004. 『올림픽, 2780년의 역사: 그리스 신들의 축제 아테네 올림픽』. 서울: 효형출판.

채하연. 2009. "중국의 소프트파워로서 공자콘텐츠의 전개현황 및 의의." 『유교사상연구』 33.

최종삼, 손수범. 2005. 『스포츠·체육사』. 서울: 보경문화사.

하영선, 남궁곤. 2009. 『변환의 세계정치』. 서울: 을유문화사.

한희원. 2010. "올림픽 운동과 올림픽 시스템에 대한 규범적 고찰: 스포츠의 국제적 법 체계."『중앙법학』. 제12집, 제1호.

허복·오동섭. 1988.『올림픽 정치사』. 서울: 보경문화사.

홍성태. 2006.『현대 한국 사회의 문화적 형성』. 서울: 현실문화연구.

홍순호. 1988. "올림픽의 국제정치학 I-Ⅷ."『국제문제』. 제213권-제220권.

J. Segave and D. Che eds. 정성태 외 역. 1984.『올림픽의 사회학』. 서울: 중앙일보사.

MBC 아나운서국. 2004.『올림픽 총서』. 서울: 문화방송.

Adranovich, Greg, Burbank, Matthew J., and Heying, Charles H. 2001. "Olympic Cities: Lessons Learned from Mega-Event Politics." *Journal of Urban Affairs*. 23(2).

Allison, L. 1993. *The Changing Politics of Sport*. Manchester. Manchester University Press.

Allison, Lincoln ed. 2005. *The Global Politics of Sport*. London: Routledge.

Andreff, Wladimir and Szymanski, Stefan. 2009. *Handbook on the Economics of Sport*. MA: Edward Elgar.

Andreff, Wladimir. 2011. *Contemporary Issues in Sports Economics: participation and professional team sports*. MA : Edward Elgar.

Anhholt, Simon. 2003. *Brand New Justice-The Upside of Global Brand*. Boston MA: Kent Publishing.

Arbena, J. L. 1985. "Sport and the Study of Latin American History: An Overview." *Journal of Sport History*. 13.

Arbena, Joseph L. 2004. "Mexico City 1968." in John H. Finding and Kimberly D. Pelle, eds. *Encyclopedia of the Modern Olympic Movement*. Westport, CT: Greenwood Press.

Arnaud, P. and Riordan, J. 1998. *Sport and International Politics: the Impact of Fascism and Communism on Sport.* London: E&FN Spon.

Baade, Robert A. 1996. *Professional Sports as a Municipal Investment.* Westport, CT. Greenwood Press.

Bale, J. 1994. *Landscapes of Modern Sport.* Leicester: Leicester University Press.

Barney, Robert K, et al. 2002. *Selling the Five Rings: the International Olympic Committee and the Rise of Olympic Commercialism.* Salt Lake City: University of Utah Press.

Barston. 1988. *Modern Diplomacy.* New York: Longman Group.

Berg, Chris. 2008. "Politics, not sport, is the purpose of the Olympic Games." *IPA Review.* 60(3).

Berlioux, M. 1976. The history of the International Olympic Committee. in Lord Killanin & J. Rodda(Eds.) *The Olympic Games: 80 years of people, events, and records.* Don Mills, Ontario: Collier-Macmillan Canada.

Black, David & Bezanson, Shona. 2004. "The Olympic Games, human rights and democratization: Lessons from Seoul and implication for Beijing." *Third World Quarterly.* 25(7).

Brady, Anne-Marie. 2009. "The Beijing Olympics as a Campaign of Mass Distraction." *The China Quarterly.* no. 197.

Brockmann, D. 1969. "Sport as an integrating factor in the countryside." *International Review of Sport Sociology.* 4, (1).

Broudehoux, Anne-Marie. 2007. "Delirious Beijing." In Mike Davis and Daniel Bertrand Monk Ed. *Evil Paradises: Dreamworlds of Neo-liberalism.* New York: New Press.

Burbank, Matthew J., Andranovich, Greg, and Heying, Charles H. 2001.

Olympic Dreams: The Impact of Mega-events on Local Politics. Boulder, CO: Lynne Rienner.

Burbank, Matthew J., Heying, Charles H, and Andranovich, Greg. 2000. Antigrowth Politics or Piecemeal resistance? Citizen Opposition to Olympic-related Economic Growth. *Urban Affairs Review*. 35(3).

Burns, F. 1981. *Heigh for Cotswold! A History of Robert Dover's Olympic Games*. Chipping Campden: Robert Dover's Games Society.

Business Week Online(European Business), "For London, What price Olympic Security," August 15, 2005.

Camper, R. 1972. *Encyclopedia of the Olympic Games*. New York: McGraw-Hill.

Cantelon, H. and Gruneau, R. 1982. *Sport, Culture and the Modern State*. Toronto: Toronto University Press.

Cashmore, Ellis. 2000. *Making Sense of Sports*. London: Routledge.

CBS News Article, "Munich Massacre Remembered(Memorial Services Held For Victims of 1972 Attack on Olympics)," Sept. 5, 2002

Coakley, Jay and Dunning, Eric. 2000. *Handbook of Sports Studies*. London: SAGE.

Coghlan, J. F. 1990. *Sport and British Politics since 1960*. Brighton: Falmer Press.

Cottrell, M. Patrick & Nelson, Travis. 2010. "Not just the Games? Power, protest and politics at the Olympics." *European Journal of International Relations*. 17(4).

Cummings, Milton. 2003. "Cultural Diplomacy and the United states Government: a Survey." *Center for Arts and Culture*. Vol. 1.

Defrante, Anita. 1995. "The Olympic Games and Women." *Olympic Review*.

October-November.

Delay, Jeanine. 1999. "The Curveball at the Pitch: Sport Diplomacy in the Age of Global media." *The Journal of the International Institute*. Vol. 7, No. 1.

Deutsch, Karl W. et al. 1992. "Foreign Policy of the German Federal Republic", in Roy C. Macridis ed., *Foreign Policy in World Politics*, Prentice-Hall, Inc.

Dulles, F. R. 1965. *A History of Recreation: America Learns to Play*. Englewood Cliffs, NJ: Prentice-Hall.

Dunning, Eric and Malcolm, Dominic and Waddington, Ivan. 2004. *Sport Histories: Figurational Studies of the Development of Modern Sports*. London: Routledge.

Eitzen, D. S. 1989. "Black participation in American sport since World War II", in D. S. Eitzen. ed. *Sport in Contemporary Society: an Anthology*, 3rd ed. New York: St. Martin's Press.

Elder, Cartriona, et al. 2006. "Running Race: Reconciliation, Nationalism and the Sydney 2000 Olympic Games." *International Review for the Sociology of Sport*. 41(2).

Epsy, R. 1979. *The Politics of the Olympic Games*. Berkeley: University of California Press.

Frankel, Joseph. 1979. *International Relations in a Changing World*. Oxford: New York: Oxford University Press.

Goldberg, Jeremy. 2000. "Sporting Diplomacy: Boosting the size of the Diplomatic Corps." *The Washington Quarterly*. Vol. 23, No. 4.

Gorn, E. J. and Goldstein, W. 1993. *A Brief History of American Sports*. New York: Hill and Wang.

Gray, W., and R. Knight Barony. 1990 "Devotion to Whom? German–American Loyalty on the Issue of Participation in the 1936 Olympic Game." *Journal of Sport History*. Vol. 17, No. 2.

Greenberg, S. 1996. *Olympic Facts and Figures*. London: Guinness Publishing.

Griffith, W. 1978. *The Ostopolitik of Federal Republic of Germany*. Cambridge: Cambridge University Press.

Guttmann, A. 1984. *The Games Must Go On: Avery Brundage and the Olympic Movement*. New York: Columbia University Press.

Guttmann, A. 1992. *The Olympics: a History of the Modern Games*. Urbana, IL: University of Illinois Press.

Guttmann, A. 1994. *Games and Empires: Modern Sports and Cultural Imperialism*. New York: Columbia University Press.

Hall, C. J. 1986. *National Images: A Conceptual Assessment*. paper presented to the International Communication Association.

Hanrieder, W. F. 1967. "Capability and Consensus: A Proposal for the conceptual linkage of external and internal dimensions of foreign policy," *APSR*. Vol. 61, No. 4.

Henry, Bill. 1981. *An Approved History of the Olympic Games*. Los Angeles: The Southern California Committee for the Olympic Games.

Hill, Christoper R. 1996. *Olympic Politics: Athens to Atlanta, 1896-1996*, 2nd ed. Manchester: Manchester University Press.

Hill, Christopher R. 1999. "The Cold War and the Olympic Movement." *History Today*. 49(1).

Hoberman, J. 1984. *Sport and Political Ideology*. Austin, TX: University of Texas Press.

Hoberman, J. 1986. *The Olympic Crisis: Sport, Politics and the Moral Order.* New Rochelle, NY: Aristide D. Caratzas.

Hoberman, John. 1999. "Olympic Universalism and the Apartheid Issue." *Proceedings of the International Symposium.*

Hoberman, John. 2008. "The Olympic." *Foreign Policy.* Jul/Aug.

Hoberman, John. 2011. "The Myth of Sport as a Peace-Promoting Political Force." *SAIS Review.* 31(1).

Holt, R. 1981. *Sport and Society in Modern France.* Hamden, CT: Archon Press.

Holt, R. 1989. *Sport and the British: a Modern History.* Oxford: Oxford University Press.

Hong Soon-Ho. 1998. "International Politics of the Olympic," *Journal of International Relations.* Vol. 219.

Hopwood, M., Kitchin, P. and Skinner, James. 2010. *Sport Public Relations and Communication.* MA: Elsevier/Butterworth-Heinemann.

Horne, J. and Manzenreiter. 2006. *Sports Mega-event: Social Scientific Analysis of Global Phenomenon.* London: Blackwell.

Houlihen, B. 1994. *Sport and International Politics.* London: Harvester-Wheatsheaf.

Hughes, R. Gerald & Owen, Rachel J. 2009. "The Continuation of Politics by Other Means?: Britain, the Two Germanys and the Olympic Games, 1949-1972." *Contemporary European History.* 18(4).

Hulme, D. L. Jr 1990. *The Political Olympics: Moscow, Afghanistan, and the 1980 US Boycott.* New York: Praeger.

IOC. *Official Olympic Companion,* Atlanta Edition, London : Brassey's Sports.

IOC. 2004. *Olympic Charter.*

IOC. 2005. *Factsheet: Olympic Truce,* December.

IOC. 2008. *IOC Marketing Media Guide: Beijing 2008.*

Kanin, D. B. 1980. "The Olympic Boycott in Diplomatic Context," *Journal of Sport and Social Issues.* Vol. 4, No. 1.

Kessler, Mario. 2011. "Only Nazi Games? Berlin 1936: The Olympics Games between Sports and Politics." *Socialism and Democracy.* 25(2).

Killanin, Load. 1979. *The Olympic Games 1980.* New York: Macmillan.

Krasner, Stephen. 1979. *Defending the National Interest.* Princeton: Princeton University Press.

Kretchmar, R. S. 1983. "Ethics and Sport: An Overview." *Journal of the Philosophy of Sport X.*

Krieger, J. 1993. *The Oxford Companion to Politics of the World.* NY: Oxford University Press.

Laker, A. 2002. *The Sociology of Sport and Physical Education: an Introductory Reader.* London: Routledge.

Lapchick, R. E. 1976. *The Politics of Race and International Sport.* Westport, CT.: Greenwood Press.

Leiper, J. M. 1976. "The International Olympic Committee: The Pursuit of Olympicism 1894-1970," *Doctoral Dissertation.* University of Alberta.

Lowe, B, Kanin, D. B. and Strenk, A. eds. 1976. *Sport and International Relations.* Champaign, IL: Stipes.

Lucas, J. 1980. *The Modern Olympic Games.* South Brunswick and New York: A. S. Barnes.

Lucas, John. 1999. "Contrasting Giants of the Olympic Movement: Pierre de Coubertin and Juan Antonio Samaranch." *Proceedings of the International*

Symposium.

Mandell, R. 1984. *Sport, a Cultural History.* New York: Columbia University Press.

Mandell, Richard D. 1971. *The Nazi Olympics.* New York: Macmillan.

Manheim, Jarol B. 1994. *Strategic Public Diplomacy and American Foreign Policy: The Evolution of Influence.* New York: Oxford University Press.

McIntosh, Peter. 1981. *Sport in the Sociocultural Process.* Dubuque, Iowa: Wm.C. Brown Company Publishers.

Mechikoff and Estes. 2006. *A History and Philosophy of Sport and Physical Education.* 4th ed. NY: McGraw-Hill.

Mechikoff, R. A. 1976. "The Politicalization of the XXIst Olympiad." *Doctoral Dissertation.* Ohio State University.

Moffitt, M. 1994. "Collapsing and Integrating Concepts of "Public"and "Image" into a New Theory." *Public Relations Review.* Volume 20, Issue 2.

Morrison, Stephen. 2008. "Will Darfur Steal the Olympic Spotlight?" *The Washington Quarterly.* 31(3).

Morse, Eric S. 2003. *Sport in International Relations.* Toronto: University of Toronto Press.

Nye Jr., Joseph S. 1990. *Bound to lead: the changing nature of american power.* New York: Basic Book.

Nye Jr., Joseph S. 2004. "Soft Power and American Foreign Policy." *Political Science Quarterly.* Vol. 119, No. 2.

Paddick, R. 1985. "Sports and Politics: The (Gross) Anatomy of Their Relationship" *Sporting Traditions.* Vol. 1.

Pantzalis J. and Rodrigues, Carl A. 1999. *Country Names as Brands-Symbolic Meaning and Capital Flows.* Montclairs State University.

Pappu, Ravi, Quester, Pascale G and Cooksey, Ray W. 2007. "Country Image and Consumer-based Brand Equity: Relationships and Implications for International Marketing." *Journal of International Business Studies* 38.

Paul, Sharp. 2003. "Mullah Zaeef and Taliban Diplomacy: An English School Approach," *Review of International Studies*. Vol. 29, No. 4.

Preuss, Holger. 2000. "Electing an Olympic Host City: A Multidimensional Decision" in Maurice Roche. *Mega-Events and Modernity*. London: Routledge.

Riordan, J. 1988. "The Role of Sport in Soviet Foreign Policy," *International Journal*. XLII Autumn.

Riordan, J. and Kruger, A. 1999. *The International Politics of Sport in the Twentieth Century*. London: E&FN Spon.

Roche, Maurice. 2000. *Mega-Events and Modernity*. London: Routledge.

Roche, Maurice. 2002. "The Olympics and 'Global Citizenship." *Journal of Citizenship Studies*. Vol. 6, No. 2.

Rourke and Boyer. 1996. *International Politics on the World Stage*. Dubuque, Iowa: Brown and Benchmark.

Sage, G. 1990. *Power and Ideology in American Sport: a Critical Perspective*. Champaign, IL: Human Kinetics.

Santo, Charles, Gerard A. and Mildner, C. S. ed. 2010. *Sport and Public Policy: Social, Political, and Economic Perspectives*. IL: Human Kinetics.

Segerave, J. O. and Chu, D. eds. 1988. *The Olympic Games in Transition*. Champaign, IL: Human Kinetics.

Spears and Swanson. 1988. *History of Sport and Physical Education in the United States*, 3rd ed., Dubuque, Iowa: Wm.C. Brown.

Strenk, A. 1977. "Sport as an International Political and Diplomatic Tool,"

Arena Review. Vol. 15, No. 1.

Strenk, Andrew. 1978. "Diplomats in Tracksuits: linkages between Sports and Foreign Policy in the German Democratic Republic" in B. Lowe et al. eds. *Sport and International Relations.* Champaign, IL: Stipes.

Sugden, John and Alan Tomlinson. 2002. "International power struggle in the governance of World Football," in J. Horne and W. Manzenreiter eds. *Japan, Korea and the 2002 World Cup.* London: Routledge.

UN. 1995. *The IOC and the United Nations.* NY: United Nations.

Wallechinsky, D. 1995. *The Complete Book of the Olympics.* London: Penguin.

Wallechinsky, David. 2000. *The Complete Book of the Summer Olympics.* New York: The Overlook Press.

Wamsley K. B. and Young K. ed. 2005. *Global Olympics: Historical and Sociological Studies of Modern Games.* Amsterdam: Elsevier.

Wamsley, K. B. 2002. "The global sport monopoly: a synopsis of 20th century Olympic politics." *International Journal of Toronto.* Vol. 57.

Wamsley, Kevin B. 2002. "The global sport monopoly: a synopsis of 20th century Olympic politics." *International Journal of Toronto.* Vol. 57.

Wamsley, Kevin B. and Heine, Michael K. 1996. "Tradition, modernity, and the construction of civic identity: the Calgary Olympic Games," *OLYMPIKA: International Journal of Olympic Studies* 5.

Wendl, Karel. 1994. "The International Olympic Committee in the Years 1980-1994." *International Journal of Olympic Studies.* Vol. 3.

Wenn, Stephen. 1996. "A House Divided: The U. S. Amateur Sport Establishment and the Issue of Participation in the 1936 Berlin Olympics." *Research Quarterly for Exercise and Sport.* 67(2).

Young, Christopher. 2008. "Olympics Boycotts: Always Tricky." *DISSENT.*

55(3).

정욱식. "미국-중국 간 핑퐁외교와 남아공 월드컵," http://www.sportnest.
kr/336.

"Beijing: Press Conference," Free Tibet 2008, 2008년 8월 22일, http://freeti-
bet2008.org/globalactions/pressconference.

"China-Sudan Trade Relations Complicate Darfur Crisis." Public Broadcast-
ing Service, 2006년 4월 25일, http://www.pbs.org/newshour/ updates/
china-darfur-04-25-06.html.

"IOC, 티베트 발언금지령 위반 처벌," 《KBS News》, 2008년 4월 8일, http://
news.kbs.co.kr/sports/moresports/2008/04/08/1539997.html.

http://keaf.org/project/sub/sub.html?seq=26.

http://multimedia.olympic.org/pdf/en_report_845.pdf.

http://www.businessweek.com/magazine/content/05_33/b3947076_mz054.
htm.

http://www.mofa.go.kr/countries/asiapacific/countries/20110804/1_22623.
jsp?menu=m_40_10_20.

http://www.olympic.org.

http://www.olympic.org/uk/organisation/if/index_uk.asp.

http://www.olympic.org/uk/organisation/missions/truce/initiative_uk.asp.

http://www.un.org/av/photo/subjects/apartheid.htm.

『중앙일보』 2011. 7. 7.
『중앙일보』 2010. 8. 4.
『서울신문』 2014. 11. 22.

현대 스포츠 외교사
– 올림픽을 중심으로

발행일 1쇄 2015년 4월 20일
지은이 유호근
펴낸이 여국동

펴낸곳 도서출판 인간사랑
출판등록 1983. 1. 26. 제일 – 3호
주소 경기도 고양시 일산동구 백석로108번길 60–5 2층
물류센타 경기도 고양시 일산동구 문원길 13–34(문봉동)
전화 031)901–8144(대표) | 031)907–2003(영업부)
팩스 031)905–5815
전자우편 igsr@naver.com
페이스북 http://www.facebook.com/igsrpub
블로그 http://blog.naver.com/igsr
인쇄 인성인쇄 **출력** 현대미디어 **종이** 세원지업사

ISBN 978–89–7418–334–9 93340

이 도서의 국립중앙도서관 출판시도서목록(CIP)은 서지정보유통지원시스템
홈페이지(http://seoji.nl.go.kr)와 국가자료공동목록시스템(http://www.nl.go.kr/kolisnet)에서 이용하실 수
있습니다.(CIP제어번호: CIP2015011825)